www.dxcbs.net 党校版

科学发展时代领导者能力与素质提升 系列

领导力新观点

NEW VIEWPOINTS OF LEADERSHIP

刘炳香◎主编

中共中央党校出版社
The Central Party School Publishing House

图书在版编目（CIP）数据

领导力新观点/刘炳香主编．—北京：中共中央党校出版社，2013.3（2013.7 重印）
ISBN 978-7-5035-4975-5

Ⅰ．领…　Ⅱ．刘…　Ⅲ．领导学－干部教育－学习参考资料　Ⅳ．C933

中国版本图书馆 CIP 数据核字（2013）第 024873 号

领导力新观点

责任编辑　井　琪　王慧颖
版式设计　李　灵
责任校对　王明明
责任印制　宋二顺

出版发行　中共中央党校出版社
（北京市海淀区大有庄 100 号）
邮　　编　100091
网　　址　www.dxcbs.net
电　　话　（010）62805800（办公室）　（010）62805824（发行部）
经　　销　新华书店
印　　刷　北京鑫海金澳胶印有限公司
字　　数　314 千字
版　　次　2013 年 2 月第 1 版　2013 年 7 月第 2 次印刷
开　　本　700 毫米×1000 毫米　1/16
印　　张　17
定　　价　36.00 元

目　录

领导科学/领导力（Leadership）可以从多个角度去研究，本书选择围绕领导者“完善领导者自身以引导组织”、“适应组织情境以发挥领导作用”、“关注领导过程以保证好的结果”和“重视绩效管理以促进和持续改进工作”而展开。每章都是保证领导活动有序、有效的一个独立的方面，所有章节合在一起是领导活动中最重要的方方面面。本书侧重于展示这个学科的框架结构和涉及的领导活动中的主要问题的最新实践经验与最新专家观点。

领导科学/领导力课程可以由专职的教师讲授，现职的领导者并非主讲教师的更好人选；所讲内容，应把本学科包括的内容与学员需求结合起来；教学对象，包括现任领导者及潜在/未来的领导者。

上篇　领导主体

本章案例：

1. 唐太宗纳谏
2. 农民“被上楼”
3. 小岗村的沈浩书记
4. 文化部部长王蒙的《诫贤侄》
5. 法院副院长自杀了
6. 二把手与扶正机会擦肩而过
7. 市委李书记的人格冲突
8. 老王的变革恐惧症
9. 白领高琳得了忧郁症

领导者的“三观”，即世界观、人生观和价值观，好比是带有罗盘的探照灯，这盏灯的指向及所照亮的远近，决定了领导者选择走一条什么样的人生道路、以什么样的精神状态去走，以及最终能走多远。

伟大的领导者几乎都有一个共同特征，那就是他们都是伟大的读书者。

“世界上最聪明的人是最老实的人，因为只有老实人才能经得起历史的考验”。

领导干部“眼界要非常开阔，胸襟要非常宽阔”。

领导者守住了廉洁的准绳，就是守住了做人的快乐，守住了家庭的幸福。在贪念产生的时候，在向不义之财伸手的时候，千万不要让贪欲熏心、不要让侥幸之心遮眼、不要让从众之心壮胆。

本章案例：

1. 李真临刑前的反思
2. 老一辈革命家的信念与牺牲
3. 伟大的领导者爱读书
4. 罗荣桓太老实被起用

我们已经进入了以情商制胜的时代，领导者成功、成就和升迁的因素中，情商大于智商。情商决定成败，情商主宰人生。

每一种领导风格分别来自情商的不同要素，而每一种领导风格会产生不同的工作结果。领导情商与领导威信成正相关，情商越高，其领导影响力越大。

古往今来，几乎每个优秀领导者都表现出突出的情商，能“团结一切可以团结的力量”，使自己的对手少，朋友多；麻烦少，机会多。

中篇　领导环境

政治体制科学合理，能够保证各种权力的高效运行和权力之间的有效制约，虽然有时会约束干部的手脚，但能有效地保护干部不出问题。政治体制

下篇　领导过程

科学决策既是一门科学，又是一门艺术。决策失之毫厘，结果谬以千里。科学决策要求决策者的现实与理性，需要决策者在决策中坚持满意原则而不是最优原则。为避免“领导决策，组织埋单”，唯一的路径选择是让决策以民主与法治的方式，规范、合理的程序，综合、全面的方法来做出。这不仅决定着决策质量的高低，而且影响着决策执行的效果。

领导者即使素质再高、能力再强、方法再多、精力再充沛、也不可能把所有的事情都“扛在自己的肩上”；领导者，可以“鞠躬尽瘁”，不可“事必躬亲”。领导者如果不会授权，也将不会被授权，即没有晋升机会。

领导者不可为了“给某人安排个位置”进行授权；要防止越级授权造成领导活动秩序紊乱、绩效降低。“我认准了，你必须就要这么干”，这是授权；“干错了，责任是我的；干对了，成绩是你的”，这是担当。

非正式授权只是形式上的“非正式”！

“沟通的最高境界是，说要说到别人很愿意听，听要听到别人很愿意说。”古代著名思想家荀况说过：“人力不如牛，走不如马，而牛马为用，何也？曰：人能群，彼不能群。”何谓“能群”？就是人与人之间围绕某一目标主动进行社会交往，而社会交往的主要手段就是沟通。沟通就要掌握一定的方式方法，否则会沟而不通。

人的能力如同火花，它既可以熄灭，也可以燃烧起来，而使它燃烧成熊熊大火的方法，就是激励。激励使人看到自己的长处，使人获得自信，使人确立更远大的目标，发掘更大的潜力，激发更大的活力。下级将因你的激励而优秀，你将因下级的优秀而成功！

“上访”不如“上网”。“人人皆媒体”“自媒体”时代到来。

现代传媒既不是“下属和跟班”，也不是“对手与敌人”。媒体无所谓好与坏，只是一个平台与工具。谁用它、用得好，它就为谁服务；谁不用、用不好，它就有可能成为其障碍和麻烦。

要“善待媒体、善用媒体、善管媒体”。

回答记者提问，既不是回答数学题，也不是进行法庭辩护。

维护公平公正是舆论引导不可触碰的底线。

本章案例：

1. 2011年网络热点谁先爆料？
2. “贾君鹏事件”的病毒式传播奇迹
3. 有事情向谁举报？
4. 2009年元宵节央视北配楼火灾的公民报道与全民传播
5. 如何使用“桥梁法”回答记者的假设性问题？

危机，自人类社会产生以来，它就以各种形式向人们昭示着它的存在，犹如历史长河中的暗礁险滩，给人类社会带来许多意想不到的灾难。

进入风险社会，危机无处不在。危机防范与应对措施是以针对性、有效性和系统性为前提的。危机一旦发生，要第一时间发布准确消息，迅速地抢占舆论引导的制高点。

最成功的危机管理要求各级政府和领导者采取超前的行动，及早发现引发危机的线索和因素，预测出可能发生的问题以及事情发生后的可能走向和程度，从而制定多种可供选择的应变计划，将危机消灭在萌芽状态，将难以避免的危机事件所造成的损失减少到最低程度。

本章案例：

1. 不能不信的数字
2. 开县井喷事故
3. 社会稳定风险评估
4. 汶川抗震救灾“以人为本，生命至上”
5. 汶川抗震的快速反应与“三鹿”问题的拖瞒不报
6. “非典”之痛定思痛

取得好的领导绩效是领导活动检验标准和最终目的，也是进一步改进工作的依据。绩效考核必须突出实绩、贡献，在排除非可控和不可预见的外界干扰因素影响下，对领导行为、结果及其制约因素进行考核。人才资源识别与开发是各级党政领导班子和领导干部的绩效考核的基本功能。干部绩效考核应该成为引领发展的“指挥棒”、彰显民意的“风向标”和工作落实的“助推器”。领导者要“重视绩效管理以促进和持续改进工作”。

这个世界一切都在变，只有变是不变的。把握变化的世界，领导者要立足现实、面向未来，不能“守株待兔”。前瞻是未来领导活动的核心要求。

领导者要实事求是，分析网络时代的变化，准确地掌握未来的发展方向，具有前瞻性思维和包括全局谋划能力、科学预测能力、有效学习能力在内的前瞻性能力，以及把二者落到面向未来的前瞻性行为上。面向未来的领导行为调整方向是：“共启愿景”、利益平衡、魅力导引。

序　一

中国领导科学研究会会长　刘海藩教授

随着世界多极化、经济全球化的深入发展，随着文化多样化、社会信息化持续推进，国际形势复杂多变；在国内经济快速发展、人民生活普遍提高的同时，各种经济和社会矛盾也日益凸显。共产党全面推进中国特色社会主义建设事业，面临着十分复杂的环境，也肩负着人民的殷切企盼。我们各个领域的领导工作都面临着严峻的新考验。如何正确判断新形势、认识新环境、审视新矛盾、把握新任务、解决新问题，是各级领导干部的新使命，也是领导科学要认真研究的新问题。

刘炳香教授主编的《领导力新观点》一书集中体现了目前国内领导科学/领导力（Leadership）教学与研究一线的众多知名专家对领导活动规律及当下成功领导经验的最新总结和准确概括。全书以先进理念、新颖形式和独到的见解展现给读者，使现任领导者、未来/潜在领导者开卷有益、掩卷沉思。

中国领导科学/领导力研究历经了30多年的风风雨雨，中国领导科学研究会走过了20年的风雨历程，始终致力于面向广大干部，提高其素质能力；面向高层领导，提供其决策参考。《领导力新观点》以开放的心态整合领导科学研究会旗下的有生力量，吸纳、包容本领域的各种见解，值得各级各类干部一读，也希望该书能促进各级各类领导干部将自己的领导经验加以总结、升华，用来丰富领导科学/领导力这个学科宝库。

序　二

中国人事科学研究院院长、中国领导科学研究会副会长　吴江教授

《领袖论》的作者詹姆斯·麦格雷戈·伯恩斯在其著作的前言中写道："如果说我们对自己的领袖已经了解得太多了，那么对于领袖能力的了解却远远不够。我们并没有抓住当今时代'领袖能力'的实质，因而无法认同一个统一的标准对其进行评论、充实和辩驳……领袖能力堪称当今世界最令人瞩目而又最令人费解的现象。"

以我的理解，最令世人瞩目的领导力，恰恰是在这个复杂多变而无序的管理世界中，它呈现出了一种能够引发人类生产实践活动由量变走向质变的创造过程；而令人费解或疑惑的领导力，又在于它和领导个人所具有的素质及风格相关性越来越小，它往往是和具体管理情境以及动态的、不规则的、非逻辑结构的权变行为和回应效能融合为一体。正因如此，关注环境及领导者个人因素对于领导者与被领导者实现良性互动、完成工作任务、实现组织目标的影响，规范领导活动过程，保证领导活动的预期结果，就成为当代领导科学/领导力研究的重点。

刘炳香教授整合目前国内领导科学/领导力教学与研究一线的众多知名专家完成了中央党校重大学科建设项目"领导科学前沿问题研究"。《领导力新观点》作为这个项目的最终研究成果，明确了领导科学/领导力这个学科的框架，并回应了其中最重要的15个主要问题。该书表现出以下几个特点：

第一，理念先进。这本书不是某个人单兵作战的产物，而是国内致力于科学领导实践与领导科学/领导力研究的政界、学界、企业界活跃分子组成的团队通力合作的结果，这充分体现出当今时代提升领导力的最新理念，即依靠团队、依赖合作，追求团队整体力量大于每个团队成员个体力量之和，即1＋1＞2。

第二，学科框架成熟。本书在分析了现有多个领导科学/领导

力学科框架的利弊基础上，提出了新的学科框架，即特定环境中，领导者通过与被领导者的良性互动，达成领导目的。这个学科框架是以领导者为核心而展开的：领导者必须了解、适应、改变领导环境；领导者要改善自身因素，提高非权力性影响力；领导者要关注领导过程，用规范的过程来保证预期领导活动结果；领导者要了解、重视领导绩效管理，用领导绩效来检验领导活动结果、保证领导活动结果，并为领导工作的持续改进提供依据和内在动力。

第三，形式新颖。本书从领导科学/领导力学科框架内的主要问题中抽出最重要、最前沿的15个，反映出学科框架结构中的基本要素，置于领导环境、领导主体、领导过程三篇之中，围绕领导者个体如何把事做成、把官做好、做大而展开，每一章都包括实践案例、理论分析、研究心得，既保持了教科书的严谨，又增加了趣味性、可读性，使读书不仅实用，而且受用。

第四，见解独到。每一章都是作者在现有科学领导实践与领导科学/领导力研究基础上所作的新的总结与概括，既有领导者的成功经验，又有学者的真知灼见。通篇渗透着作者曾经或正在担任行政工作中的亲身体会，既有借鉴意义，又有警示作用，值得现任各级各类领导者、未来/潜在领导者翻阅、珍藏。

尤其值得尊重和赞许的是刘炳香教授等一批中青年学者，长期致力于中国特色的领导科学/领导力的研究，他们立足于对领导活动中的现实问题进行研究，而不是仅仅讨论学科和概念。我认为，研究领导科学/领导力，任何脱离实践，深陷狭隘的专业、学科角度的纯粹理论耕耘，都将没有出路，离开解决问题的实践就无所谓理论的对错。今天领导活动中的所有实际问题都蕴涵着最基础也最崇高的理论问题。可以说，真正的问题导向的研究方法才能够指导中国的领导实践，并能够影响和引领管理世界潮流。

前　言

领导，指领导者，即社会组织中起引领、指导作用的一个特定群体或其中的一个特定成员，也可以指领导活动，即领导者[①]通过与被领导者的良性互动而影响、改变被领导者的心理与行为，完成工作任务、实现组织[②]目标的过程，它包括领导目标、领导者、被领导者、领导环境四个要素。领导科学，如果没有特别说明，其含义大抵相当于英语中的"Leadership"，即西方人的领导艺术[③]，或领导科学/领导力，是对过去的领导者、现任的领导者的领导经验及人类领导活动规律的认识与总结，其教学与研究的目的是实现对组织中的群体活动的科学领导，提高组织绩效，实现组织目标。改革开放后，领导科学/领导力在中国风生水起，逐渐形成一个学科。本书侧重于展示这个学科的框架结构及其涉及的主要问题的最新研究成果。正文中不能包含的几个问题，在前言中尝试作出简要说明。

一、领导科学/领导力谁来讲?

领导科学/领导力这个学科具有实践性、操作性强的突出特点，这决定了没有直接领导经验的学者对这个学科相关问题的理解、总结会有一定的局限性，若担纲主讲教师，工作中难免捉襟见肘、有口无心。直接领导经验对领导科学/领导力的主讲教师是非常重要的，这个问题并无多大争论，值得讨论的是，领导科学/领导力可以由专职的教师讲授吗？现职的领导者是主讲教师的更好人选吗？

【案例】

中共中央党校"三怪"

某月某日午夜。铃声响起。习惯性开夜车的中央党校教授童言听到了手机短信提示音。发来短信的是某地级市的市委书记Y，Y书记这次发来的短信照抄如下：

---

① 本书中的领导者特指党政干部、企业与事业单位的大大小小的管理者。

② 组织是指社会组织，门类繁多，形形色色，本书中只涉及政党与政府组织、企业与事业单位。

③ 这里的领导艺术是广义上的，同领导学或领导力。

中央党校“三怪”：看不到中央文件的给常阅读中央文件的解读文件精神；没出国考察访问的给常出国考察访问的介绍外国情况；不当官经验不足的给正当官经验丰富的讲解领导艺术。

童言对深更半夜收到短信已经习以为常。除了诸如克隆手机卡窃听特定对象通讯记录或银行卡诈骗等短信，还有同样习惯开夜车的朋友如Y等随时可能发来的短信。Y书记在过去的8年内两次进中央党校学习过，习惯于白天忙公务，夜深人静时总结一天的工作、记录一天的感悟或进行阅读浏览。近来，Y书记增加了一个喜好，就是把感悟到的东西写成简短的信息用手机发给朋友、同学及老师分享，有时也会转发他收到的有趣短信。Y从中央党校毕业后跟许多教授保持联系，童言是其中之一，也经常收到他的短信并互动。

童言查看完Y书记的最新短信，笑意泛起。他迅速回复：

点评：少见多怪。

Y书记回复：

点评到位。

童言回复：

补充：美国“三怪”：没得精神病的治疗精神病患；没违法犯罪的研究犯罪规律；没当过总统的指导总统决策。

Y书记回复：

点评：见多不怪。

童言回复：

点评到位。

其实，关于中央党校“三怪”，有N个版本，童言已经听说过多次，他总是一笑置之。他不想讨论经常阅读中央文件的是不是能够或者愿意正确解读文件精神、常出国考察访问的是不是真的就了解外国情况，也懒得解释中央党校其实一直有专门的文件阅览室，普通教师其实也都是有省军级文件阅览证件的，学员能看到的中央文件他们很多都是能够阅览的。出于业务工作需要，中央党校的教师有越来越多的机会出国学习和交流。虽然“不当官经验不足的给正当官经验丰富的讲解领导艺术”与他直接相关，甚至，在本单位内部一些同事那里，这句话就是指童言，因为他是中央党校历史上唯一站在中央党校主体班的大课堂上讲过“领导方法与领导艺术”[①] 课程的教员，但童言还是懒得去辩驳。童言的经历，在目前国内活跃的领导科学/领导力教学科

① 这里是指狭义的“领导艺术”。

研人员中有代表性。他承认，他现在不当官，虽然曾经做过行政工作，但级别不比厅局级、省部级干部班的学员高，确实不像地厅级干部班、省部级干部班的学员那样“经验丰富”。然而，做了20多年的干部培训教学工作，在他的职业生涯中，他因公或因私去过亚洲、欧美20多个国家、地区学习、考察、交流，也公派去给非洲、欧洲20多个国家中的几十个政党介绍中共党建经验并做政党理论、领导活动规律方面的交流。他参加中国和瑞士政府合作的管理培训项目，在日内瓦大学学习高级公务员培训机构与培训项目管理及MPA课程，也算有点见识，对领导科学/领导力应该谁来讲有一定的发言权。

狭义上的领导艺术是领导科学/领导力课程中的一部分，广义上的领导艺术就是领导科学/领导力。童言参加中国和瑞士政府合作的管理培训项目，在日内瓦大学学习高级公务员培训机构与培训项目管理及MPA课程时，该项目组瑞士方按照国际惯例确定MPA师资标准，从欧美聘请著名教授、培训师担纲教学，他们绝大多数是职业教师，有在本教学领域中教学与研究的工作经历，为某企业、NGO、行政机构或政府首脑作咨询、参谋的经历等，其中少数人有企业或政府或NGO工作的或长或短的经历。他们第一次与学员见面时，会做自我介绍，一方面是尊重学员对老师情况的知情权，另一方面是具体展示自己讲授本课程的资质，取得学员的信赖①。期间，偶尔有过现任企业高管或政府官员被邀请在课程进行过程中提供友情支持。如瑞士某国际著名品牌手表的生产企业的CEO曾被邀请做过一次案例教学，他就其企业经营中正面临的开拓亚洲市场的困境向学员做介绍，组织学员讨论，听取学员的发言，在案例课结束时一一感谢却并不一一点评。又如，瑞士日内瓦州州长一个下午的课程，就是与学员进行了2个小时的自由交流，内容涉及州长职责、履职困难、工作考核、工资待遇、业余生活、家庭状况等，并无特定主题，学员对什么感兴趣，州长就回应什么，他连一个正式的演讲都没有，在开始或结束时也没有发表“重要讲话”，自始至终都和学员一样没有固定的座位，自由地走动，一边回应学员的问题一边享用自己取来的点心、饮料。

童言随后对欧美国家多家公务员培训机构的师资状况做了不完全统计，发现讲授领导艺术或叫领导科学/领导力课程的师资情况大同小异：专职教师居多，其原因并不复杂。

第一，学者与官员②工作性质不同，岗位职责不同，讲领导科学/领导力是前者的责任而不是后者的义务。学者讲授领导科学/领导力，官员实践科学领导。这是社会分工。教员有成功转型成为官员的，官员有成功转型成为教

---

① 基于一个共识，即现代公务员培训是培训机构与培训者提供培训产品，学员购买培训产品的契约缔结与履行活动。

② 指党政干部和企业事业单位管理者，下同。

员的，但学者型领导与领导型学者虽有成功范例，但并不具备普遍性，无法成功复制。即使像大学这样的机构中，规定做校长与做课题研究不可兼得更具合理性、有效性。华中科技大学校长表示任校长期间专心做行政管理工作而不做课题研究工作得到广泛赞誉。2012 年新任北京师范大学校长董奇的“四不”承诺[①]更是得到许多人的追捧。

第二，教员与官员视野不同、关注点不同，对领导科学/领导力的感悟与整体把握不同，讲授目的不同。学者把各行各业各个领域大大小小的领导者作为自己的研究对象，关注人类领导活动是什么、不是什么，以及为什么，并试图从大量的领导活动实践中找寻事物发展的逻辑关系，总结、揭示领导活动规律，从而对个体领导活动提供借鉴，使组织行为更加有序有效、人类文明得以传承、社会不断进步。官员则侧重于研究判断与自己工作有关的远的、近的人和事，关注我是谁（角色定位）、在哪里（环境判断），干什么（目标选择）、怎么干（利弊权衡）以及结果如何（预测预防）。追求个人的领导活动高效率与组织的高绩效。至于自己的领导活动实践多大程度上体现了人类领导活动的规律，以及对他人有什么影响并不是其关注重点。官员有时会与研究者，包括学者、记者交流贡献自己的亲身体验和见识与见解，但通常有着强烈的目的性，即促进自我总结、自我完善、自我提高，更好地完成自己承担的工作，而不是把它作为自己的工作。讲领导科学/领导力，可以作为官员的一项个人爱好或对培训机构或教员工作的友情支持，展示其独特的魅力，比如，其经历、体验的真切与震撼，但不可以变成本职工作的一部分（官员岗位责任中也没有这样的内容），除非这个官员不够职业，就像相声剧中调侃的那样：“与官员比课讲得好，与教员比官做得大。”即使被称为中国第一职业经理人且一度被认为企业高管做得优秀、讲课比教授不差的“海归”唐骏，到头来还是由于兼职做的各种演讲，难以避免因术业无专攻导致讲话不周全甚至不真实而遭遇诟病。官员对利弊得失的权衡或早或晚导致其“真话不全说”，甚至说假话。如唐骏以青年导师、成功偶像面目示人，比职业教师更频繁的兼职演讲，传播他所谓的“成功学”，最终因其漏洞与谎言无法抵御方舟子及众人的质疑，结果偶像轰然坍塌。其实，让理性的人惋惜的不是偶像的坍塌而是其中的领导智慧、成长经验由于对当事人的非议而一并被忽视、藐视。领导者个体的领导智慧与成长经验是领导科学/领导力的宝贵元素，但把它等同于领导科学/领导力的全部，必然导致神话的破灭，这是领导者讲领导科学/领导力最大的悲剧。

---

① 即在担任校长期间，不申报新科研课题、不招新的研究生、不申报任何教学科研奖、不申报院士。从而将百分之百的精力用于学校管理，要用“整个的心”去做“整个的校长”。

第三，由于角色转换受岗位要求与工作习惯制约，领导科学/领导力的课程宜由专职教师担纲。教员与官员角色不同，思维特点与游戏规则有明显的不同，即使面对同一领导活动都有可能会有不同认识。学者的研究直接指向对真理的探索追求，证伪是必然的要求，学者思维中充满天然的质疑因子。事物是发展变化的，真理是相对的，不能证伪的命题不是真理，可以证伪的真理才会发展。如果毛泽东思想永远符合实际，没有与发展的实践不一致即不能证伪，就不会有邓小平理论，就不会有中国特色社会主义理论体系。对已有理论的证伪基于对不断发展着的领导实践的理性认识、评价、总结、概括，无论结果如何，证伪者作为中立方无直接利害关系。官员则不同。官员总是被要求正确定位自己在组织中的位置，并在自己的权力范围内对资源进行有效协调与合理配置，对错是基础，利弊的权衡、利益的平衡是核心，这需要统一步调甚至是统一思想。官员要有意识地避免证伪带来的人心涣散，“真话不全说”是政治的要素，不是科学的要求。领导实践难免带有功利色彩，或非功利的合功利性[①]。因此，对同一决策或同一判例，官方会论证其合理性，学界则习惯于寻找纰漏抑或瑕疵。二者统一于时间、实践的检验，即决策最终必须接受时间、实践的检验，但这是过程，不是当下。在当下，学者追求科学，官员谋求可行。科学的未必可行，可行的未必科学。让“科学”可行是学者的责任，是对学者起码的要求，让“可行”科学是官员的智慧与伟大，是对官员过高的要求。

第四，领导科学/领导力课程的教师可以没有直接领导经验，但如果有，对于领导科学/领导力的研究与教学的积极作用大于钳制作用。教员有领导实践经验，其研究动机的形成及研究内容的选择在很大程度上是以自己的经验为依据的，会根据自己的经验来判断接受哪些信息，拒绝哪些信息。这有积极的一面，即可能使教员对领导实践认识更深刻，研究总结时容易做到换位思考，讲课时有身临其境感；但也有消极的一面，即有可能受自身经验的局限，使教员对领导实践的认识带有片面性。教员根据自己曾经的领导经验作出肯定判断，学员不一定认同；教师贬斥的东西，学员可能会从另外的角度发现它的积极意义。早在1988年，中央党校校长高扬就曾强调领导科学/领导力的教学与研究需要专业队伍，高学历的年轻教师的参与是这个学科发展的有生力量，但年轻教师要重视调查研究，要到基层挂职锻炼。这明确传递出的信号是：领导科学/领导力的教师应该是专职的，但要有领导工作的亲身体验。

---

① 非功利的合功利性是由康德的“无目的的合目的性”演化出来的。根据康德的思想，人是有意志、意图、计划、目的的，自然没有。但是，自然一直在进化，最终达到生生不息的状态，它的进化就好像朝着这个目的运动一样。这种状态叫无目的的合目的性。

结论：讲领导科学/领导力课程的教师可以是现任领导者，但不是必须是，往往不是，理性的选择是职业教师。当然，如果职业教师有领导活动实践经验，很可能是其成长为优秀领导科学/领导力教师的一个有利条件。

二、领导科学/领导力对谁讲?

现任领导者是领导科学/领导力的教学对象，领导科学/领导力对他们讲，这一点是没有争议的。现在的问题是，非领导者或被领导者（包括潜在/未来的领导者）是不是教学对象？戴维·坎贝尔在为理查德·哈格斯等人撰写的教科书《领导学》所作的序言中说：如果一个人能够通过赋予他人更有意义的生活来发挥影响，即使领导活动总有受挫、复杂的一面，但来自成功的令人兴奋的满足感也足以使人上瘾。推动事物发生的能力本身就会成为行为的动机。[①] 可见，成为领导者是每个理性的人现实的或潜在的愿望。关注、学习领导科学/领导力是这种愿望变成现实的桥梁。由于领导活动的展开，社会组织内群体的活动结果不再是衡定的 1＋1＝2，很可能随时出现 1＋1＞2 或 1＋1＜2 的魔幻般神奇。于是，领导科学/领导力就具有了无穷魅力。

从下面的几个情境可以看出，对领导科学/领导力涉及的主要问题感兴趣的，不仅是现任领导者，还包括了关注人类领导活动的历史启迪与现实思考的每一个理性的人。

【案例】

领导活动情境

领导活动情境一：电影《泰坦尼克号》

其强大的票房号召力史无前例。不仅因为凄美爱情故事，更是缘于船体沉没过程中，船长的镇定自若、恪守职责与视死如归，以及人性光辉照耀下乘客的逃生秩序。

人类生存繁衍与活动秩序需要一些人或一个人，即领导者，在组织内部的特定岗位上忠于职守，他们生虽平凡，死更伟大。

观众中不仅有现任领导者，还包括过去的领导者，他们拥有不可逆的领导活动经验或教训，愿意将其变为人类进步的铺路石，也包括潜在/未来的领导者，他们渴望踩着前人的肩膀前进。

领导活动情境二：中共中央党校教授对郑州市长的叮咛

① 〔美〕理查德·哈格斯等著《领导学》，清华大学出版社 2007 年版，第 8 页。

2012年2月5日闭幕的郑州市第十三届人民代表大会第四次会议上，马懿当选为郑州市人民政府市长，誓言：

坚持为民、务实、清廉，忠实履行职责，让权力运行在阳光下。

中央党校一教授旋即发出微博提醒：

人民期待着，别将誓言变“谎言”。如今“台上阳光，台下黑暗；台上清正，台下腐败；台上亲民，台下坑民”的案例不少。马市长请你记住自己的誓言。[①]

该教授的粉丝，包括各色人等纷纷表示：

教授代表人民声声呼唤官员诚信，“马市长”们请用行动回应。

领导活动情境三：公安部副部长刘金国被评为2011年度“感动中国”人物

他头顶有国徽，心中有人民，清正廉洁，疾恶如仇，临危不惧，知难而上。2010年7月16日大连新港输油管线爆炸火灾事故发生后，他带专家第一时间赶到输油管线爆炸现场，面对火灾烈焰翻滚、爆炸惊天的事故现场，面对数十个储量巨大油罐有随时爆炸的危险，他将个人生死置之度外，临危不惧，果断决策，科学组织，连续在火场最前沿指挥7个多小时，直至大火被成功扑灭，创下了消防史上的世界奇迹，也定格了“烈火锻造的铁血将帅”与士兵同生死共进退的感人画面。

刘金国没能到达2011年度“感动中国”人物颁奖现场，但给大家写了一封信：

我因执行公务不能到现场，向大家表示歉意和致敬，我的荣誉属于200万公安干警，来源于广大人民群众，我是人民公仆，如有不廉洁、不公正、不负责、不作为的任何一点，定将主动辞职，坚决言行一致，绝不失信于民。

感动中国组委会的颁奖词，代表了全国人民的心声：

贼有未曾经我缚，事无不可对人言。是盾，就矗立在危险前沿，寸步不退。是剑，就向邪恶扬眉出鞘，绝不姑息。烈火锻造的铁血将帅，两袖清风的忠诚卫士。

领导活动情境四：潍坊市“三河”治理成中央党校教学案例

地处山东半岛的“世界风筝都”潍坊拥有大自然赋予的三条河流：张面河、虞河、白浪河。它们自南向北呈“川”字形流经市区，流向百

---

① http：//t. people. com. cn/liu19561119.

里之外的渤海，千百年来默默地滋润着这片土地，无私地哺育着这里勤劳淳朴的人民。20世纪70年代以来，潍坊市和全国许多地方一样，逐步进入了工业化快速发展时期。伴随着工业文明的进步，三条河流不同程度地被污染了。2003年以来，潍坊市委、市政府决定对“三河”进行综合治理。对潍坊来说，“三河”治理不仅是一项系统工程，涉及方方面面，而且更是潍坊人民群众生活中的一件大事、喜事，一件功在当代、利在长远的民心工程，关系到潍坊的城市形象和经济社会的长远发展，工程规模大、投资多、战线长，费时劳力，潍坊市委市政府始终坚持科学决策、民主决策、依法决策，统筹解决规划、土地、资金等问题。5年间使“三河”重新泛起碧水清波，使生态潍坊，成为继“世界风筝都”之后又一张亮丽的名片，对潍坊之外的人流、物流、资金流、信息流都产生了巨大的吸引力，国内外越来越多的投资者和实业家，纷纷把目光投向潍坊这座历史文化名城，促进了潍坊的和谐发展、率先发展和可持续发展。

中央党校中青班的地、厅（司、局）级干部在课堂讨论中形成共识：

“三河”治理体现出当地领导者的智慧：（1）以民主与科学，明确思路，找到出路。（2）高瞻远瞩，抢先一步占得主动。当全国各地边污染边被动治理时，潍坊已恢复碧水蓝天，营造出了科学发展的良好自然环境。（3）把官方创造政绩的冲动与民众改善生活的需求结合起来，获得各方支持。（4）把政府行政力量与市场调节优势结合起来，会聚各种资源，赢得多元动力。

…………

上述领导活动情境中体现的若干领导科学/领导力基本问题，如领导班子的团结合作，领导者的素质、修养、能力、品格、格局等，随时会与广大民众（包括未来/潜在的领导者）的工作、生活直接联系在一起。而且，由于在经济全球化背景中，人们在社会活动中的联系日益密切，个人身份、角色的变换更加频繁，谁又能说某人某事永远都会与已无关呢？对成为领导者有着现实的或潜在的要求的每一个人，能误打误撞成为成功领导者的概率有多高？俗话说，“机遇偏爱有准备的头脑”，学习领导科学/领导力不仅是现任领导者，而且是潜在的或未来的领导者的理性的选择。

结论：领导科学/领导力，对于人类领导活动的规律研究与实践前瞻，基于过往领导者和现任领导者的经验，直接服务于现任领导者，也有利于普通民众（包括未来/潜在的领导者）了解、理解领导者，加速自己成为现实的领导者。换句话说，在民主政治时代，领导者与被领导者之间没有不可逾越的界限，其身份也不是一成不变的，领导科学/领导力与社会组织中的每个人有关，无论是谁，了解其内容永远不会多余。那么，领导科学/领导力给谁讲这个问题就有了明确的答案：除了现任领导者，还有每一个期望自己得到更大的平台、更多的机会，使自己的能力充分发挥，或使自己全面正确地理解领导意图，保证自己未来的工作事半功倍的人。这决定了领导科学/领导力关注者众、需求者多，国内目前主要针对领导者讲领导科学/领导力是很不够的，其受众应该更为广泛，而且会越来越广泛。

三、领导科学/领导力讲什么?

在中国，领导科学/领导力伴随着中国改革开放的步伐走过了30多年的曲折历程。领导科学/领导力讲什么的问题，学者有自己的见解，官员有自己的要求，有时二者可能会有不一致。

【案例】

国企领导的培训要求

2011年底的一天，CA4106次航班深夜降落成都双流机场。中央党校童言教授刚走下舷梯即受到某著名大型国有企业人力资源部总监李女士的热情迎接。童言是一个专职领导科学/领导力教师，应邀给某地方的官员或企业高管讲一次领导科学/领导力课程，从半天到3天甚至一周，都是常事。到达当地机场后，邀请方来个相关工作人员甚至只来一个司机接站就足够，但这回邀请方人力资源部总监亲自进机场接机，一向低调的童言教授感觉对方有些夸张，但简短的寒暄过后，他很快就明白李总亲自接机只与工作有关而与接待规格无关。

李总：

童教授，这次培训是我公司有史以来最受领导重视的一次培训，原定主要参加人员是公司级高管，但我们公司总经理王总认为能请到您不容易，要求中层以上的干部只要在蓉则全都参加。

童言：

哦，培训对象发生了变化，那我讲课的方式和内容都需要做些调整。

李总：

是啊，我担心明天上课前与王总的会晤短暂，可能来不及充分交流，所以，我今晚一定要来接您，想利用机场到酒店路上的时间和您做课前沟通。

童言：

好啊，您有什么要求直接说，这样可以提高交流效果。

李总：

那我就直接说了。王总来我公司履职 1 年了，他认为公司在制度建设、执行及业务工作运行中存在思想障碍及文化方面的问题，结果就是执行力不够，业绩上台阶困难。他希望您这 3 天的“领导力”专题培训能让大家统一思想、统一行动。

童言（笑）：

王总年薪多少？

李总：……

童言：

我是说，王总一班人 1 年没有解决的问题，让我 3 天内解决了，太高看“领导力”这门课，也太抬举我这个教授了。

李总：

按照王总的意思，公司内存在的一些错误观念、落后观念以及不良文化等需要一个中立的且更具权威的人一针见血地指出来，让大家思想上受到震动，行动中有所改变。王总认为有些话以您的身份讲更有分量。这 3 天的讲课内容，您肯定根据您的经验与专业水平做了设计，我相信一定是很好的，我想和您交流的是，在您认为应该讲的和需要讲的内容中，一定要有直接针对我们公司现状的内容，一定要涉及到并重点强调如下内容：

1. 制度建设要重视。制度落实更重要。

2. 总经理的绝对权威。

3. 分管副总经理要配合总经理，要与总经理一个口径、一个声音、一个步调，班子要团结得像一个人。

4. 中层管理者不能只向分管副总请示汇报而不向总经理请示汇报，从而架空总经理。

5. 管理者要有团队精神、大局意识，不能各自为战、各显神通。

6. 管理者要自觉认同企业，培养自己和下属作为本企业一分子的自豪感。

7. 眼睛不要总盯着升职、盯着钱，要有奉献精神。

8. 大大小小的管理干部都要及时沟通，化解矛盾、推进工作。

9. 评估要量化、科学化，要淡化主观色彩。

10. 国有企业也是企业，要有市场观念。

11. 要重视技术、杜绝权术。

12. 要勇于开拓创新，敢冒风险、敢担风险。

…………

童言：

请您把要求都说完，你们的要求有多少都没有关系，我会量力而行、尽力而为。

李总：

我能记住和能想到的就这些，还有什么？……在明天陪你吃早餐到上课前这段时间里，我们王总还会与您进一步交换意见。

童言：

课前交流太重要了，否则很有可能我想讲的（课程设计）和你们要求讲的（客户需求）不一致。如你刚才希望我在课堂上强调“总经理在经营指挥上要有绝对权威”，我可能会说，总经理在经营指挥上应该有权威，要有绝对权威也可以但必须要满足一些苛刻的条件；关于“分管副总经理要配合总经理，要与总经理一个口径、一个声音、一个步调，班子要团结得像一个人”，我可能会说，这可以在一时一事上实现，但要变成常态，只是领导者的一相情愿而不是现实，班子团结是动态的、不是静态的；对于“中层管理者不能只向分管副总请示汇报而不向总经理请示汇报，从而架空总经理”，我则持相反意见，多头报告与多头指挥都会影响企业秩序，企业管理的秩序制约效率，企业管理者（要求多头汇报）考虑企业发展一时一事的现实需要，更要与企业文化与企业管理成本联系起来。如果一时的高效可能导致企业文化的冲突及企业管理成本上升，那么，管理者则需要反复权衡、慎重行事。我的意见，以上这些内容，教员和官员会有不同见解，如果课堂上有时间的话可以讨论，没有时间的话就回避争论。李总，您看可以吗？

李总：……

车子开到了饭店门口，童言和李总之间近一个小时的交流暂告一段落。

根据李总的意见，童言睡前重新审改了一遍未来3天的讲课大纲。次日，与公司总经理的沟通很顺利。很快，讲课大纲印发给了每个学员。主要内容如下：

1. 制度环境分析与改善。

2. 我是谁？

3. 我在哪里工作？我的工作的目标要求是什么？我是决策者、参与者还是执行者？

4. 我应做什么？我的优势是什么？我的不足在哪里？我的价值观是什么？

5. 我可以支配或能够得到的资源是什么？

6. 我与上级、同级、下级之间人际关系怎样？我以什么方式工作？

7. 我在工作中应该承担什么责任？应该有什么贡献？期望结果怎么样？

8. 我下一步做什么？我的未来怎么样？

9. 影响我未来职业生涯发展的因素是什么？我该怎么办？

显然，以上内容并不是领导科学/领导力的全部内容，而是这个学科中的内容（前言图—1中的A1）与这家国有企业管理者提高领导力要求（前言图—1中的A2）这两者的交集（前言图—1中的A）。

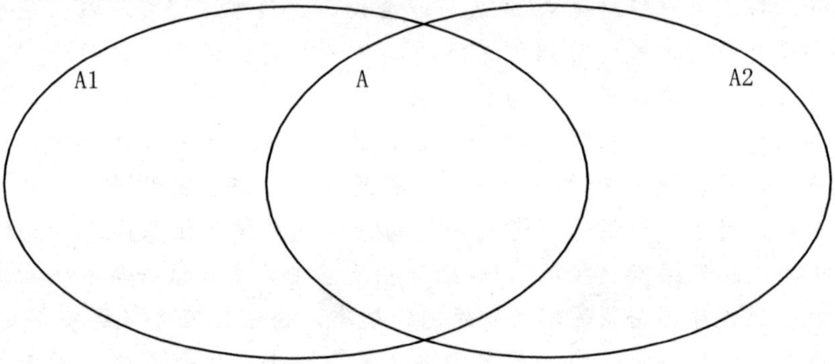

前言图—1

结论：在干部培训中，领导科学/领导力讲什么内容，需要把学科包括的内容与学员需求结合起来，不能学员要求讲什么就讲什么，也不能自己想讲什么就讲什么。

四、本书想要说什么？

作为中央党校正式立项的重大学科建设项目“领导科学前沿问题研究”的最终成果，本书必须展示领导科学/领导力的框架及在这个框架内的主要问题，以及对这些问题的前沿研究成果。中国的领导科学/领导力研究是其培训的前提和基础，领导科学/领导力培训是其研究的动力与目的。如果一个行业中或一个组织中的领导科学/领导力培训需要一碗水，那么这个学科研究的成果不仅应该有一桶水，更要有一口井，无论是研究成果还是研究队伍都应该源源不断。本书想要说的是这口井的现状。

5 年前，中国领导科学研究会[①]会员童言当选该学会的常务理事，并出任副秘书长兼学术部主任。5 年来，学术部组织大大小小的学术会议多次，童言发现，一位精神矍铄的耄耋长者每每活跃在学术会议上，会上会下总是不厌其烦地深情回忆自己在中国领导科学/领导力学科建设中的贡献和成就，但从来没有引起争论，甚至没有谁去回应。活跃在领导科学教学科研一线的学者们即使不发言也并不意味着没有见解、没有成就。综合中国领导科学/领导力领域中研究成果，本书给出的学科框架如前言图—2 所示：

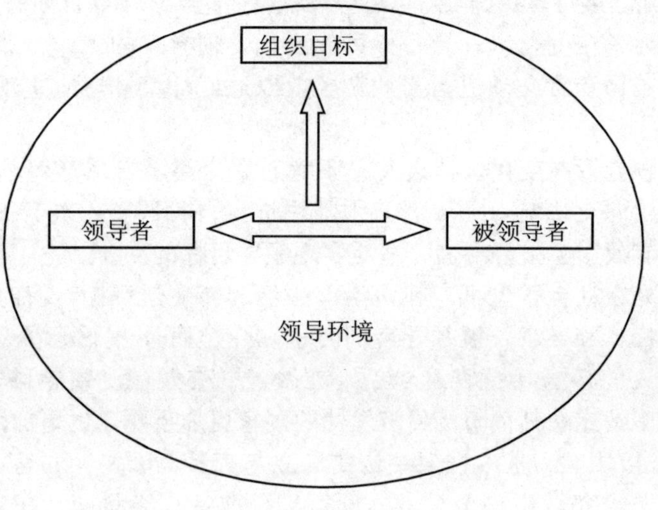

前言图—2

这个框架结构，基于对领导活动的定义，即为实现设定的组织目标，在特定的领导环境中，领导者与被领导者良性互动，从而影响、改变被领导者的心理与行为，完成工作任务、实现组织目标的过程。这个框架，体现了对领导活动的静态观察，更突出了对领导活动的动态研究，重点研究领导环境、组织/领导目标、领导者、被领导者四大要素及其相互关系。

（1）环境在变化。随着经济全球化的推进和中国的全面改革开放，社会人文环境迅速变化，自然环境也因人的活动而发生变化。随着领导环境变化，组织/领导目标必然发生变化，领导者与被领导者要随之进行自我调整，以适应环境，适应实现组织/领导目标的需要。领导环境越是变动不居，实现组织/领导目标对领导者与被领导者的要求越高。在中国，改革发展形势变化之快，有时让人难以预料，更难以把握，使领导者难以应对、被领导者无所适

① 中国领导科学研究会系在中国领导科学研究会（筹）运行多年的基础上，于 2003 年被中国民政部核准注册登记成立的非营利性全国性社会团体，由中共中央党校主管，总部设在中共中央党校。

从。有人感喟：在中国当官是风险高、难度大的职业，难怪共产党反复强调要把最优秀的人才选拔到干部队伍中来，选拔到领导岗位上。

（2）目标在变化。共产党“两个一百年”的宏伟目标，即到中国共产党成立100年时建成惠及十几亿人口的更高水平的小康社会，到新中国成立100年时建成富强民主文明和谐的社会主义现代化国家已经确定。领导者必须明确现实与目标之间的差距，找准主要问题，确立本职工作岗位的领导目标。快速变化的实践，大量问题层出不穷，领导目标也需要随时调整，这要求领导者、被领导者必须随之进行自我调整，以适应环境，适应实现领导目标的需要。

（3）领导者在变化。领导目标可能变化，领导者的工作方式、领导风格可能变化，被领导者必须进行自我调整，以适应环境，适应实现领导目标的需要。

（4）被领导者在变化。社会人文环境的变化甚至自然环境的变化都会对被领导者产生深刻影响，领导者必须随之进行自我调整，改变工作方式、领导风格，以有效影响被领导者，适应实现领导目标的需要。

中国正处在社会转型期，在人治向法治的转变过程中，有时不仅环境在变，领导目标、领导者、被领导者同时也在变，而且一下子看不出、找不到变化规律。人们普遍感觉官难当、人难做、事难办，使领导科学/领导力教学、研究在中国比在其他市场经济发达的国家更加重要，也更加困难。

领导科学/领导力基本框架结构的确立与完善需要一个过程，领导科学/领导力的问题研究需要每个学者立即行动。前者是学科建设中的体系建设，后者是学科建设中的要素建设，后者是前者的基础。

对于领导科学/领导力的主要问题是什么、怎么办，政界、学界及普通民众中有各种各样的认识。

【案例】

领导者谈领导科学/领导力

1988年7月。中共中央党校校长高扬：领导是门大学问，领导科学研究、教学涉及很多问题，所有问题都要围绕两个问题展开，即怎么把事做成，怎么把官做好、做大。[①]

1998年10月。青岛市委党校党史党建部主任孙志强（现任青岛市委党校副校长）：优秀的领导者要有高情商。在干部知识化、专业化的基础上，领导者的成功、成就和升迁很大程度上取决于情商。领导科学的教

① 高扬于1988年7月24日在中国领导科学研究会（筹）理论研讨会上的讲话。

学研究人员也要有高情商。①

2008 年 11 月。国务院总理温家宝：越是在困难和复杂的情况下，越是要坚持科学民主决策，越是要增强决策的透明度，越是要加强决策的民主监督，以保证“出手要快、出拳要重、措施要准、工作要实”的要求真正得到落实，促进经济平稳较快发展。②

2010 年 7 月。香港瑞安房地产有限公司副主席兼常务总裁，香港太平绅士，全国人大代表王英伟：领导者要有目标、信念、行动计划、坚韧、诚实、宽厚、信心。做企业要有责任感、有情有义、有使命感，要对消费者负责、对员工负责、对合作伙伴负责、对整个社会负责，这是推动企业持续不断发展的不竭动力。③

2010 年 11 月。红豆集团董事长、党委书记周海江：企业快速发展，各种摩擦、碰撞加剧，并且在短时间内积聚大量矛盾时，领导者必须做的是给予员工以人文关怀、保证员工生活无忧，并对美好未来可以有所期待。④

2011 年 3 月。青岛啤酒集团公司董事长金志国：做企业首先要看大势，顺势而明道。道就是客观规律，我们调整方向、搞改革都是为了遵守客观规律。优秀的企业负责人对未来市场上的种种变化感到神往。“把简单的事情做到极致，你就是成功者。”⑤

2011 年 5 月。中共山东省宁津县县委书记孙起生（现任中共潍坊市委常委、潍坊市政府副市长）：抓好小事才能做好大事。庸、懒、散，是机关的通病。有的人大错不犯，小错不断；有的人身在其位，不谋其事；有的人看人办事，对领导曲意逢迎，对群众冷眼相看。这些人虽然没有触犯党纪国法，但在群众中产生了非常不好的影响。因此，面对“庸、懒、散”要拨开情面，立下规矩，敢于“亮剑”。⑥

2011 年 6 月。山东省宁津县县长高秀鹏：政府掌握着公权力要为公众服务，要为经济发展服务。服务要零距离、高效率。官员工作中要学会换位思考，不管监督是否到位，都要自律、自省、廉洁、勤政。⑦

2011 年 7 月。中共郑州市委组织正处级组织员李秀山：组织的运行要靠规则、靠流程。靠规则管理，有时显得呆板，但成本低，效果好，

---

① 孙志强于 1998 年 10 月在中央党校领导科学师资班研讨会上的发言。

② 《人民日报》2008 年 11 月 26 日。

③ 王英伟于 2010 年 7 月 12 日在中央党校“政党、执政党与执政模式”研讨会上的发言。

④ 周海江于 2010 年 11 月在中国领导科学研究会年会上的发言。

⑤ 见人民网天津视窗环保频道，2011 年 3 月 16 日。

⑥ 孙起生：《治庸 不是小题大做》，《人民日报》2011 年 5 月 23 日。

⑦ 高秀鹏于 2011 年 6 月在中央党校“农村社区党建研究”座谈会上的发言。

而且，效果可以预知，问题可以预测、预防。

2011年8月。中共三门峡市委书记杨树平：机遇鼓舞人心，思路深入人心，发展激励人心，事业凝聚人心。风好正是扬帆时，干部要发挥骨干作用。干部是理性的，工作是有规律的。提拔干部，如果一定要突破常规，那么，宁可“破格”不可“小步快跑”，要引导干部把心思放在“干”上，而不是放在“跑”上。①

2011年9月。中国现代文学馆常务副馆长李荣胜：一个人不仅要有自己个人的记忆，而且要有自己民族文化的记忆，这样你才能对现实的社会有一个清晰的认识……我们今天的虚无感，我们今天的争名逐利，我们今天的浮躁与喧嚣，很多都源于我们对历史文化的失忆。② 没文化真可怕。当这句话不再是调侃，而成了对一种现实状况的惊叹时，领导者搞不清自己是谁，根在哪里，自身缺少文化基因，那么没有信仰、随波逐流、道德缺失、突破底线等等，想躲都躲不掉。

…………

除此之外，还有很多人在观察、思考、总结，涉及到的领导科学/领导力问题不一而足。本书展开阐述的15个问题不是作者的个人偏好或心血来潮，而是基于众多领导者的实践结果和同行的研究心得，都是与大大小小现任的和未来的领导者在当前形势下，干什么、怎么干及怎样保证结果更好有着密切关系的。

结论：本书打算围绕领导者“完善自身以引导组织”、“适应组织情境以发挥领导作用”、“关注领导过程以保证好的结果”和“重视绩效管理以促进和持续改进工作”而展开，说清楚目前领导科学/领导力的理论研究和实践活动中最前沿的15个问题，并对未来领导活动进行前瞻。

五、本书打算怎么说？

本书不是一个人在说，而是由中国领导科学/领导力的教学科研领域中有实力、有影响的专家学者各抒己见。以此来向读者展示一个学科发展阶段上的教学研究现状，有效寻求领导科学/领导力不断完善的动力与空间。

本书谋求心平气和地平等交流，真实再现娓娓道来比自命清高、盛气凌人更有力量。为此，在表达方式上，本书选择了讲义的可读性与论文的说理

① 中广网，2011年8月2日。

② 李荣胜著：《国学是什么》，华夏出版社2011年版。

性相结合的体例。本书不仅追求理论分析的透彻，而且追求实践操作的可行。

本书把领导科学/领导力学科框架内的主要问题抽出其中最重要、最前沿的15个，围绕领导者个体如何把事做成，把官做好、做大而展开，置于领导环境、领导主体、领导过程3篇之中。本书的这种篇章结构展示了以领导者为核心而展开的领导科学/领导力学科框架：领导者必须了解、适应、改变甚至创造领导环境；领导者要改善自身因素，提高非权力性影响力；领导者要关注领导过程，用规范的过程来保证好的领导活动结果；领导者要了解、重视领导绩效考核，用领导绩效来检验和保证领导活动结果，为领导工作的持续改进提供依据和内在动力。全书15章反映出领导科学/领导力框架结构中的基本要素。每章都是保证领导活动有序、有效的一个独立的方面，所有章节合在一起是领导活动中最重要的方方面面。

本书侧重于展示这个学科的框架结构和涉及的主要问题的最新研究成果，每一章都是在以往教科书的基础上，只写对当下领导活动有重大影响的宝贵经验，包括实践案例、理论分析、研究心得，其中也渗透着作者曾经或正在担任的行政工作中的亲身体会。

由于第十五章“绩效考核”偏重于静态观察与研究，“结束语”则是针对尚未发生的未来领导活动进行的前瞻，因此在体例上未做严格要求。

结论：本书力求体例新颖、语言活泼，既保持教科书的严谨，又增加趣味性、可读性，使现任领导者、未来/潜在领导者阅读此书不仅实用，而且受用。

上　篇

领导主体

在领导活动中，人处于主体地位。本篇重点强调领导者自身的因素对于领导活动结果的影响，以及提高领导活动绩效对于领导者的要求；强调“完善领导者自身以引导组织”。

第一章　领导思维

良好的思维是成功的领导活动的基础，领导思维是影响领导行为的深层次因素，领导思维决定政策思路，而政策思路直接决定着行为与结果。优秀的领导者必须注重思维训练方法，努力培养科学思维，打开思维空间，赢得人生与事业的广阔天地。

一、思维决定思路，思路决定结果

领导思维是领导者智商和智慧的凝聚。在人类社会历史长河中，许多卓越的领导者凭借个人的思维、知识、经验和能力，在所处的时代发挥了巨大作用。当然，也有起负面作用，把整个组织，乃至人类引向覆灭边缘的。领导者思维的正确与错误，片面或客观，先进或落后都会直接在其领导活动中体现出来，直接地转变为组织活动的行为与结果，这在人类发展历史上、在各类组织中都有非常生动的例子。

我国的“文化大革命”与改革开放大潮所体现的领导者思维正好形成了一个鲜明的对比。

【案例】

革命思维与改革思维

“文化大革命”时期的极左思维最终演变成了“以阶级斗争为纲”的各项政策思路，造成国民经济的停滞与衰退。这种结果显然与领导者的失误是分不开的，而这种失误又直接来源于领导者的思维错误。可怕的是这种思维模式在持续，以至于“两个凡是”的极端思路仍然影响着后期的改革思路。

而邓小平的实事求是与辩证唯物主义思想使其在各个阶段保持着清醒的头脑与清晰的思路，也给国家和民族带来了希望与繁荣。其“黑猫白猫论”成就了“一句谚语与一个时代”的传奇。

1962 年，一些农村地区为了应对饥荒和自然灾害，自发产生了包产到户、责任田等各种各样的生产形式。这些变化，在党内引起较大争论。7 月 2 日，中共中央书记处开会讨论“包产到户”问题。邓小平认为，哪种生产形式能够比较容易、比较快地恢复和发展农业生产，就采取哪种形式。他引用刘伯承经常说起的四川谚语：“不管黄猫黑猫，只要捉住老鼠就是好猫。”陈云等对此表示赞同。

邓小平1962年的讲话，不久即因毛泽东批评“搞单干风”收回。

“文化大革命”期间，“黄猫黑猫”这个比喻更被指责为“唯生产力论”，遭到批判。“猫论”挨批，反而推动了它的传播。

十一届三中全会后，“猫论”成为了中国将社会工作重心转移到经济发展上的一个理论标志。

1985年，邓小平再度当选美国《时代》周刊年度风云人物，“不管黑猫白猫，捉到老鼠就是好猫”被摘登在《时代》周刊上。“猫论”的影响扩大到世界。

1992年春天，88岁的邓小平南巡武昌、深圳和珠海。当时围绕着资本主义与社会主义争论不休。邓小平认为，搞理论争论，就会贻误时机，错过发展机遇。空洞的争论无济于事，真理只有在实践中才能得到检验，应该大胆地实践，大胆地试，先不要下结论，干了再说。“不管黑猫白猫，捉到老鼠就是好猫”。也就在那一年，“不管黑猫白猫，捉到老鼠就是好猫”成为坊间最流行的话语。2001年，APEC首脑峰会上，这句话成为马来西亚总理马哈蒂尔的开场白，寓意亚洲现在最需要的是发展。

“猫论”贯穿于改革开放的各个阶段，在很多场合都可以看到它的影子：乡镇企业、特区、私营经济、证券、股票……与此同时，由“猫论”开启的思维之门一旦打开，个体、群体的创造趋于活跃，市场变得丰富起来。

从上述案例可以非常清晰地看出，领导者的思维决定着一个组织发展的方向与发展思路，而这种方向与思路又直接形成相应结果。任何组织的成功在最初时就是一个思路，任何失败最初时也是一个思路。源于领导者的思维与思路决定着领导者个人成就和组织成就的大小。

如果没有辩证思维，就很难客观地认识自己与事物。作为一名领导者，只有自觉地掌握和运用辩证思维，才能深刻地认识事物的本质，认识事物发展的过程和规律，并能从一事物与其周围事物的普遍联系中去认识事物，提高自己的领导水平。领导者只有掌握和运用辩证思维，并把这一思维方式运用于工作中去，才能形成一整套行之有效的工作方法。

如果没有创新思维，我们就无法突破原有的框框，伟大的事业就无法造就。创新思维是思维方式中最优秀的思维品质。有了这种思维品质，领导者才能在总结前人经验的基础上，敢于冲破习惯势力的束缚，大胆实践，勇于探索。

如果没有全局思维，领导就不再是一个合格的领导。毛泽东在《矛盾论》中指出："只看见局部，不看见全体，只看见树木，不看见森林，这样，是不能找出解决矛盾的方法的，是不能完成革命任务的，是不能做好所任工作的。"作为领导，一定要树立大局观念，善于谋全局，抓大事，解决全局性、战略性、方向性问题。各项工作都要紧紧围绕大局，把地方发展、部门利益放到大局中予以考虑谋划，把握局部在全局中的地位，围绕全局目标开展工作，坚持局部利益服从整体利益。

二、经验思维是财富，惯性思维有局限

经验思维是领导思维中的一种十分重要的思维形态。在人类发展历史与领导管理活动中发挥着非常重要的作用。运用经验思维，人类创造了辉煌的古代文化。时至今日，经验思维仍然在被大量地运用着，它的历史功绩应当予以充分肯定。

【案例】

管仲、隰朋的经验思维

管仲、隰朋跟随齐桓公去讨伐孤竹国，春季出征，冬季返回，迷失了道路。齐桓公命令赶快寻找出去的道路，但大队人马转来转去，怎么也走不出这个迷谷。这时，管仲猛然想起老马大多认识归途，便对齐桓公说："老马识途，孤竹国的马很多是从山戎弄来的，不如挑选几匹孤竹国的老马，让它们在前边走，兴许可以找到出去的路。"齐桓公虽然将信将疑，但又没有别的办法，就同意试一试。于是管仲挑了几匹老马，让它们在前边走，大队人马跟在后头。几匹老马不慌不忙地走着，果然走出了迷谷，回到了原来的路上。大家死里逃生，都佩服管仲足智多谋。从此，"老马识途"也成为一句广为流传的成语。

走到山里没有水喝，隰朋说："蚂蚁冬天住在山的南面，夏天住在山的北面。地上蚁峰有一寸高的话，地下八尺深的地方就会有水。"于是挖掘地，终于得到了水。

靠老马识途和蚂蚁找水其实都是经验思维的作用。反之，缺乏实际的经验，没经验思维，则会在很多关键领导活动中无从应对。历史上赵括"纸上谈兵"的例子就从反面说明了领导过程中经验思维的重要性。

【案例】

赵括“纸上谈兵”

战国时赵国赵括熟读兵书，夸夸其谈，但却缺乏实际的作战经验。其父赵奢说其言过其实，果不其然，在实际战场上一经检验就暴露出其缺乏实际经验、不能承担重责的缺点。赵括代替廉颇以后，全部改变了原有的规定，草率地任用军官。秦国的将军白起听说以后，调遣派出变化莫测的部队，假冒打败退却，而断绝赵军的粮道，把赵军一分为二，赵军士气不振，被困四十多天，饥饿难耐，赵括亲自指挥精兵搏战，被秦军用箭射死。赵括的部队大败，数十万赵军降秦，秦国将他们全部生坑。赵括最后既害了自己，更是误国误民。

经验思维具有直观的感知性、认识的表面性、观察的局限性、分析的非定量性特点，但在领导活动中不可或缺。领导思维不管如何撇清，都无法抹去经验思维的重要作用。

1. 经验思维可以帮助我们在纷繁复杂的领导活动中快速作出正确决策

它是实践活动的直接产物，它又反过来对新的实践活动起直接指导作用。领导者的经验思维向领导活动中的下意识的转化过程一旦完成，便能提高工作的效率，加快情况判断和行为方式选择的速度，从而有效地提高选择最佳决策方案的能力，缩短从认识到实践这一转化的过程。反之，领导历练太少，缺乏应有的经验，在处理关键环节上的关键问题时难免手足无措。

2. 用好经验思维的前提是经验的不断积累和客观分析总结

领导实践通过归纳、演绎、比较、类比、分类等逻辑方法而形成了经验。随着经验的不断增加，领导在头脑中便逐渐形成了某些比较固定的观察、认识问题的模式。当遇到相同和类似的问题时，就会按照自己已经形成的观念去作出判断。这种判断往往是正确的，但是如果领导过分相信过去的经验，而忽视新的观察和思考，所作出的判断就可能是不正确的。所以，对一个领导来说，不断地、认真地学习相应理论和在实践中不断地观察，思考，总结；不断地积累新的经验是十分重要的。

3. 经验思维也有自身的局限和弊端

一是狭隘型经验思维，众所周知的“守株待兔”的寓言故事，可对号入座。

【案例】

宋人“守株待兔”

宋国有位农夫，耕地时看见一只疾奔的兔子碰到树桩折颈而死，于是他捡了一个“便宜”。此后，他每天守着树桩捡兔子，兔子没捡着，耕地却荒芜了。

二是教条型经验思维，《三国演义》中的马谡即属此型。马谡守街亭，不是“靠山近水”安营扎寨，而是死搬兵书，把军队驻扎在了山顶，结果不但没有“势如破竹”，却被司马懿团团围住，最终失了街亭。我党历史上也曾经深受王明教条主义之害，毛泽东曾斥之为“盲人骑瞎马”。

经验思维用不好，就会变成惯性思维。人在思维过程中，常常无意识地踏入一个陷阱，使自己陷入钻牛角尖的困境中，这就是典型的思维惯性。不因时因地分析新的环境，盲目地照搬过往的经验就是思维定式与惯性思维。惯性思维往往是创新的敌人，钳制领导思维，造成本本主义、教条主义。

领导者的惯性思维是多方向的，归结起来，主要有以下几种表现：一是因循守旧，固守传统和惯例。二是自我封闭，凡事总爱眼睛向内，而不是在注重组织内部的同时，也放眼组织外部，学习外面有益的东西。三是唯上，总是从上面的意图和指示中找根据。四是唯书，总是从书本和条条中找根据。

邓小平曾经说：“一个党，一个国家，一个民族，如果一切从本本出发，思想僵化，迷信盛行，那它就不能前进，它的生机就停止了，就要亡党亡国。”在复杂多变的国际国内形势下，领导干部一定要打破思维惯性的局限，静下心来深入思考研究问题，对事物和问题要有自己的见解，准确判断问题的症结所在，提高思维能力、认知能力、分析判断能力和创新能力。

要打破惯性思维的局限，就必须培养质疑思维，善于用质疑的眼光审视前人，审视自己。

三、战略思维高瞻远瞩，创新思维海阔天空

战略思维是领导者必须具备的思维方式。古人云：“自古不谋万世者，不足谋一时，不谋全局者，不足谋一域。”万世之谋，全局之谋，就是战略之谋。战略高于战术，并统帅战术。战略上出差错，局部无论如何努力都难以挽回败局。

领导者每天都会面对各种问题。其中既有战略问题，也有非战略问题。关注战略问题正是领导者区别于一般管理者的最重要的特征。所谓战略问题，指的是关系到全局发展的问题，凡涉及组织整体活动目标、方向、未来、成败和根本效益问题，凡在全局中带有共性、并有普遍指导作用的问题，都是战略问题。《三国演义》中，诸葛亮未出茅庐，已知三分天下，就表现出了卓越的战略意识。后来，中国抗美援朝决策把领导者的战略思维体现得淋漓尽致。

【案例】

抗美援朝决策

抗美援朝是在相当困难的情况下进行的，当时作出用兵决定，十分艰难。朝鲜战争发生时，新中国刚刚成立，国民经济亟待恢复，军队长期作战亟须休整，整编复员、边疆剿匪等任务也相当繁重。面对美韩联军向鸭绿江挺进，出兵即出境，即要与世界上最强大的战争机器迎头相撞，那我军武器装备落后、缺乏海空力量的弱点将暴露得十分明显。如此困难情况下决定用兵，毛泽东提出："出去了，即使被打回来，也说明我们是局内人，不出去，连入局的可能性都没有。"在毛泽东的战略视野里，战场胜败不是出兵或不出兵的标准，"入局"或"不入局"才是出兵与否的标准。这就将"跨过鸭绿江"上升到了一个更高的战略境界。这位伟大战略家的视线穿越硝烟弥漫的朝鲜半岛，看到了比战场得失更加重要的东西。所以哪怕美国宣布和中国进入战争状态，哪怕美国海军、空军攻击中国沿海地带、轰炸中国城市和工业基地，哪怕新中国刚刚开始的经济建设计划被破坏、民族资产阶级及部分群众产生不满，都阻挡不了毛泽东为了新中国更加长久的安全，一定要"入局"的坚强决心。

抗美援朝，在全世界面前打出了中国人民解放军的军威。事实证明，要想准确或大致准确完成战略前瞻与预见，思维主体必须以全部智慧和魄力完成对种种决定性因素的切实把握。在这其中立足于最困难、最复杂的情况还不够，还要能够用更加长远利益的追求超越眼前困境，最终为价值久远的战略决策开辟通路。

不被"泰山崩于前"慑神障目，不被"麋鹿兴于左"乱意分心，领导者才能获得一种持久定力，拥有更高更远的战略眼光，才能由大眼光生大境界，由大境界生大决心。

大眼光、大境界、大决心之综合，便是大格局，这也就是战略思维。领导者培养战略思维，关键要树立以下几个观念：

第一，全局观念。所谓全局，从空间上说，是指关于整体的问题；从时间上说，是指关于未来的问题。领导思维的全局性特征，就是领导者决策时必须有广阔的空间视野，善于全方位的思考问题，既看到事物内部诸要素之间的相互联系和相互作用，又看到该事物与其他事物的联系和影响；既要看到事物的现状，更应看到事物的发展趋势和未来。在决策谋划时，必须高瞻远瞩，统揽全局。

第二，前瞻性观念。要看到当前与长远关系，看到别人所看不到的问题。

任何事物的变化和发展都是一个过程，有它的昨天、今天和明天，因而事物发展具有延续性，今天是昨天的延续，明天又是今天的延续。今天只是决策的出发点，而不是着眼点，更不是归宿。领导思维的前瞻性，就是领导者决策时，不仅要看到过去和现在，更要看到未来。要立足今天，总结昨天，预见明天。要善于静中见动，预见未来；深思致远，谋划未来；揭示规律，把握未来，千方百计做好未来这篇大文章。

第三，系统观念。系统思考能够看清复杂状况背后的结构，了解影响个别行动背后的结构性因素，提高洞察力。系统中每一个单元都不是孤立的，它既在自己的系统之内，又与其他各系统发生各种形式的联系。系统内的相互联系和相互影响的特性，使得系统内微小因素的变动都可能被无限放大，产生难以预料的结果。领导者在观察、分析和解决问题时，不仅要重视单元的作用，而且要重视系统整体效应。系统观念要求领导者把领导本身和领导的一切对象，作为一个有机整体来思考。特别要注意全局和局部的有机联系，系统内部和外部的相互关联、相互影响和相互制约关系。

创新思维即创造性思维，要求领导者解放思想，打破常规，“不唯上，不唯书，只唯实”。

由于思维惯性，人们常常倾向于应用熟悉的方法来解决问题，而忽略问题本身和问题存在的环境发生了变化。事实上，即使原来的处理方法是正确的，问题本身和问题存在的环境所发生的微小变化都可能会使解决方法存在很大差异。除了领导者本身可能存在的思维惯性，环境本身也存在路径依赖的倾向，这种特征使得问题的解决更倾向于沿着习惯的“路径”演进。而能否有创新思维，看到别人所看不到的东西，同样体现了领导者的思维水平。

【案例】

毛泽东湖南调查

毛泽东曾经担任国民党的农民部部长，这个农民部无论是对国民党，还是对共产党，都是最不重要的。但是，无论是国民党还是共产党都在那个地方纳闷和困惑，革命搞了这么多年，为什么革命老是搞不成功，我们的事业为什么开展不了，到哪个地方去找革命的主力军、同盟军去？毛泽东自己也困惑，有这么一段时间，他身体不好，从上海回到湖南老家，利用休假养病的一段时间，在湖南五个县做了 32 天的调研，结果通过调研发现，农民运动已经领先于、独立于、超前于党的领导，自己就起来风风火火地打土豪、分田地，自己就干起来了，结果毛泽东就为农民运动的进展，为它击鼓，为它欢呼，农民运动是革命运动，然后说了一句话“湖南农民运动短短 40 天的成果，抵得上孙中山革命 22 年的成果”。

我们稍微反思一下，湖南一个省短短40天的成果，怎么能抵得过孙中山民主革命22年的成果，不在于量的对比，而在于通过这一次调研发现农民可以作为革命的主力军、同盟军，大致找到了中国革命问题正确的道路和方向，然后就在这样一个思想的指导下，在国共合作破裂之后，搞了一次秋收起义，一下子就把队伍拉上山了。上了山的农民穿得破破烂烂，就这么几杆破枪，武器装备不行，根本打不过国民党，怎么办？于是采用游击战的战略、策略、战术，打得过就打，打不过就跑，敌进我退，敌住我扰，敌退我追，绕来绕去，完全不遵守规矩，到最后不但把国民党绕糊涂了，最后连林彪这样的红军军官也被绕糊涂了。1935年遵义会议后，为摆脱国民党大军的追剿，毛泽东指挥红军四渡赤水，目的不就是渡过赤水吗？来来回回渡过四次。遇见一个问题不断的思考，遇见一个问题深入地挖掘，越思考越多，越挖掘越深，到最后在毛泽东手里面，领导党和人民把新民主主义革命、社会主义革命搞成功了。中国历史上农民起义不绝如缕，在毛泽东之前历任中央领导人也号称非常重视农民运动，为什么只有毛泽东共产党领导的农民运动是成功的呢？就这么一次秋收起义，就这么一次休假养病期间的调研，它背后是不是有一点带有什么规律性、普遍性的东西啊？找到答案需要领导者的创新思维，从而看到别人所没有看到的东西。

思维创新对领导者提出了新的要求。

第一，领导者要有开放的心智，且不拘泥成见。一要能排除外界干扰，不屈从于压力，保持思维的独立性；二要不满足于常规和亦步亦趋，勇于求异，异中求新，新中求变；三要立足事实，拓宽思维领域，把握事物发展的趋势，揭示事物的发展规律。

第二，领导者要善于接受不同的甚至是相反的意见，能虚心接受下属的意见和建议。然而，在一个政治化的环境中，创新的思想往往是“谁提出的”比“它是什么”更重要。如果它是领导者提出的，每个人都会认真考虑，但如果是一个名不见经传的下属提出的，则往往被忽略。这就要求领导者有开放的心智和胸怀，不仅能激发自己的新想法，也要努力营造良好的环境，鼓励和吸收下属的新想法、好建议。

第三，领导者要处理好继承与创新的关系。领导者的思维活动总是在一定的时间空间条件下进行的，是一个特定时代的人类文明成果在领导者大脑中的反映。但人类文明发展具有延续性和继承性。人类文明的这种延续性和继承性，决定了领导思维具有延续性和继承性。这种继承不是简单的重复，而是扬弃，是既继承历史，又突破以往，超越古人。

实践证明，一切创新活动都是以创新思维为先导的，创新思维推动创新实践，延伸和拓展发展空间。

四、思维训练注重方法，打开空间方能突破

人们在进行思维时，常常会受到思维定式或客观环境局限，由此而造成自我封闭、思域狭窄，难以发挥能动的创造精神。对于需要进行大量非常规决策和开创性工作的领导者来说，需要恰当地选择适宜的思维训练方法，打开思维空间。

1. 塑造发散思维

发散思维是从一个信息源中导出多种不同结果的思维方法，它的主要特征就是大胆的设想。发散思维有多种表现形式。其中常用的包括横向思维和交叉思维。

(1) 横向思维，是指受到其他事物的功能、特性启发而产生新思想的思维方式。

【案例】

教育酒鬼与发明酒精

有一名医生看到一些酒鬼嗜酒如命，危害健康，就想出了一个办法。一天，他把酒鬼都召集在一起，做了一个实验：把一只虫子放进盛满凉白开水的杯子中，虫子翻滚了几下，浮出水面，从杯壁上爬出来。医生说，"看来虫子会游泳，水不会淹死它。"于是，他就把这只"会游泳的虫子"放进盛有白酒的杯子中，虫子挣扎了几下，不一会儿，就直挺挺地漂在酒面上死了。医生说："酒不会淹死虫子，是酒把虫子杀死了。"并对酒鬼说："你们再喝酒，就和这条虫子一样，早晚会被酒杀死！"酒鬼们沉默了一会儿，突然有一个酒鬼嚷道："我还要喝酒！"医生惊异地问他："难道你不怕被酒杀死？"酒鬼说："酒可以杀死肚子里的蛔虫。"虽然这是酒鬼的逻辑——为他喝酒寻找借口，却启发了医生，既然它能杀死蛔虫，那么能不能杀死细菌？最终导致他发明了医用酒精。

由于改变了解决问题的一般思路，试图从别的方面、方向入手，其思维广度大大增加，有可能从其他领域中得到解决问题的启示，因此，横向思维常常在创造活动中起到巨大作用。

(2) 交叉思维，是指根据研究对象的特性，打破专业界限，对相关问题

进行交叉思考。

人们常说他山之石，可以攻玉。毛泽东在评价《孙子兵法》时指出："中国古代大军事家孙武子书上'知彼知己，百战不殆'这句话，是包括学习和使用两个阶段说的，包括认识世界中的发展规律，并按照这些规律，去决定自己的行动，克服当前敌人而说的；我们不要轻看这句话。"又说："孙子的规律，'知彼知己，百战不殆'乃至今天仍是科学真理。"实践证明，把军事管理、军事战略战术、军事作风，灵活地适用于各个领域，会取得巨大收益。

【案例】

西点军校培养企业精英

世界著名的军事院校美国西点军校，200 多年来，不仅为美国培养了3个总统，5个五星上将，3700个将军，而且培养了诸如可口可乐、通用公司、杜邦化工等企业总裁这样的精英。大批西点军校的毕业生，在企业界获得了非凡的成就。二战后，在世界企业500强里，西点军校培养出来的董事长有1000多名、副董事长有2000多名，总经理、董事有5000多名，胜过任何商学院。

2. 锻炼收敛思维

收敛思维，要求在解决问题的过程中，尽可能利用已有的知识和经验，把众多的信息和解题的可能性逐步引导到条理化的逻辑序列中，最终得出一个合乎逻辑的结论。如果说发散思维的思考方向是以问题为原点指向四面八方的，具有开放性，那么，收敛思维则是把许多发散思维的结果由四面八方集合起来，选择一个合理的答案，体现了思维的"吸铁石效应"。领导在思考问题时采用收敛思维，可以将最初收集的有关信息以目标为核心，对原有的知识从内容和结构上进行有目的的选择和重组，层层分析归纳，向问题的核心一步一步地逼近，抛弃那些非本质的、芜杂的特征，以便揭示出隐蔽在事物表面之下的深层本质。

3. 培养逆向思维

人们最常用的思维是垂线思维，也就是顺向思维。容易忽视逆向思维，逆向思维是与传统的、群体的思维方向相反的一种思维形式。领导干部如能灵活运用逆向思维，可以摆脱一个固定的思维方向，从"山重水复疑无路"的困境走出来，取得出奇制胜的效果。

应该说，领导者思维的养成是一个日积月累的过程，思维训练方法有助于我们逐步去养成科学的思维。但是，面对复杂多变的社会，任何高明的领导者，单靠个人的能力和思维都是不够的，也容易产生这样那样的局限，必须借用他人的力量，即发挥智囊人物或团体的决策参谋作用。这就要求领导者在战略思维的指引下，坚持开放性的思维，努力打开思维的空间，实现领导思维的突破。

第一，打开思维空间，要从封闭走向开放。开放思维的特点，一是广阔性，即开放性思维既注重事物内部联系，又注重事物的外部联系；既注重纵向比较，又注重横向比较，纵横交错，因而视野广阔；二是变动性，即开放性思维不是静止的、僵化的，而是随着事物内部要素与外部环境的变化而变化的。所以，它有利于不断地接受新信息，掌握新情况，解决新问题；三是预见性，即能从已知推断未知，从现实把握未来。为了适应社会化大生产的要求，领导思维方式必须从封闭走向开放，既要看到内部条件，又要看到外部环境；既要看到国内，又要看到国外；既要看到过去，又要看到现在与未来。领导者不能坐井观天，而应登高望远。信息来源应该多渠道、全方位。要有足够的空间跨度，才能统领全局。奈斯比特在《大趋势》中指出的，当今时代是一个“从非此即彼的选择到多种多样选择”的时代。在这样的时代，处于开放性的社会大系统中，个人尤其是领导者必须解放思想，多角度思维。

第二，打开思维空间，要从一维走向多维。所谓一维思维，其特点是直线性和教条性。所谓多维思维，是对事物进行多角度、多方面、多层次、多变量的系统思考。其特点是多向性、多层次性、开放性和综合性。当前，无论自然还是人类社会，都是多层次多变量的大系统。它有多个子系统，子系统下面还有子子系统，直至最小的单元。各层次的子系统，乃至单元之间都有纵横交错的联系。随着知识和信息的爆炸式剧增，社会的发展变化以及人际相互依存关系的更加密切，这种复杂程度是空前的，到处是“整体性故障”的例子。例如，全球温室效应、臭氧层空洞、国际贩毒等等，这些问题都不是简单的局部成因。一维思维方式已远远不能驾驭这种复杂的局面，领导思维方式必须从一维走向多维，从单因素的思考发展到多因素的研究，从单纯的因果分析发展到整体结构的研究，从单元的解剖发展到系统的综合。

简而言之，领导思维方式必须从一维走向多维：既要有经验思维、又要有理论思维；既要有正向思维，又要有逆向思维；既要有点线思维，又要有立体思维；既要有收敛/聚合思维，又要有发散思维；既要有求异思维，又要有求同思维；既要有抽象思维，又要有形象思维；既要有逻辑思维，又要有灵感思维。实践是丰富多彩的思维必然是多维的。

第三，打开思维空间，要从单脑思维走向多脑思维，善于群策群力，开展头脑风暴。正如我国古语所说：“水尝无华，相荡乃成涟漪；石本无火，相击而后发光。”即借思维碰撞可生智慧之光。领导组织大家在一个平等宽松的环境下，围绕一个问题自由思考，相互激发灵感，从而产生很多新观点和新方法。这样既发挥了大家的积极性和创造性，有利于增加团队凝聚力，又使领导者用不着一个人苦思冥想，单打独斗。

第四，打开思维空间，要用好外脑，借助外力，即巧用智囊团。

【案例】

“中国将出兵朝鲜”

美国兰德公司曾被誉为世界智囊团的开创者，是美国最重要的、也是规模最大的综合性战略研究和咨询机构之一。朝鲜战争前夕，兰德公司冒着亏本倒闭的风险，集中资金和人力，研究“美国如果出兵韩国，中国的态度将会如何”这样一个对决策有很大意义的课题。战争爆发前8天，兰德公司拿出了研究成果，并打算把这一成果卖给美国对华政策研究室，卖价500万美元（相当于当时一架最先进的战斗机的价格），主要结论只有7个字：“中国将出兵朝鲜。”70万美元买一个字，代价实在高得惊人。这项研究成果附有长达38页的资料，有充足的论据证明中国绝不会坐视北朝鲜危机而不救，并断定一旦中国出兵，美国将不光彩地主动退出这场战争。可惜，在很大程度上可以左右对华政策的美国对华政策研究室的官员，却视之为无稽之谈，一笑置之。直到朝鲜战争结束，美国国会开始辩论“究竟出兵韩国/朝鲜是否真有必要”的问题时，才有人想起兰德公司的研究成果。虽然时过境迁，但在野党为了在国会上辩论言之有理，仍以280万美元的代价买下了兰德公司这项过时了的研究成果。当记者问及从朝鲜战场回来的美军司令麦克阿瑟对兰德公司的这项研究成果有何看法时。麦克阿瑟不无感慨地说：“我们最大的失策是舍得几百亿美元和数十万美国军人的生命，却吝惜一架战斗机的代价。”

面对日益复杂的执政环境，领导者要统筹全局、兼顾局部，统筹经济与社会发展，所需要的知识既要广博还要精深，常人难以做到。因此，必须借外部智力，利用外脑，围绕领导选定的决策目标和目标的实现，制定多种行动方案、行动计划，以便供领导者去抉择，这正是现代智囊团的主要作用。

正如爱因斯坦所说：“人们解决世界上的问题，靠的是大脑的智慧和创造性的思维，而不是照搬书本。”领导思维贯穿于领导活动的全过程，思维模式体现的是领导思维展开的路径、思维的方向、思维方法与手段、思维的习惯和定式等，是领导素质能力构成要素的主要成分，它在领导能力结构中处于核心地位、起着决定作用，是领导者与时俱进、开拓创新的重要工具。

第二章　领导心理[①]

领导心理是指领导干部对客观世界的主观反应，心理现象包括心理过程和人格。领导干部在领导活动中，各种感官认识外部事物，通过头脑的活动思考事物的因果关系，并伴随着喜、怒、哀、乐、忧、思、恐等情感体验。这种折射着一系列心理现象的整个过程就是心理过程。人格也称个性，不是独立存在的，而是通过心理过程表现出来的。领导心理影响领导者的行为。健康的心理是领导者个人健康的重要部分，也是领导活动有效的主观条件。领导者的工作绩效不仅取决于其能力，更取决于其心理素质，社会发展对领导者的要求越高，领导者的心理调适越应高度重视。

一、下属高见无损领导威信

随着中国高等教育的快速发展，公务员队伍的文化素质日益提高，这对于提高领导干部执政为民的水平和质量大有裨益。

在领导的重大决策活动中，为提高决策的科学性，必须进行调研，凝聚多数人的智慧，高素质的下属提出优于其领导的方案或者建议司空见惯。久而久之，领导者的威信是否会被降低呢?

在现实工作中，有的领导在班子会议上就重大决策征求意见，但有时并不希望有高见，或者干脆就是打招呼式的，误认为发扬民主或者下属提出不同意见会影响或者降低领导的威信。其实，如果决策出现重大失误，尤其是没有提前沟通或者事先酝酿，或者在没有充分准备的情况下，贸然决策导致灾难性的后果，这必将损害领导的威信。说到底，领导的威信并不取决于说一不二，而是决策科学。下属的高见难免让领导内心深处产生一种不愉悦（嫉妒），但理性的领导者能够克制这种负面情感，鼓励并重视下属的高见，这在客观上有利于树立领导威信而不是挑战领导威信。

历史上，唐太宗善于听取下属意见，但他的威信却因此而提高。

---

① 本章中第一、二、三、四部分由山东省委党校王玉华博士、魏磊教授撰稿。第五部分由北京师范大学于海波教授撰稿。

【案例】

唐太宗纳谏

唐太宗对魏征的纳谏刚开始也不以为然，认为自己在群臣面前丢了面子、降低了威信。

一次，唐太宗怒气冲冲地回到后宫对皇后长孙氏说，总有一天，我要杀掉这个“乡巴佬儿”。长孙皇后忙问杀谁，太宗说，魏征常常在朝堂上当众刁难他，使他下不了台。皇后听了，连忙向太宗道喜说，魏征之所以敢当面直言，是因为陛下乃贤明之君啊。明君有贤臣，欢喜还来不及，怎能妄开杀戒呢。

唐太宗恍然大悟，此后更是“励精政道”，虚心纳谏，对魏征倍加敬重。魏征也进谏如故，“思竭其用、知无不言”，从不畏龙颜之怒。由是，君臣合璧，相得益彰，终于开创了大唐“贞观之治”的辉煌盛世，成就了唐太宗一世英名。

若是领导在决策过程中，善于倾听下属的建议，并做到了科学决策，促进了事业的发展，维护并实现了员工或者群众的根本利益，领导就能有口皆碑，威信自然就树立起来了。

二、决策时的从众心理要不得

从众是一种常见的心理习惯，它具有两面性。一方面，从众有利于降低个人的生存、发展成本和组织的管理成本。许多人主张从众/随大流，这有利于减少人际摩擦，降低特立独行带来的非议或非难。在组织管理中，从众有利于常规工作按部就班地按照前人总结、积累、明确的规则有序进行，从而保证常规工作的秩序和效率。但作为领导，不仅要安排常规工作，更重要的作用体现在对非常规工作的决策上。虽然“他山之石，可以攻玉”，但绝不能人云亦云，随波逐流，否则，必然造成决策脱离实际、违背群众意愿。

【案例】

农民“被上楼”

2010年11月4日，《光明日报》报道了有的地方出现“农民被上楼”的问题，引起上上下下的高度关注。实事求是地看，在推进社会主义新农村建设的进程中，因地制宜地建设农村社区，有利于推进我国的城镇化进程，但在全国不少地方，不顾客观实际，让“农民上楼”，搞一刀切，引起了极大的社会反响。为此，国土资源部于2011年2月16日召开会议，部署开展城乡建设用地增减挂钩试点和农村土地整治清理检查工作，严禁农民“被上楼”。对片面追求建设用地指标、不顾条件大拆大建、强迫农民“上楼”、不合理分配资金等行为进行严肃整改；对不符合要求的地方性文件予以修改或废止。“农民被上楼”的运动总算降温了。

但我们要反思：这一决策为什么会在全国不少地方被悄然采用呢？我们不否认逐利的冲动，但其中还有一点，就是领导决策的从众心理在作怪。

首先，决策者认为，既然各地都这么搞，一定有其合理的地方，然而，大家都这么做就意味着一定正确吗？很明显不一定。但从众可以规避开拓创新的风险，而且，即使从众后出现决策失误甚至错误，也不会被追究责任。这是法不责众的心理在作怪。

其次，追随者存在着简单模仿的倾向。异地的决策经验是否适合本地，需要认真调查研究，不能随风而上。全国各地相互学习取得的先进经验，本无可厚非，关键是以什么样的态度学习。事关农村发展、改革和稳定的重大决策的出台，最起码的参考因素是本地实情与民意。20世纪80年代初期的农村改革之所以迅速成为燎原之势而不可阻挡，关键是适应当时农村的生产力发展水平，让农民从改革中得到了实惠，迅速解决了温饱问题，因而得到农民的衷心拥护。“农民被上楼”，农民失去了赖以生存的土地，成为无土地、无就业、无社保的“三无”人员，为国家的和谐稳定埋下了隐患。这值得决策者进行认真反思。

最后，领导者在重大决策中的从众心理产生的深层次动力来源于追求政绩或个人快捷升迁的冲动。有的决策者明知决策不科学甚至错误，但生怕本地区眼前局部利益受损或个人升迁延误而积极“从众”。

三、晋升的心态要健康

俗话说：“人往高处走，水往低处流”，“不想当将军的士兵不是好士兵”。这些话蕴涵着人要有上进心的道理，领导者要求进步、希望升迁无可厚非。但是，任何事都有个度，超过一定的度就会变质变味。作为人民的公仆，若是一味地追求提拔晋升，把提拔晋升当作人生唯一的内在动力和追求，这就不是健康的心态。

能否得到提拔，得到一个更大的平台由诸多因素综合决定，包括工作需要、领导班子结构、职数是否空缺、人际关系等许多条件，缺一不可。但得不到提拔只需要一个因素，因此，对待提拔要有平常心，要顺其自然。

【案例】

小岗村的沈浩书记

把年轻的生命奉献给小岗村的优秀年轻干部沈浩，于2004年2月响应安徽省委号召，作为全省第二批选派到农村任职干部来到凤阳县小岗村，任小溪河镇党委副书记、小岗村党委第一书记、村委会主任等职务。在小岗村任职近6年，沈浩始终以党和人民的事业为重，干事创业，勤奋务实，勇于创新，无私奉献，以实际行动践行科学发展观，忠实履行共产党员的神圣职责，在广大干部群众心中树立起了一座巍峨的丰碑。他先后为村里修了公路、为散居的26户村民集中盖了住宅楼，在村里建了大包干纪念馆。然而，这样一位下基层的党员干部，从入村到因工作劳累去世，一直租住在村民家中，甚至大年三十还泡在村里。当初，沈浩完全可以不用报名下基层驻村，因为他还很年轻，可以在机关里“熬”，他也完全可以因为家庭困难而不报名。因为当时老母亲已86岁，需要有人照顾。女儿刚刚9岁，日常家务需要他这个顶梁柱。然而，他不顾这些家庭困难，不顾基层生活与工作条件的艰苦，在党和人民需要的时候，义无反顾地勇挑重担。更为可贵的是，当干满一届时，小岗村已跻身2005年度“全国十大名村”。此时，他的工作已经获得了村民的高度认可，完全可以载誉而归，静待提拔，但是，村民们离不开他，强烈要求他继续担任小岗村党委第一书记，沈浩再一次服从了组织的决定，最终累死在工作岗位上。

从沈浩的身上，我们看到了干事创业的领导干部正确对待去留进退的健康心态。

第一，要有正确的目标定位。领导者的目标定位应该是在现有的平台上“会干事”“干成事”，实现当地经济社会又好又快发展。说白了，领导职务是一个干事创业的平台。立足此平台，要描绘出最美好的超越众人的图画而不是紧紧盯着自己的位子，以是否被提拔为目标追求。只有目标定位正确，才能做到淡泊名利，志存高远，以平和的心态对待升迁。

第二，要辩证地看待职务升迁。每个领导在烦琐的日常工作中，不计较得与失、名与利，始终保持一种昂扬向上的进取心态，努力做到重事业、轻得失、少索取、多奉献。耐得住寂寞，经得起挫折，受得了委屈。在顺境中谦虚谨慎，如履薄冰，在逆境中陶冶情操、磨炼意志、修身养性、积蓄力量，晋升顺其自然。无论哪个干部，在职业生涯中都难免一时晋升受挫，但人生是个过程，不在于一时一事之得失，就像打仗追求全局胜利而不是一城一池之得失一样。

第三，情趣高雅、志向高远。江泽民同志曾在一次会议上语重心长地说过，每个共产党员、领导干部都应该经常想一想，入党、参加革命到底为什么，当了干部要为国家为人民做点什么，将来身后要留点什么。这三个问题是每个领导干部应该深思的。俗话说，金杯银杯，不如老百姓的口碑。党员干部对工作、对事业、对家庭、对社会有一份强烈的责任心和使命感，这是担当责任的前提。党的干部是人民的公仆，手中的权力来自人民，为党工作、为民办事是干部的“本分”。在现有平台上，“在其位，谋其政”，把本职工作做到自己能达到的最好水平，组织和群众定有公论。

四、换届后新领导的工作态度要端正

2011 年至 2012 年是全国省市县乡的换届之年。群众对换届后的领导也寄予厚望、拭目以待，盼望上届未解决的遗留问题能够在新领导到任后得到圆满解决。换届后的新领导带着组织的重托与信任，面对群众的厚望与期盼，摩拳擦掌，急于施展自己衷心为党、一心为民的抱负与才华。但做法各不相同，态度决定结果。

换届后的新官上任，到底该持怎样的工作态度?

【案例】

文化部部长王蒙的《诫贤侄》

曾任文化部部长的王蒙，其朋友之子未到而立之年就当上了副县长。应朋友之邀，王蒙欣然以《诫贤侄》勉励和告诫之。全文如下：

把眼睛盯在工作上业务上，不要盯在别人服不服自己上。一个芝麻官，又年轻，人家没有必服的义务，不服就不服，不服也得按工作程序运转。

千万不要弄几个人去搜集谁谁说了你什么什么，尤其不要自己在会上为自己抢白，不要自己出马批判对你的风言风语。你如果这样做了，就等于自己传播流言，等于把大家的注意力吸引到自己头上，等于自我出丑。

不要动不动骂前任。骂前任你就给自己出了个难题：你必须处处反前任之道而行之，而且要干得比他好得多。骂前任就把自己摆在了处处与前任相比较的聚光灯下，这对你其实并不利。

不要老是到上级面前说你这个县的人民多么落后，这个县的干部素质多么低下。骂自己的部属，只能暴露你自己的无能、无知，暴露你自己既不会团结人，又发挥不了大家的积极性——一句话，暴露了你自己的不称职。

不要老是到上面去呼救求援。周围十几个县都踏踏实实，就你这儿老出事，除了证明你不行又能说明什么呢？一点儿矛盾也不能消化，要你这个副县长做啥？

不要动不动在下属面前流露对上级的不满。专门有这么一些人，窥伺着上头的矛盾，以便利用矛盾达到自己的目的。这样的人很不正派。

不要搞“十几个人、七八条枪”的亲信，更不要走到哪里就把他们带到哪里。谁也不是傻子。你那样做，在得到这十几个人的前呼后拥的同时会失去大多数。

各种大原则问题，自有组织和老同志教导，我这里说的供你参考，总之，大官小官，都是办事的官。用工作的成绩说话，则兴，则立，则吉；用说话来取代工作成绩，则败，则危，则凶。切切，切切！

最后再补充一句，能上能下，才见人品官品，下的时候切莫出洋相！任职期间也不要把业务全丢了，免得最后弄个一无所长，一无所成，武大郎盘杠子，上下够不着。①

王蒙的话虽然不多，但诚挚而深刻，具有很强的针对性，对换届后的各级领导者如何调适心理、开展工作有深刻启迪。

首先，要把握中央在未来五年的工作规划。认真学习并全面把握十七届五中全会关于“十二五”规划的战略部署，推动科学发展，实现全面建设小康社会的宏伟蓝图。与中央保持一致不是虚的口号，而是实实在在地遵从中央关于未来五年经济社会发展的宏观战略部署。这一战略部署是中央对各地的指挥棒，只有把握了中央关于未来发展的向度，才能明确当地经济社会发展的前进方向，正确制定本地的发展战略。由此确定自己该干什么，不该干什么。

其次，深入了解当地实际情况。新官上任后，需要通过深入调研，了解当地的实际情况。尤其是从外地调入的，这是必不可少的重要步骤。不做好此项工作，决策和讲话就是盲目的行为，就有可能脱离当地实际，甚至闹出笑话，有损领导的形象，最终不可能实现科学领导。

再次，要正确对待前任遗留的棘手“旧账”。当前，由于社会的转型，党政机关需要处理解决的问题并不比以前少，有的甚至更为棘手。因此，前任未必就能把所有问题都干净利索地处理完毕。有很多问题正在处理当中就遇

① 《领导科学》1999年第2期，第30页。

到了换届交接。那么新官不能借口是前任的事，一推了之。应该一届接着一届干。俗话说："铁打的营盘流水的兵。"我们党的事业就是一以贯之、薪火相传、接力推进的。若是继任不管前任的事，就是把前任的事看成了私事，实质上是没有摆正自己公仆的身份。

新任领导应该以正思维看问题，把处理棘手问题视作施展才华和为国家、人民立功、奉献的机遇，勇于碰问题、理矛盾，为群众排忧解难。

解决棘手问题的过程，也是领导历练的过程。领导的水平和能力需要在实践中磨炼。此谓"宝剑锋从磨砺出，梅花香自苦寒来"。不能设想一个干部能在不经风雨、不处逆境、不解难题中得到全面提高。

最后，正确处理换届与接棒的关系。换届意味着一届领导班子的届满，但不意味着各项工作的结束，因此必须解决好各项工作的衔接或者继承问题。前任关于地方发展的思路和规划是组织行为，继任者应当接续实施并在实施中完善，保证一个地方的可持续发展，避免换一届班子、甚至换一个领导就换一个思路和规划，劳民伤财瞎折腾。当然，继任者一定要有创新，要在继承中超越，在传承中发展，在开拓中创新。

五、心理调适最终要靠自己①

"生活像一条路，总有一些坑坑洼洼；生活像一团麻，总有那解不开的小疙瘩；生活像一杯酒，饱含着人生的酸甜苦辣。"在领导者的日常生活和工作中，"酸甜苦辣"总是难免的。比如荣获升迁嘉奖，喜出望外，心情非常激动；某项工作没处理好，受到领导批评，心情非常沮丧；某件事情产生误会，影响了同志间的关系，心情非常烦躁；个人成长不顺利，工作中压力过大、阻力重重，心情焦躁等。要勇敢地跨过这些坑坑洼洼，就需要努力做好心理调适，保持健康的心理状态。若调适不好，就会趴在坑里站不起来，缠在麻里走不出来，醉在酒里醒不过来，甚至铸成大错、留下遗憾。

1. 心理问题要正视

近年来，领导干部队伍心理健康出现了很多问题，领导干部自杀频频发生，级别从省部级、厅局级、县处级、科级都有，覆盖各个层级。如在2010年，官员"非正常死亡"不断发生：1月13日，河南省郑州市建设局刘云峰在接受纪委调查时"跳楼自杀"；2月1日，温州当地媒体刊发一则"讣告"称温州市发改委主任黄河"由于劳累过度，突发疾病，经抢救无效因公殉职"；6月24日，民航中南地区管理局局长、党委书记刘亚军留下的遗书内容

---

① 本章中以下内容由北京师范大学于海波教授撰稿。

不足200字，撞火车身亡；8月25日河北省万全县县长王聪著在宿舍自缢死亡……

干部心理问题已经成了一个普遍问题。2006年安徽省社科院和黄山市委党校调查了黄山市三区、四县100多名领导干部，结果发现目前干部普遍存在“心理压力”“心理不平衡”“心理疲劳”，存在“浮躁”、“压抑”心理，“焦虑”、“忧郁”情绪；2005年、2006年、2008年四川、江西、北京、江苏等地也分别对本地干部心理进行调查或测试，结果大同小异，发现约65%以上干部有心理紧张状态，46%的干部有不适应的感觉；北京市在对200多位中年领导者进行的一项心理健康检查结果显示，有25%的人存在心理健康问题，3%的人有严重的心理健康问题。近年来，这种状况愈演愈烈。

2. 心理调适靠自己

心病还需心药治，领导者的心理问题最终需要靠自己调适，保持一种“宠辱不惊，看庭前花开花落；去留无意，任天外云卷云舒”的心理状态。

(1) 积极调适，做压力的主人。在工作中有些领导总感到处理各类问题比较棘手，难度大而且关联性强，牵一发而动全身，心理压力过重，甚至对有些简单的事务或者在常规下可以处理好的事情，在压力的压损下也会一筹莫展，或者事倍功半。领导者面临的压力一天比一天增大。国外有著名心理学家说过：“压力就像一根小提琴弦，没有压力，就不会产生音乐。但是如果弦绷得太紧，就会断掉。你需要将压力控制在适当的水平——使压力的程度能够与你的生活相协调。”其实，领导者一直生活在内在的精神压力中，如生存竞争的压力、对危险与死亡的恐惧、人际压力、情绪与情感的压力等，这些压力保持人的警觉和合适的行为模式。稍大的压力引发纷乱的情绪，较大的压力带来躯体各种不适反应，过大的压力出现意识缩窄，对环境反应迟钝，身心处在崩溃的边缘。

【案例】

法院副院长自杀了

刘立一直被朋友和同事评价为“很聪明”，通过多年的努力工作，终于成为了一法院的副院长，这在外人看来是一个非常风光体面的职位。然而就在他38岁那年的一天，这位副院长用一根绳子把自己悬挂在了自己的房间内，离开了这个他曾经活得颇为精彩的世界。刘立在遗书最后几行写道，“工作压力大，很累，不如死了算了，再见！”事后其同事透露：“法院内部的绩效评定大概是调解率、上诉率、发回重审率、维持原判率这些指标，而刘立直接分管的两个案子被发回重审了，压力很大，发回重审对绩效考核影响是比较大，一般发回重审的应该不多，居然还发回两个，真是叫人不要过年了。现在的法官不好当了，不像以前，工作量也不大，说话有权威。现在一是老百姓法律意识更强了，二是上面的考核更严了。”刘立的死亡故事在当地看起来悄无声息，然而它带给同行心中的阴影仍是挥之不散。

要避免刘立的悲剧故事在我们的生活中重演，就需要成功地处理压力，让自己成为压力的主人。

第一，要全面认识压力。任何人一生中都会有压力，我们就应当勇敢地面对压力，不要对之无端地恐惧。而且有些压力是有益的，压力有时会把人的能力发挥到极致，促使人找到更好、更聪明的处理方式。压力过度就会引起疾病，过重的压力将导致身体、感情和行为的病症，如果允许它继续作用，这些病症将影响人的工作表现、人际关系和身体状况。

第二，淡泊名利，保持平常心。首先是学会比较，在比较中找到动力，在比较中知足常乐。托尔斯泰曾说：“欲望越小，人生就越幸福。”我们管理自己的欲望，使自己的能力和外部的环境以及目标之间的平衡。这就要求我们在职务、待遇、名利方面，最好不要和别人攀比，特别是不要和职务高、待遇好的人攀比。其次是学会放下，活在当下。真正有力量的人，不仅能举得起，而且还能放得下。领导者要学会放下，放下才会轻松，轻松才是享受。

第三，要在自己的强项上努力。那些在自己的强项上努力的人，即使犯了错误，也不可能被压力压垮。如果你不清楚自己的强项是什么，以下方法可以帮你找出来：如果你犯了错误，这错误不但没有给你造成压力，而且激励你再干，那这个方面就是你的强项。如果你所犯的错误使你感受到威胁、紧张，这大概就是你的弱项。随着年岁增长，我们应该多在自己的特长方面努力。这样你更能缓解压力、获得成功。

第四，把注意力转向自身之外的人和事。一心只想到自己的人往往会灰心丧气，结果他就会有压力。一心为自己的权利而奋斗，要“获得属于你的一切东西”，这样做有个大问题，就是会产生极大的压力和情绪困扰。因为无论你如何努力，你并非总是能得到心中想要的东西。过分关注自己的权利，结果会产生五种有破坏性的情绪：抱怨、痛苦、愤怒、仇恨和恐惧。

第五，找个人谈谈。我们遇到的压力，常常是由于我们把感情封闭起来不向别人诉说而产生的。人的感情，无论是喜怒哀乐，都需要宣泄出来。有研究表明，长年累月把感情埋在心里，从不外露的人，最容易患心脏病。要避免这种压力，应该建立一种无论是个人的麻烦还是好主意都可与别人诉说的人际关系。对大多数人来说，配偶是最能跟自己交谈的人。选择跟谁诉说时，一定要找你可以与之推心置腹交谈的人。这个人不会因为你说的话而给你扣帽子，也不会把你的话拿来做不利于你的事情。

第六，找出减轻压力的有趣方法。你可以选择几种健康的减压方式，比如打球、游泳、静坐、跑步、玩飞镖等等。用什么方法并不重要，重要的是走到室外活动或是让自己静下来。

总之，我们生活的各个领域都存有压力。要估计到有压力——压力横竖是要来的，着手改变你的思维和习惯。能避免压力则避免，避免不了就用健康的方法应对。有人说："把你打倒的不是重拳，而是暗拳。"但是，只要进行主动的压力管理，就不会让压力像暗拳一样把自己打倒，妨碍了成功。

（2）改善心境，战胜挫折。人生是一条漫长的旅途，有平坦的大道，也有崎岖的小路；有灿烂的鲜花，也有密布的荆棘。在这旅途上每个人都会遭受挫折，而生命的价值就是战胜挫折、冲出坎坷！你跌倒了，不要乞求别人把你扶起；你失去了，不要乞求别人替你找回，这一切都需要你自己去面对。挫折感的产生不仅与外部的客观环境有关，而且与人的主观因素有关。领导者肩负着处理矛盾、解决问题的责任，矛盾处理不好、问题解决不了，工作中遭受一些挫折在所难免，同时，组织结构呈现"金字塔"形，越向上越窄，领导职数越少，所以，领导者也经常面临着晋升失败的挫折。这就要求每个领导者具备良好的心理素质和较强的心理承受能力，以强者的姿态去迎接工作和生活中的各种挑战。一个生活的强者，不仅在"风调雨顺"时信心十足，更重要的是，在受到挫折时，也能信心百倍。

【案例】

二把手与扶正机会擦肩而过

李明已经担任一机关单位二把手多年，一直以来他工作积极努力，人缘也好，机关里的领导和同事对他都非常认同。一把手退休后，这一位置空了有一年多的时间，这期间一直由李明来负责工作，单位的大部分同事都默认了李明就是不二的一把手人选。最后上级主管单位决定对这一职位实施单位内部的公开竞聘。李明认真地准备相关材料，申报工作一丝不苟，心里想，这次肯定有把握，"比左比右"也该我来做一把手。一道道关口都闯过了，但最后等到公示时，在拟晋升名单上却没有自己的名字！而是一位比自己资历更浅的人入选了。怎么会这样？凭自己的能力、工作态度也该轮到自己晋升了。李明对于这次的落选心里很不是滋味，工作热情一落千丈，像焉儿了的茄子一样，一天到晚话也说得少了，情绪坏到了极点！

像李明这样在职位升迁过程中由于失败而一蹶不振的领导不在少数，他们的自我预期与最终结果有差距，对组织上有想法，在工作中闹情绪，对自身、对整个队伍建设，甚至对地方或部门发展都会造成严重影响，领导者自身必须采取切实有效措施加以解决。具体来讲，从以下方面加强自我的心理调适，有利于改善心境，勇敢面对职业发展中的挫折：

第一，正视挫折，认清挫折的本质。不同的人，在同一情境中受到相等强度的挫折时，会有不同的反应，在能否经受挫折打击上表现出明显的不同。这不仅因为每个人经受挫折时的心理状态不同，还在于他们对待挫折的态度不同。能够坚持以积极的态度和合适的方法对待挫折的人，其挫折承受力就强，就能更好地获得对挫折的良好反应。我们应该正确认识挫折：每个人都会面临挫折；挫折不会永存，每次挫折都会过去；每次挫折都是转折点；不要盯着挫折不放。简言之，面对挫折我们一不要怕，二不要逃避，三不要颓废，四不要绝望，五不要深陷其中不能自拔。挫折只是暂时的失败，只要你不服输，失败就永远不是定局。

第二，检讨挫折，吸取教训。不成功的人浅尝辄止，他们的座右铭是："第一次不成功就销毁所有一切努力过的证据。"相反，成功人士则在第一次努力后能检讨挫折，吸取教训，然后再努力做同一件他们认定是对的事情。如有必要，他们甚至重复失败的过程，以便学得更多。因为他们能坚持到底，他们最终通常都会成功。

第三，看清自己的弱点。从挫折中学习，最重要的是找出并正视导致挫折的个人弱点。这个过程需要有真正坦诚的个性。一旦你看清自己的弱点，就要开始努力克服。通常，克服弱点是一场静悄悄的发生在个人身上的战役，我们不会因此获得一枚勋章，但如果我们确实成功了，我们就会明白自己已经坚持到底，而没有被自己的弱点打败。我们经常说战胜自我是最难的，意思是说战胜自己的弱点和不良习惯，如吸烟、喝酒、懒惰等是最难的。因此，战胜自我之后所获得的满足也是永远不会消退的。

第四，调整你的努力。不断地重复错误，是不能战胜失败的。但是，有些人正是这样做。他们重复错误，却一心想会有不同的结果。

第五，重新参赛，不断争取新的成功。做完所有的分析，还有一个问题，就是回到比赛场，如果不重新参赛，你永远不能战胜挫折，迎接成功。大多数人的失败，并不是因为他们缺乏智慧、能力、机会或才智，而往往在于他们没有再次尝试。保罗·J. 耶曾经说："百分之九十的失败者其实不是被打败，而是自己放弃了成功的希望。"有人说，伟大的枪手和渺小的枪手之间的最主要的差别，就在于伟大的枪手是一位肯继续努力练习以便重新参赛的渺小的枪手而已。

有道是跌倒了就爬起来，只要爬起来的次数比跌倒的次数多一次，你就是胜利者。

(3) 摆正心态，保持自我。有人说官场如战场，亦有人说官场如江湖。人在江湖走，总是有身不由己之处，在官场中亦同样如此。每个组织都有各自的规则，有明文规定的，也有不成文的惯例，而正是这些组织文化慢慢渗透到每个人的工作行为和态度中，也磨去了部分人的棱角。对于领导者来说，一方面需要做好自己的工作，摆正自己的位置，为下属做出表率；一方面也需要完成上级交办的任务，做一位优秀的下属。有的领导者还需要面对公众的舆论监督。因此，在多重规则的限制下，领导者需要时刻注意自己的言行举止，树立光辉正面形象。然而，并不是每一位领导者都具备谨慎、谦恭、低调等品质，他们本身的性格可能是活跃、张扬、不拘小节。但是，为了能够在官场中有更好的发展，他们隐藏了自己真实的个性，强行将自己改变成与本身的人格特点不相符合的面貌。

根据弗洛伊德的观点，人格可以分为本我、自我和超我。其中本我遵循快乐原则，即真正的我；超我遵循道德原则，即外界要求的我；而自我则在本我和超我之间起着调节和平衡的作用，即现实的我。有的领导干部在生活中一个面孔，在工作中强行表现为另一个面孔，长期如此的话，会过多地走向本我和超我两个极端，这样的人格冲突轻则让领导者觉得身心俱疲，活着很累，重则导致人格分裂和精神障碍，甚至自杀。

【案例】

市委李书记的人格冲突

李伟担任某地级市A市的市委书记，2009年8月的某一天，被发现在自家卫生间自缢身亡。事发突然，无论是单位同事还是A市老百姓都觉得非常意外。

李书记在A市工作多年，勤勤恳恳，业绩突出，其他官员对他的评价非常一致：口才好，精明能干，点子多，作风硬朗，人人敬畏。根据采访，A市的百姓也多评价他为“非常有胆量、有魄力的书记”。这样一个人，在没有发生重大家庭变故的情况下，怎么会选择走上绝路呢？

据知情人透露，李书记在从政之后，会偶尔在同僚的饭桌上，喝着喝着就哭，直呼“没意思”，之后也并不作任何解释。李书记曾经的大学同学对他则作了这样一段评价：“李伟这小子上学时一向胆小好说话，老说自己吃亏是福，即使吃了亏也只是乐呵呵地一笑了事。”

在自杀现场，警方发现了大量的烟头，边上还摆放着几个啤酒瓶。长期的人格冲突让李伟迷失了自己，尽管在外人看来风光无限，但他的内心却非常焦虑，最终选择了用自杀的方式获得解脱。

尽管李伟的悲剧是一个极端的例子，但许多领导在工作岗位中，不得不伪装自己，让自己看起来更加“像个领导”。然而，这种人格冲突，一方面导致自己产生焦虑、罪恶、疲倦、烦乱等负面情绪；另一方面也会花费大量本该用于工作的时间和精力，影响了工作效率。

对于领导者来说，需要摆正心态，保持自我，既能适应环境，也可以避免迷失自己。

第一，认识自我。保持自我的前提是要认清自己，了解自己。领导者可能经常思考上级是什么样的人，应该以什么样的姿态相处；也会考虑下属是什么样的人，应该怎样管理提升。然而，如果不清楚自己的性格是什么，那么便很容易在没有划清自己与环境之间的界限之前就汇入茫茫人流之中，迷失了自己。问自己“我是什么样的人?”，就是在告诉自己我不可能成为什么样的人，也不可能做出什么样的行为。当然，这不是否定自己，而是摆对自己的位置，不强求也不盲从。

第二，抛弃完美主义。有的领导即使认清了自我，也依然坚持把自己变成“最像领导的模样”。如同李伟一样，作为同事敬畏的领导、百姓认为有魄力的书记，他有着近乎完美的形象。在多重社会压力下，即使他自己也知道自己是一个胆小、“好说话”“愿意吃亏”的人，也依然坚持展现出违背他本性的形象。

第三，保持自信。韩愈在《送李愿归盘谷序》中有一段对于官场中夹着尾巴做官的人的精彩描述。“伺候于公卿之门，奔走于形势之途，脚将进而趑趄，口将言而嗫嚅。”就是说，官场中，在许多时候，尤其是逢大官、处大事、入大场合时，往往没有了自己的性格、没有了自己的思维、原则、立场和主张，以至于脚步不稳，行走困难，犹豫不前，连说话也变得吞吞吐吐，想说又不敢说。之所以如此，关键在于“自信”二字。若对自己的能力有信心，何苦踌躇不前；若不是担心自己落人笑柄，何苦人前一张脸，人后一张脸。人若自信了，为人处世皆感泰然，何必隐藏自己，仿效他人?

（4）找准定位，以不变应万变。世界上唯一不变的是变化。梁启超在《变法通议》中写道，“变者，天下之公理也”。变化是世界发展的常态。对于领导者来说，也可能随时面临组织环境、工作方式、组织结构的变化——事业单位改革的政策一提，单位的性质可能变了；单位重组改革，工作方式可能改了；新一届班子就职，上级领导可能变了。尽管这些变化不是每天都在发生，但却是每个领导者都无法回避的。而一旦出现这些变化，若不懂得如何应对，难以适应，便可能长期感到无所适从，难以实现与新环境的平衡。不同于其他员工的是，领导者在变化来临时，既要面对变化对自身带来的挑战，也需要承担起有效控制变化的负面影响、将变化的积极面传达给下属的责任。无论社会发展还是个人进步，都总是在不断依靠“不平衡——平衡——打破平衡——新的平衡”的方式螺旋式无限发展。因此，领导者应该正确看待组织变革，找准定位，从容应对。

【案例】

老王的变革恐惧症

老王是某事业单位的中层管理者，大学一毕业，就进入了这家单位。经过多年的摸爬滚打，当年的小王已经变成了同事口中的老王，他也对合作多年的老领导十分熟悉，性格爱好及做事风格皆了如指掌。更庆幸的是，老王与领导的行事风格颇为类似，因此，老王总是能以领导认可的方式，出色地完成领导交办的任务，也受到了领导的高度评价。手下的几个年轻人虽资历不高，倒也在老王的领导下干得有声有色。老王觉得，现在在单位里工作非常舒心——工作突出，领导赞赏，下属得力。

然而，最近却突然传来了要换领导的消息。临走前，老领导把老王叫到办公室，高度肯定了老王的工作能力，表达了对他在任期间的工作支持的感谢，并特别提醒老王要“小心”新女领导，对新女领导的个人性格及做事风格做了介绍。老领导即将离职，尽管新女领导还未到任，但“脾气火爆、批评人不留情面、很要强、权力欲重、自认工作能力强、没人能比过她、刚愎自用”等类似的词语，不断地充斥在老王的头脑中。原有的平静被全然打破，舒心的、熟悉的工作环境将一去不再，老王为此十分焦虑。而事业单位改革的脚步也越来越近，老王不知道自己又将会面临怎样的剧烈变化……

变化并不可怕，害怕变化才可怕！老王的情况并不是个案，我们多多少少都会在职场中遇到大大小小的变化。变化无处不在，我们应该怎样面对呢？

第一，正确看待变革，敬之而不畏之。著名管理学家德鲁克曾说过，“一个组织如果只能维持今天的视野、今天的优点和今天的成就，必将丧失其适应能力。世事沧桑，一切都在变化中。所以，维持现状必将导致在变动的明天无法生存”。可见，任何组织都需要依靠变革来取得进步，变革是常态。因此，即使是处在变化极小的组织环境中，也应该意识到这一状态并不是恒久不变的，变化必然会发生。

第二，积极适应。迎接变革，说到底是一个适应性问题。在竞争越来越激烈的今天，适应已经俨然成为一种重要的个人素质。“职业生涯适应性”这一理念也越来越多地为学者和各界人士所关注。在变革来临时，我们需要主动出击，寻求与新环境的匹配之道，从而逐渐实现新的“平衡”。领导换了，我们可能不熟悉他的工作风格、性格特点，但这并不意味着我们只能在犯了错误之后慢慢总结，被动地适应新领导。我们可以直接与新领导沟通，说明自己不明白的地方，表达想要做好事情的决心，获取领导的明确指示；我们可以与其他同事多沟通，交流与新领导的相处心得；也可以组织非正式交流活动，让大家在轻松的氛围下互相了解，建立良好的人际关系。当然，像老王这样从老领导处了解新领导也是一种方法，可以提前打好预防针，避免新领导就任后一不小心“踩地雷”。但老王也应该意识到，每个人既有缺点也有优点，不应该只通过一个人的描述来片面了解新领导，更不应该因为片面的第一印象而影响了将来的工作热情。

第三，做好自己该做的事。俗话说，以不变应万变。这里的“不变”，更多的是说完成工作的态度和能力。不管是党政机关、事业单位还是企业，无论是实干型的还是夸夸其谈型的上级领导，都需要能做好本职工作的下属。对于领导者来说，会做人很重要，能做事很必要。尤其是处在变革环境中时，我们难以在短时间内弄清楚单位或领导的风格，这时候，做好自己该做的事情是关键，切不可因为身处变革之中便焦虑不安，导致工作不够投入、积极性不高，如此工作绩效受影响，自己觉得有挫折感不说，也会给其他人留下不够沉稳镇定的印象。

（5）调整放松，警惕心理疾病。无病一身轻，健康是福。人们在祈祷、祝福时，总会经常把“健康”放在首位。身在职场，领导者面临着巨大的压力。当然，除了压力外，童年的不幸成长经历、家族遗传等因素，都会对个体的心理健康产生影响。如同身体会生病一样，人的心理状况也可能出现问题。面对这些问题，不同的人可能有着两种极端的反应：有的人出现了部分心理不适症状，怀疑自己患上了严重的心理疾病，焦虑不已；有的人已经出现了明显的心理状况异常，却对自己的心理健康状况讳莫如深，害怕他人的异样眼光，讳疾忌医。无论是过于焦虑还是掩盖，对于改善心理健康状况均是无益的。出现轻微的心理障碍并不可怕，自我调整一下，就能避免进一步恶化，出现严重的心理疾病。

【案例】

白领高琳得了忧郁症

高琳所在的单位位于北京金融街。这是一个有钱的地方，有人把这里称为中国的华尔街。每天早上八点钟早高峰的时候，你都会在这条街上看到无数行色匆匆、西装革履的俊男靓女们拥入此地，顺着这条街的各个高楼大厦，进入银监会、保监会、证监会，中国人民银行总行、中国工商银行总行、中国建设银行总行以及600多家金融企业的总部。据称在金融街入驻的机构和企业目前控制的总资产高达人民币15万亿元。

光鲜背后，是聚集在这里的众多员工的艰辛奋斗，高琳正是其中之一。作为单位的中层管理者，2010年对她来说并不是一个轻松的年份，金融危机后，金融街的工作氛围一直都相当凝重，她和下属们为了业绩经常加班，总是担心完不成会丢了工作，这让她倍感压力。

高琳焦虑地说："很长一段时间总是睡不着，很郁闷，工作提不起劲，情绪也很失落。以前每当这种时候我就听听音乐、逛逛街就能缓解，可是这段时间我发现无论做什么我都轻松不下来，还变得特没自信，总觉得工作生活都顾不好似的。"

经常向朋友倾诉烦恼的高琳发现，身边的朋友也都深有同感，单向的倾诉变成了相互的诉苦，说来说去，经常弄得大家一起陷入到低迷的气氛中。眼看着坏情绪影响着工作和生活，高琳私下在网上查了很多关于抑郁症的信息，发现自己每一条都符合，这让她感到恐惧，在朋友的劝说下，她终于来到了回龙观医院抑郁症专家门诊做咨询。

高琳说："医生问了我的情况，然后给我做了一份心理评估，最后确诊我并不是抑郁症，而是忧郁症，是因压力太大心理负荷不了引起的，还跟我说这在金融街里很普遍。"

像高琳这样的情况并不少见，竞争的加剧导致人们在工作环境中不得不苛求自己，领导者承担着更多的责任，长期的压力导致沉重的负荷。对于一些本来就受到心理障碍困扰的领导者来说，更应该积极采取各种措施来积极应对。

第一，正视问题，轻微的心理障碍并不可怕。心理障碍几乎人人都可能遇到，如情绪波动、失控，一段时间内不良心境造成的兴趣减退、生活规律紊乱甚至行为异常、性格偏离等等。心理障碍是在特定情境和特定时段由不良刺激引起的心理异常现象，属于正常心理活动中暂时性的局部异常状态。它既可以包括轻微的心理问题，比如当人们遭遇重大挫折或面临重大抉择时会表现出情绪焦虑、恐惧或者抑郁，有的表现为遭受挫折后的沮丧、亲人死亡后的悲伤、人际关系紧张引起的烦恼、退缩、自暴自弃。当心理障碍较为严重时，可能也会出现比较严重的心理活动紊乱，如精神分裂症、心境障碍、焦虑障碍，常见的如抑郁症、躁狂症、恐惧症、强迫症等。当管理者出现了轻微的心理异常情况时，应该充分观察自己的变化，看到自己的问题，同时也应该避免过于焦虑而导致情况恶化。

第二，培养兴趣爱好，参加户外活动。在工作之余，可以与身边的朋友多交流，发现自己的兴趣所在，比如书法、园艺、唱歌、舞蹈、厨艺等。做自己喜欢的事情既可以转移对工作过分关注的注意力，也可以让人产生难以言表的愉悦之感。通过对兴趣的培养，可以让自己有工作之外的一技之长，让下级看到一个不一样的、更有人情味的领导。积极参加户外活动，既可以多认识朋友，又能提高身心健康水平。研究表明，人在运动时神经系统中可以产生更多使人兴奋的神经递质，所以，每天坚持30分钟以上的体育锻炼对缓解不良情绪有很好的效果。

第三，保持良好的生活规律。在不良情绪，如抑郁出现后，尤其注意自己生活规律的坚持，按时饮食、休息，尤其注意少喝酒，因为酒精对人神经系统的作用是先扬后抑，只能加重抑郁情绪。生活中，可以时不时借颜色点缀转换自己的心情。环境中鲜亮色彩对抑郁中的人具有视觉刺激作用，亮丽的窗帘、色彩鲜艳的衣服都可以起到改善心情的作用。有时候多晒太阳也会有很好的效果。吃出好心情。有研究表明，人在进食过程中副交感神经的作用会让人有松弛的感觉；食品中的糖分会让人的生理生化指标改善。条件允许的人在此时可以进食一些巧克力。

第四，向亲友倾诉。有研究表明，爱唠叨和爱哭的女性比不爱倾诉的女性更健康。倾诉是一种自我心理调节术。生活不会一帆风顺，向亲朋好友吐露郁积在心头的苦闷，是排解不良情绪的好办法。在“心理梗塞”时，若能及时向值得信任的亲朋好友倾诉，可以在别人的理解中，使自己受挫的心灵得到安抚与慰藉。领导者在别人眼中可能是高高在上的形象，但我们更要有敢于倾诉的能力。在合适的倾诉对象面前，不必在意自己是否失态，也不必在意别人是否笑话你。领导者可以在倾诉中，获得快乐和轻松的幸福。

第五，寻求心理医生的帮助。对于部分有着较为严重的心理障碍的领导者，或者当自我调节没有明显的效果时，应该积极寻求心理医生的帮助。俗话说，有病就要医。我们的心理也需要有人诊断、关心和治疗。在国外，心理医生已经逐渐如普通的家庭医生一般普遍。专业的心理医生和咨询机构能够帮助我们有效地发现问题、制定治疗方案。当严重的问题出现后，切莫讳疾忌医呀！

第三章　领导修养

领导者的素质、能力和水平很多都不是天生的，也不是一成不变的。优秀的领导品质，只有在长期的实践中，不断自觉加强思想理论、道德作风等方面的修养和锻炼，才能获得。领导者重视自身的修养，不断自我净化和自我完善，保持高尚的品格和优良的作风，才能始终站在最广大人民群众的立场上，把事做成做好，把官做好做大。

一、擦亮思想的探照灯

人是有思想的生命。人的一切社会实践活动，归根到底，都是思想观念见之于现实世界的活动。或者说，是在主观世界的认识和指引下开展的改造客观世界的活动。每个领导者，与普通人一样，都有一个属于自己的主观世界，它是人们进行一切社会实践的总的思想出发点，集中表现为领导者的“三观”，即世界观、人生观和价值观，表现为领导者确立什么样的人生目标和生活准则，确立什么样的社会理想和道德规范。可见，这“三观”并非虚无缥缈，它反映出领导者的精神追求和理想信念，是其人生的导向和行动的指南，决定着一个领导者最终所选择的人生道路，决定着他人生的归宿和生命的价值，既是领导者德才的基础和支撑，也是领导者工作生活的立身之本和奋发有为的动力源泉。

领导者主观世界的状况，在其学习、工作和生活中，是起统领和指挥作用的。领导者的“三观”，好比是带有罗盘的探照灯，这盏灯的指向及所照亮的远近，决定了领导者选择走一条什么样的人生道路、以什么样的精神状态去走、最终能走多远。

擦亮思想的探照灯，改造自己的主观世界，是每一个领导者的永恒课题，也是在自身修养中必须面对的首要问题，这个问题解决得好，就能够顺利地成长进步，解决得不好，就很难干好本职工作，甚至会误入歧途。但是，由于人的思想观念不可能与社会变革完全同步，相对于变化发展的社会，人都会或多或少地带有旧的思想意识或习惯，受到各种变化着的思想和思潮的影响。宋代诗人杨万里有一首诗：“莫言下岭便无难，赚得人心错喜欢。正入万山圈子里，一山放过一山拦。”改造主观世界是一个长期的、艰苦的、曲折的过程。改造主观世界是内在的，看不见摸不着，容易忽视和放松。一旦稍有放松，形形色色不健康的思想观念就会乘虚而入。有好的开端并不意味着就一定会有好的结果。过程漫长，挫折和诱惑很多，放松改造主观世界的自我修养，就会出问题。刘少奇在《论共产党员的修养》中指出，为什么同样是一个革命者或共产党员，同样地经受了革命战争或两万五千里长征的实践锻炼，有的进步很快，有的很坚定，有的却在斗争中动摇了，甚至叛变了，什么原因？最重要的原因，就是不能进行自身的锻炼和修养。

【案例】

李真临刑前的反思

河北省国税局原局长李真，曾是组织上很信任、很有前途的年轻领导干部。令人惋惜的是，在成绩与肯定面前，他在思想上渐渐蜕变，把获取权力的大小作为衡量事业成败的标准，把追求私利作为人生价值的唯一取向，最终演变成为一个政治上的暴发户、经济上的大贪官。李真受贿近千万，犯罪情节恶劣，2003 年 11 月 13 日被执行死刑。他在死前忏悔说："为什么自己从一个年轻有为的领导干部而沦为阶下囚呢？首先是忽视了世界观、人生观的改造，使理想和信念产生了动摇，灵魂受到了腐蚀。""苏东剧变，对我影响很大。我开始思考，社会主义向何方发展？将来个人又何以立身？……不如权力在握之时及早做经济准备。于是'弄钱'的欲望一产生，信念也就从根本上产生了动摇。人一旦丧失信念，就像一头疯狂的野兽，不是掉进深谷自取灭亡，就是被猎人开枪打死。"

无数事实说明，领导者即使已经初步树立起正确的世界观，也丝毫不能放松自己在世界观方面的改造，不仅要经受住一时一事的考验，而且要经受住一生一世的考验。要不断用正确的世界观、人生观和价值观来校正自己的人生坐标，规范人生追求。否则，也会在物欲横流的社会中被各种腐朽思想所侵蚀，思想意识就会退步，正确的世界观、人生观和价值观也会变质，坚定的理想信念也会动摇。辩证唯物主义与历史唯物主义的世界观，是人类历史上最科学、最进步的世界观，建立在这一世界观基础之上的人生观、价值观，以及与此相应的共产主义理想信念，也是当代中国的先进分子所掌握的最先进的思想观念。当代中国，每一位领导者，都应当自觉树立正确的世界观，进而树立正确的人生追求和价值目标，坚定共产主义理想和中国特色社会主义信念。

1. 坚持人民利益高于一切

科学的世界观决定正确的人生态度和人生追求。在新的历史时期，领导者政治思想修养的重要内容，就是在马克思主义的世界观指导下，坚持人民利益高于一切的原则，在高尚的境界中实现个人追求。

新中国成立初期，毛泽东到哈尔滨，提出重温党的七届二中全会精神。他说："我们必须吃苦在前，只有把人民的事情办好了，我们共产党人才可以考虑办一办自己的事。如果我们党员队伍中出现了先为自己办事的人，那就要毫不客气地把他开除出革命队伍去！"

坚持人民利益高于一切，是共产党人处理利益问题的根本原则。领导干部的人生追求和价值目标，应当融入为祖国富强、民族振兴、人民幸福的奋斗之中。真正按照这样的原则对待物质利益和个人追求，才能有正确的是非观念、爱憎观念、善恶观念、美丑观念、得失观念、苦乐观念、荣辱观念，才能使自己变得情操高尚、眼界开阔、胸怀坦荡、生活充实，也才能做到淡泊名利、克己奉公、无私无畏、勇往直前，毫无保留地为国家为民族为人民贡献自己的一切力量。

2. 追求崇高的理想信念

理想信念，是世界观和政治信仰在奋斗目标上的具体体现。一个国家、一个民族、一个政党、一个组织，乃至于一个领导者，任何时候任何情况下都必须树立和坚持明确的理想信念。如果没有或丧失理想信念，每到一个人生关键点，就会迷失奋斗目标和前进方向，就会像一盘散沙而形不成凝聚力，就会失去精神支柱而自我瓦解。在领导者要有崇高理想信念这一点上，中国共产党的历史最有说服力。我们党从成立那一天起，就在马克思主义世界观指导下把在中国实现社会主义、共产主义确立为自己的远大理想和奋斗目标，一代又一代中国共产党人确立了为之不懈奋斗的坚定信念。革命战争年代，革命先烈在生死考验面前之所以能够赴汤蹈火、视死如归，就是因为他们对崇高的理想信念坚贞不渝、矢志不移。

【案例】

老一辈革命家的信念与牺牲

毛主席一家为革命牺牲6位亲人，徐海东大将家族牺牲70多人，贺龙元帅的贺氏宗亲中有名有姓的烈士就有2050人。革命前辈们为什么能够无私无畏地英勇献身？就是为了实现崇高的革命理想，为了坚守崇高的政治信仰，为了在中国彻底推翻黑暗的旧制度，为了实现民族独立和人民解放。方志敏烈士在狱中写下的《清贫》，表达了老一辈共产党人的爱和憎，回答了什么是真正的穷和富，什么是人生最大的快乐，什么是革命者的伟大信仰，人到底怎样活着才有价值。我每次阅读都受到启示、受到教育、受到鼓舞。

同样，在和平建设和改革开放时期，许许多多共产党员之所以能够在平凡的岗位上做出英雄壮举，也是因为他们具有崇高的理想信念。制度不成熟，体制、机制不完善，容易滋生腐败，但并不是所有干部都腐败。外因是变化的条件，内因是变化的依据。一些领导干部蜕化变质、堕落为腐败分子，内在原因是放松了世界观改造和思想道德修养，背弃了共产党人的理想信念。无论社会怎么发展，无论经济怎么繁荣，如果放弃了对崇高理想信念的追求，我们的国家、我们的民族就不可能巍然屹立于世界。这个真理，每一位领导者都要始终铭记。

二、腹有诗书气自华

在现代领导活动中，领导者的人格力量对于做好领导工作越来越重要，而人格力量的形成很重要的途径是读书学习。一位优秀的领导者，要具备较强的理论思维能力和渊博的学识，就要像习近平同志在中央党校2009年春季学期开学典礼上的讲话中强调的那样：爱读书，读好书，善读书。

1. 领导者要爱读书

书籍是人类知识的载体，是人类智慧的结晶，是人类进步的阶梯。读书学习是一个领导者胜任领导工作的必然要求。工欲善其事，必先利其器。在当代中国，每一个领导者都承担着执政兴国、执政为民的职责，肩负着为官一任、造福一方的使命，要认清科学发展大势、把握科学发展规律、统领科学发展全局、创造科学发展业绩，所有这些都离不开读书学习。另一方面，好的书籍不仅是知识的载体，更是开启人们智慧与精神的明灯。勤奋读书，能使人浮躁变得沉静，肤浅变得深刻，狭隘变得宽容，卑琐变得高尚。努力学习是当代领导者加强政治修养、坚定理想信念、提升精神境界的一个重要途径。

中国历来讲究读书修身、从政立德。传统文化中，读书、修身、立德，不仅是立身之本，更是从政之基。

古人讲，治天下者先治己，治己者先治心。治心养性，一个直接、有效的方法就是读书。古代诗人杜甫曾写道：“富贵必从勤苦得，男人需读五车书。”古今历史上，许多有非凡成就的人，无一不是由于勤奋学习、认真读书的结果。尼克松在《领导者》一书中说：“所有我认识的伟大的领导者几乎都有一个共同特征，那就是他们都是伟大的读书者。”

【案例】

伟大的领导者爱读书

孙中山先生能成为伟大的民主主义革命家，是与他珍惜时间勤奋读书分不开的。曾有日本友人问及革命之外的嗜好，孙中山回答说："除了革命，我的嗜好就是读书了！我一天不读书就不能生活。"马克思是最伟大的无产阶级革命家之一，也是功绩卓著的思想家，学识广博的经济学家，出类拔萃的科学巨匠。他在写《资本论》的过程中，阅读了 90 多部经济学家的著作，研究过上千种书籍，光笔记就作了 100 多本。用他的话来说，他最喜欢做的事就是"啃书本"。恩格斯没有上过大学，从 17 岁到 50 岁这一段最珍贵的时光，大部分时间都不得不在经商。但是，他勤奋好学，学习掌握了哲学、经济学、军事学等重要学科的知识，几乎涉足了人类知识的各个领域。马克思称赞他是"一部真正的百科全书"。列宁一生酷爱读书学习，他无论在被监禁、流放的日子里，还是在紧张的革命活动中，总是见缝插针地学习各种书籍。毛泽东也是博览群书的典范。在长征的路上，他骑着马饿着肚子也要研读马列的书。在陕北，敌人进攻延安时，部队大量精简行装，他唯独舍不得精简自己的书。他在晚年以惊人的毅力坚持天天看书，包括重读《二十四史》。周恩来同志也经常对身边的工作人员讲，要活到老，学到老，改造到老。

这些伟大的领导者，把读书学习与自身的修养紧密联系起来，形成了他们崇高的思想品德、高尚的道德情操和特有的人格魅力。

2. 领导者要读好书

读书是多多益善，人的学习追求应当是无止境的，但人的精力毕竟是有限的，谁也不可能把所有的书读完。在浩如烟海的书籍中，领导者应当围绕提高思想水平、增强工作能力、完善知识结构、提升精神境界，选择那些与所从事的工作关系密切、自己爱好和有兴趣的书来读，力争在有限的时间内取得最佳的读书效果。

就当代中国而言，一名优秀的领导者应着重读以下三个方面的书：

第一，当代中国马克思主义理论著作。马克思主义是我们认识世界和改造世界的强大思想武器，马克思主义理论素养是领导者领导素质的核心和灵魂，掌握马克思主义理论是领导者的基本功。领导者学习马克思主义理论，首先要认真研读马克思主义中国化最新成果，深入学习领会邓小平理论、"三个代表"重要思想以及科学发展观等重大战略思想，系统掌握中国特色社会主义理论体系，做到真学、真懂、真信、真用。科学发展观是我国经济社会发展的重要指导方针，是发展中国特色社会主义必须坚持和贯彻的重大战略思想。中国特色社会主义理论体系是同马克思列宁主义、毛泽东思想既一脉相承又与时俱进的科学理论。这些，都是一名领导者首先需要认真研读的。

第二，做好领导工作必需的各种知识书籍。领导工作综合性、系统性强，需要多方面的知识积累。领导者的成长进步是与岗位调整相结合的，一名优秀领导者往往要经过多领域、多层次、多岗位的锻炼。因此，调整知识结构，完善知识体系，是动态的发展过程。领导者要有针对性地学习掌握做好领导工作、履行岗位职责必备的各种知识，多读与本职工作相关的新理论、新知识、新技能、新规则的书，努力使自己真正成为行家里手。领导者无论处在哪个层次和岗位，都应该把提高科学素养作为读书学习的重要目标，学一些中国历史和世界历史知识。知识丰富了，领导者的眼界和胸襟就可以大为开阔，精神境界就可以大为提高，思维层次和领导水平就可以提升到一个新高度。

第三，古今中外优秀传统文化书籍。优秀传统文化书籍作为古今中外文化精华的传世之作，思考和表达了人类生存与发展的根本问题，其智慧光芒穿透历史，思想价值跨越时空，历久弥新，成为人类共有的精神财富。特别是我们中华民族有着五千年的文明史，传统文化中的许多优秀文化典籍蕴涵着做人做事和治国理政的大道理。所谓"半部论语治天下"，讲的就是这个意思。毛泽东说过："从孔夫子到孙中山，我们应当给以总结，承继这一份珍贵的遗产。"党的十八大报告指出："文化是民族的血脉，是人民的精神家园"。领导者要通过研读优秀传统文化书籍，吸收前人在修身处事、治国理政等方面的智慧和经验，养浩然之气，塑高尚人格，不断提高人文素养和精神境界。

3. 领导者要善读书

对领导者来说，书不仅要爱读多读，还要会读，读书要讲究方法和技巧。

第一，要坚持学与思的统一。古人说："学而不思则罔，思而不学则殆。"书本上的东西是别人的，要把它变为自己的，离不开思考；书本上的知识是死的，要把它变为活的，为我所用，同样离不开思考。读书学习的过程，实际上是一个不断思考认知的过程。思考是阅读的深化，是认知的必然，是把书读活的关键。如果只是机械地阅读、被动地接受、简单地浏览，没有思考，人云亦云，再好的知识也难以吸收和消化。科学巨匠爱因斯坦说过："学习知识要善于思考、思考、再思考，我就是靠这个方法成为科学家的。"

第二，要坚持学与用的统一。读书学习必须联系实际，知行合一，通过理论的指导、利用知识的积累，来洞察客观事物发展的规律。古人讲，"纸上得来终觉浅，绝知此事要躬行"、"耳闻之不如目见之，目见之不如足践之"。毛泽东说，读书是学习，使用也是学习，而且是更重要的学习。讲的也是同样的道理。大凡有作为者，都注重读书与运用的结合，而不是读死书、死读书。一个人如果不注重把学到的知识运用到工作中、落实在行动上，即使他"学富五车、才高八斗"，也不能说达到了学习的最终目的。

第三，学贵以恒。读书是一个长期的需要付出辛劳的过程，不能心浮气躁、浅尝辄止，而应当先易后难、由浅入深，循序渐进、水滴石穿。正如荀子在《劝学篇》中所说：“不积跬步，无以至千里；不积小流，无以成江海。”有人研究过，一个人每天阅读一小时，三年之后可以变成某一问题的专家。领导干部要善读书，一个重要方面就在于利用好时间，养成坚持不懈的习惯。我们曾提到的老一辈革命家，都是爱学善学的典范。

三、当老实人，讲老实话，做老实事

从一定意义上讲，领导者的修养也就是官德的修养。当前，老实做人、做老实人，正是一个领导者“官德”的外在表现。这里所说的“老实人”，并不是指逆来顺受怕事者，也不是庸碌无为的“老好人”，而是思想务实、生活朴实、作风扎实的人，是诚实守信、言行一致、表里如一的人，是勤勤恳恳、甘于奉献的人。因此，所谓领导者要老老实实做人，既是一种高尚的人生态度，更是一种严谨的道德实践。

作为优秀领导者最集中的组织，中国共产党历来要求领导干部和共产党员要老老实实做人。

【案例】

罗荣桓太老实被起用

在井冈山时期，毛泽东提名罗荣桓为红四军前委委员，并且建议任命他为第二纵队党代表。毛泽东说：“为什么让他当党代表呢？就是因为他老实。”

延安时期，毛泽东明确提出全党同志要“当老实人，讲老实话，做老实事”。

周恩来说过：“世界上最聪明的人是最老实的人，因为只有老实人才能经得起事实的历史的考验。”邓小平认为，无论做官，还是普通公民，都要实实在在，实事求是，诚信为本。江泽民指出：“共产党员特别是领导干部，说话办事都应当老老实实，对党负责，对人民负责。”胡锦涛同志强调，对那些不图虚名、踏实干事的干部要多加留意。历史和现实都表明，共产党员和领导干部只有做到人品上老老实实，才能有工作上的求真务实，也才能有人格上的巨大魅力。

不难发现，平常老老实实做人的领导，往往最能赢得群众的支持和拥护，更能在事业上创造出非凡的成就。

现实生活中，确实也有一些领导者不讲政治，不重品行，有的甚至为了一己私利、为了个人升迁，捞资本、做虚功、拉关系、搞奉迎，喜欢“造势”“作秀”，热衷于搞“政绩工程”“形象工程”等。这种现象危害极大。一名合格的领导者，要始终坚持实事求是的思想路线，大力弘扬求真务实精神，真正把老实做人、做老实人当作人生信条，从平凡小事做起，在点点滴滴中体现，贯穿到工作、学习、生活的各个方面，尤其要在以下几个方面努力。

第一，诚实守信，言行一致。要襟怀坦白，光明磊落，忠于党，忠于祖国，忠于人民，在政治上、思想上、行动上同党中央保持高度一致。所谓“言行一致”，就是要对党、对组织、对同志讲真话、讲实话、讲心里话，就是要言必行、行必果，以行动验证表态、用实践兑现承诺。

第二，满怀真情，执政为民。领导者如何对待人民群众，是一个根本的立场问题、世界观问题，也是领导干部能不能老老实实做人的感情基础。作为领导者，要始终坚持马克思主义的群众观点和党的群众路线，自觉摆正与人民群众的关系，不断增进对人民群众的真挚感情，充分调动和发挥广大群众的积极性、主动性、创造性。要设身处地、换位思考，把人民群众的安危冷暖放在心上，以群众的忧乐为忧乐，以百姓的疾苦为疾苦，切实解决人民群众最关心、最直接、最现实的利益问题，做到权为民所用、情为民所系、利为民所谋。

第三，艰苦奋斗，求真务实。领导者要始终保持一股艰苦奋斗的劲头和锐意进取的激情，把全部心思和精力用在干事创业上。定下来的事情就要雷厉风行、抓紧实施，部署了的工作就要一抓到底、见到成效，以咬定青山不放松的精神真抓实干、攻坚克难，努力创造出经得起实践、群众和历史检验的业绩。要进一步增强事业心和责任感，深入实际，深入群众，体察民情，了解民意，认真倾听群众的呼声，反映群众的意愿，摸清群众想什么、盼什么、最不满意的是什么，扎扎实实地为群众解决生产生活中的实际困难，多办顺应民意、化解民忧、为民谋利的实事，努力让人民群众得到实实在在的利益，共享改革发展的成果。

第四，谦虚谨慎，淡泊名利。领导者无论在哪个工作岗位上、在哪个领导班子中，都要处理好个人与集体、个人与组织的关系。工作做出了成绩，功劳再大，也不能骄傲。没有党的正确路线方针政策的指引，没有领导班子其他成员的配合，没有广大干部群众的支持和共同奋斗，没有各个方面的条件，个人本领再高，也成不了什么大事。所以，任何时候都要虚怀若谷，而不能居功自傲，更不能把自己做出的成绩作为向组织上伸手的资本。要胸怀大局、淡泊名利，做到成绩面前不张扬、荣誉面前不伸手、责任面前不推诿。

四、领导肚里能撑船

大度宽容是官德的一种体现。胸怀开阔，豁达大度，是一种善良的心愿，是一种友善的态度，是一种人文素养和高尚情操，是一种智慧、气度和风范的综合反映，是一种涵养达到高层次的心理平衡，也是领导者做人、从政的必备素质，是和谐社会所需要的一大美德。

大度宽容、胸怀坦荡历来被人们赞誉为"宰相肚里能撑船"，是贤达的德性。邓小平退休前曾嘱咐领导干部两句话：眼界要非常开阔，胸襟要非常宽阔。林则徐说过：海纳百川，有容乃大；壁立千仞，无欲则刚。有"纳百川"的气概，能消除内心的忧愁顾虑，使身心愉快。据某调查研究结果，就什么是领导者必须具备的美德问题的回答，在被调查的人中有80%认为：第一是宽容，第二是谦虚。具备这两种美德者最易被人们所接受。可见，是否具有胸怀开阔、豁达大度之风，并非小事，关系到自己能否搞好工作、人际关系乃至身心健康。

领导者的身份和职责，要求自身必须具有比常人更为广阔的胸怀。领导者应把胸怀开阔作为立身处世的一项重要原则，从事工作的一项责任和义务。如果气量狭小、缺少涵养，就很难做到团结和带领群众和团队向前进。作为新时期的领导者，要有大度宽容的品格，海纳百川的气魄，见人所不能见，容人所不能容，生活中分清大是大非，待人接物大方得体，处世为人大度大气，真正做一个大度大方大气的人。

领导者要具备胸怀坦荡的美德，就需在以下方面严格要求自己：

1. 从谏如流

有的人心胸狭窄，认为自己是领导，应当自己说了算，要求别人百分之百地顺从，爱听顺耳的话，不爱听逆耳的话，听到反面意见就认为不尊重自己，"躁心浮气浅表"油然而生。这样一来，投其所好、阿谀奉承的人就会多起来，逆耳之忠言就很少听到了，就会导致正直的人心不顺、劲不足。作为党员干部，不要冷淡和排斥经常诚恳地指出你的缺点与错误的人，而应视这样的同志为对自己最有帮助、最可爱的人，不断培养自己从谏如流的美德。《处世经典》中说："耳中常闻逆耳之言，心中常有拂心之事，才是进德修行的砥石。"即，耳中常听到那些不中听的话，心中常存些不如意的事，对于提高修养、陶冶情操来说，是有益的磨炼。

毛泽东非常欣赏的一代君主唐太宗李世民，能思己过，鼓励纳谏。他提出"三镜说"："人欲自照，必须明镜，主欲知过，必藉忠臣。""以铜为镜，可以正衣冠；以古为镜，可以知兴替；以人为镜，可以明得失。朕尝保此三镜，用防己过。今魏征殂逝，一镜亡矣。”李世民之所以成为明君、圣主，恐怕与他重视、采纳、褒奖魏征的直言劝谏有关。如果魏征遇到的是一位“一贯正确”的领导者，一位听到逆耳之言就反感的上级，或是一个不爱江山也不爱贤才的昏君，恐怕就很难促成“贞观之治”。

2. 大度容人

《易经》中说：“地势坤，君子以厚德载物。”一个有道德的人的一生，应当像大地那样厚实宽广，能像大地那样载育万物和生长万物，最大限度地容人。现实工作和生活中，有的同志善知人，难容人；有的人在危难之际尚能容人，得势之时就不认人；有的人能容平庸之才，却不能容水平超过自己的有知有德有能之人；有的人能容反对过自己、实践证明反对错了的人，不能容纳反对过自己、被实践证明反对对了的人；有的人任何时候都要高人几分，压人一头，见到有可能或已经超过自己的人，心里就不舒服，甚至做些“小动作”“掐尖子”，阻止人家前进的脚步。

3. 坦荡无私

有的同志凡事只能得益而不能吃亏，待人处事不实在，不坦诚，表里不一，爱耍小心眼，只能凌人而不能受气，说话说上句，平常爱“咬尖”，以致人际关系形同水火。有的同志由于缺乏肚量，不是搞五湖四海，而是搞亲亲疏疏，拉拉扯扯，在自己的小圈子以外的人，就认为不中用，不信任。有的单位平级之间“将相”不和，背后互相拆台，使下属左右为难、惴惴不安。其结果，陷入某种心结，许多精力内耗了，甚至失去理智而做出损人不利己的蠢事来，把人与人之间的关系弄得很不和谐。其实，一个宽宏大量的人，对别人的过错，只要不是原则问题，就应宽容待之，善于淡化，善于遗忘，不宜焦躁、恼怒、指责，不宜以针鼻儿大的心眼，计较一些蜗角之名、蝇头之利、芝麻之事。即使别人在背后“放冷枪”、“说坏话”、搞“小动作”，使自己被误会、受委屈，也应在根本利益一致的前提下，以平和心态对待他人，让人三分，求同存异，增进和谐因素。

4. 宠辱不惊

有的人由于胸怀狭小，嫉妒心重，沾染了“常戚戚”的作风。他们“得利则跃跃以喜，失意则戚戚以忧”。在物质利益受到些许损害时，计较于蝇头小利，把关系弄僵；为自己受了些委屈而伤感备至，有点郁郁而不可终日。难道这样就能抚平心中的伤痕吗？哪里还会撑得开船呢？怎么能成就事业呢？所有这些都同胸怀开阔、豁达大度背道而驰，是思想方法片面的表现，是私心严重的反映。

【案例】

马寅初宠辱不惊

马寅初因其“新人口论”蒙冤获罪。当他的儿子把革职一事告诉他时，他只是漫不经心地“噢”了一声。数十年后，仍是他的儿子告诉他被平反的喜讯，马老也只是轻轻地“噢”了一声。真可谓：“宠辱不惊，闲看庭前花开花落；去留无意，漫随天边云卷云舒。”

中国古语中有“雅量”这个词，就是倡导人们特别是从政为官的人，要有容人容事的大气量。我们共产党人是为人民服务的，党的各级领导干部应该具有心胸宽广的“雅量”。如果能对党的利益、党的事业忠心耿耿，树立为绝大多数人民谋利益的世界观，淡泊名利，顾全大局，凡事多从好处想，不断从古今中外志士仁人的宽宏肚量中汲取营养，采百家之长，那么，就会有最高尚、最宽广的胸怀，并且不论在何种情况下一以贯之，始终不渝。不弃土石，高山才巍峨壮观；吸收百川，大海才浩瀚无边。“江海所以能为百谷王者，以其善下之”。作为新世纪的党员干部，可否在处理大事小情不能容人时，在夜深人静、月明风清时，反躬自问：我是否有大海一般的气量？

五、干干净净做人、做事

十八大要求“干部清正、政府清廉、政治清明”。每个领导干部必须有官德，干干净净做人、做事。

对于领导者而言，讲官德必然要求讲廉洁，不廉洁就不可能有官德，这是古今如一的道理。在我国历史上，注重修身立德、为官廉洁，是许多思想家倡导的政治主张，也是一些正直的士大夫终身恪守的为官准则。早在先秦时期，我们的祖先就有为政以廉的劝诫。管子讲，礼、义、廉、耻，国之四维，“四维不张，国乃灭亡”。孔子说：“政者，正也。”“其身正，不令而行；其身不正，虽令不从”，他把“欲而不贪”作为为政的必备条件。南宋吕本中在他所著的《官箴》中说：“当官之法，惟有三事，曰清、曰慎、曰勤。”其中的“清”，指的就是清廉，即清清白白、干干净净。

不贪不占，遍体轻松，心地坦然，办事踏实。过去讲，“心底无私天地宽”，就是这个道理，所以说，做清官是大智慧。

领导者干干净净干事，就是要守得住清贫、耐得住寂寞、稳得住心神、经得住考验，严守党纪国法，自觉做到秉公用权、不以权谋私，依法用权、不假公济私，廉洁用权、不贪污腐败；就是要有强烈的事业心和高度的责任感，想干事、肯干事、能干事、干成事，为工作尽心尽力、尽职尽责、忘我奉献，真正做到为党和人民的事业鞠躬尽瘁。在改革开放和市场经济的环境中，领导者面临的各种诱惑增多，受到外部各种消极因素的影响增多，能否干干净净干事是每一位领导者经常面临的重大考验。在现实生活中也看到，少数领导不能把握自己，私欲膨胀、以权谋私、贪污腐败，最终不仅毁了自己、害了家人，而且给事业带来很大损害，教训是深刻的。

每个领导者都有一份稳定的收入，完全可以保证一个家庭舒适的生活，退休后还可以每月拿退休工资，享受医疗、养老等方面的待遇。细细算来，得到的已经不少了，应该十分珍惜。要明白，守住了廉洁的准绳，就是守住了做人的快乐，守住了家庭的幸福。各级领导者要加强自律意识，自觉接受党和人民的监督，无论什么情况下都要把握住自己，洁身自好，清廉自守，千万不要干“一失足成千古恨”的蠢事。

【案例】

欧绍轩监狱忏悔

欧绍轩在2004年至2009年9月期间曾任广西壮族自治区高级人民法院党组成员、副院长、审判委员会委员，因受贿131万元被开除党籍、开除公职，并被移送司法机关。其严重违纪违法行为，给党员领导干部的廉政形象，司法机关的公正权威，带来了严重的极其恶劣的负面影响。他在自述中忏悔道：“面对关系、面对人情、面对诱惑，我在思想上产生过激烈的斗争：一边是‘血淋淋’的反腐案例警示和长期不断的廉政教育；一边是物欲膨胀的心态相伴着的利益诱惑。悲哀的是后者战胜了前者。”“想想昨天签发的是法律文书，而今天签字的却是被问话的笔录；昨天还能与同事们代表法律去定纷止争，而今天却等待着庄严的审判。一夜之间，从一个高院的副院长沦落为人民的罪人；就这么一夜之间，任意的自由散步或与亲人好友轻松的会面，今天却成了难以实现的奢望。拥有时，不去珍惜；失去时，才知珍贵。现在才真正悟出‘一失足成千古恨’的真正含义和苦涩的滋味。我以我的教训建议，在贪念产生的时候，在向不义之财伸手的时候，千万不要让贪欲之心熏心、侥幸之心遮眼、从众之心壮胆，要算好经济账、政治账和组织账，千万不要失足酿成千古恨，清廉一生、平安一生才是幸福的一生。”

领导干部干干净净做事，不仅要做到清正廉洁，而且还要做到不与群众争利，不占群众便宜。

【案例】

张震将军反对修祖坟

共产党的军事将领张震将军，16岁参加革命，官至中央军委副主席。1992年秋，张震将军的老同学郑楷蔚和其家乡长寿区区委书记郑德武去看其祖坟，只见荒草凄凄，残碑断碣。有几座祖坟还被夷为平地。他们商议，由区里拨出一笔经费好好修整，并说："对河李元簇（台湾国民党'副总统'）父母的坟修得多么壮观，我们中央首长的祖宗坟墓也应该修得像个样子。"于是他们拟了一个计划，画了几个图样，寄给张震将军，将区乡的打算一并致函张震将军。不久，即收到张震将军的亲笔复函。信中说："谢谢各位对我家祖坟的关注。对11月4日来函，特明确如下：（一）不同意公家出钱修坟，不要占乡亲们一分地。（二）不同意另立墓碑。我已寄回1000元给吴诞生表兄，由他负责把碑照原样将字刻清即行。（三）已种菜的就种好了，这样对乡亲们还有点贡献，不要死人和活人争地，如果乡亲们要在坟地上种菜，就将我父母深埋，上面种菜。（四）我是共产党员，是为人民服务的，不要与李元簇去比，他是国民党，他有钱修祖坟，这是他的事，我们不能学。我们应该保持艰苦创业的革命本质，不要讲排场，不能因私事动用公款。那种旧社会的'光宗耀祖'是最低级的，最不光荣的，受到人民唾骂的。"

老一辈革命家身居高位，心系群众，其一言一行向家乡群众展示了领导干部的博大胸怀、高尚情操、崇高境界，从而感染群众、感动群众，使党赢得群众。相比之下，当今也有个别领导干部在经过自己的勤奋打拼晋升到一定职位后，由于基本的家教与党性修养不够，往往忘乎所以、利令智昏，公开要求或私下暗示，无遮无拦或半推半就地向乡亲炫耀权力，甚至占群众便宜。

【案例】

北京画家乐见假故居

2008年底，突然有一天，C县一个寸土寸金的城市社区的居民被告知："你们社区出了个画画的高官，在北京，是个高级干部，他是我县的骄傲，更是你们社区的骄傲。"社区的居民就当一乐呵那么一听，没有人以为这个人和自己有什么实实在在的关系。但是，没有过多久，社区居委会通知居民，县委、县政府决定给这个画画的高级干部修造"故居"，以"迎接八方来客"的参观、瞻仰，"提升C县的文化品位"。接下来，居民区内几十户人家被拆得七零八落，他们被要求限期腾出自家的宅基地，为这个祖籍在这里的京城画画的干部修建假故居。

到2009年9月20日，大量公共财政资金与本社区乡亲的集体资金投入后，一个与周围民居风格格格不入的超级豪华的建筑群拔地而起，孤傲地立在乡亲们的宅基地上，似乎炫耀着“某家祖坟冒青烟，后代有人做大官”。这天，该官员在当地主要领导陪同下亲临假故居建设工地视察，所经路段，交通管制、警笛长鸣、乡亲避让。在乡亲们的记忆里，有两个生前官至中共中央政治局委员的C县籍高级干部都不曾如此威风八面地回乡视察过自己曾经住过的旧居。

后来，因为乡亲的不理解、不配合甚至是抵制、反抗，当地政府把这个假故居的大门门额上挂了“街道老年书画院”的牌子。但时至今日，当地那些无地、无业、无保障的“三无”群众，还在擦亮眼睛盯着，看看到底谁才真正是这个无中生有的豪华大院的主人。①

在新的历史条件下，面对新的形势和诸多的诱惑，领导者要干干净净干事、做人，除了要具有信仰和民主意识、保持理想信念的坚定和利用民主的机制自我约束外，还应努力培养和树立四种意识。

第一是公仆意识。我们党除了为人民谋利益，没有自己的特殊利益。在我国，人民是国家的主人，领导者是人民的公仆，领导者手中的权力是人民赋予的，只能用来为人民谋利益，决不能把它变成牟取个人或少数人私利的工具。领导干部行使权力的过程，就是为人民服务的过程，就是对人民负责并自觉接受人民监督的过程。这样的公仆意识在头脑中牢固树立起来了、深深扎根了，心中有民、一切为民，才能做到先天下之忧而忧、后天下之乐而乐，才能干干净净干事。

第二是自省意识。做到干干净净干事，很重要的是要经常自我约束，经常自我反省。中华民族是一个高度注重克己修身的民族，在这方面我们的祖先留下了大量宝贵的思想遗产。比如，“与人不求备，检身若不及”“吾日三省吾身”“见贤思齐焉，见不贤而内自省也”“祸莫大于不知足，咎莫大于欲得”，等等。这些思想在今天仍然具有现实意义。各级领导者都应当结合时代要求继承和发扬中华民族优秀文化传统，自重、自省、自警、自励，不断增强是非面前的辨别能力、诱惑面前的自控能力、警示面前的醒悟能力，不断提高慎权、慎独、慎微、慎友的自觉性。

第三是敬畏意识。领导者手中拥有一定的权力，身处各种人情世故的交汇处，身处各种贿赂犯罪的指向点，如果不能正确对待手中的权力，不能理

① 本案例著作权属于中国领导科学研究会“党群关系视角下的信访制度改革”课题组。

性面对各种利益，思想稍有放松和懈怠，就可能在人情世故的纠缠中、在形形色色的诱惑和糖衣炮弹的进攻中，丧失原则，沾上污垢，自我膨胀过度，甚至滑向腐败的泥潭。有句话说得好：心有敬畏，行有所止。领导者对权力的神圣性要有所敬畏，始终把握权力行使的正确方向，时刻警惕权力的滥用；对国家法律、党的纪律要有所敬畏，始终做到遵纪守法，时刻恪守权力的边界；对社会舆论要有所敬畏，始终关注群众对执政活动的评论和反映，时刻准备接受人民的批评、监督。换一个角度讲，领导者要常思贪欲之害，警钟长鸣，防微杜渐。

第四是法制意识。领导者要成为贯彻依法治国方略的模范，严格执行法律、法规，特别要注意严格履行法定程序。程序是权力的重要载体，程序的价值在于它的客观性、普遍性、稳定性、强制性，可以有效制约权力行使的主观随意性。作为一名领导者，要严格按规定的程序和制度办事，自觉用程序规范权力、约束权力。

第四章　领导情商[①]

我们已进入以情商[②]制胜的时代。长期以来，商业社会过于强调“智商”即智力的重要性，而忽略了“情商”。一个优秀领导者需要具备的最重要的素质，是能够鼓舞和激发士气，而这恰恰是情商的重要组成部分。情商是能够发展的，要想成功地开发出领导者高情商，必须要知道开发的方法和实践的途径。领导干部在和谐社会建设中要掌握提高情商的技巧。

一、赢在情商

有研究表明，我们已经进入了以情商制胜的时代，领导者成功、成就和升迁的因素中，情商大于智商。

【案例】

美国人的“智商诚可贵，情商价更高”

美国有位记者后来改行做了企业管理，他在一次同学会上就发现一个奇怪的现象，当时班上读书成绩平平的，反而都成就突出，而当时成绩好的，智商高的，进入社会后却成就平平。其他班是不是也会这样？他了解之后，发现几乎也是如此，于是他就得出一个结论：在一个人的成功、成就之中，智商只占20%。那还有80%是什么呢？他不知道是什么，他就苦苦地去找，找那导致80%成功的东西。1995年，美国哈佛大学一位教授写了一本书，叫做《情绪智力》。这本书把那个80%找到了：

---

① 本章参考书目：《领导者的情商》作者：陈树文，清华大学出版社；《企业管理》2010/7，企业领导应具备哪些情商素质，作者：周济谱；《情商领导》MBA智库百科（http：//wiki. mbalib. com/）；《领导科学》2011/8中期，领导干部的情商在执政中的作用，作者：牛兰英。

② 情商（Emotional Quotient，EQ），最早是由美国耶鲁大学教授彼得·沙洛维和新罕布什尔大学教授约翰·梅耶于1990年提出来。1995年，美国《纽约时报》科学专栏作家丹尼尔·戈尔曼在《情感智商》一书中首次提出了情商的五种能力（EQ），并指出：长久以来商业社会过重强调“智商”即智力的重要性，而忽略了“情商”。要真正全面地理解领导能力，既要衡量传统的智商，又要衡量情商。戈尔曼认为，一个优秀领导者需要具备的最重要的素质，是能够鼓舞和激发积极的士气。他认为情商与智商不同，是能够发展的；同时他也坚称，要想成功地开发出高水平的情商，必须要知道开发的方法和实践的途径。

智商占成功的20%，情商占成功的80%。这本《情绪智力》的作者就是丹尼尔·戈尔曼。他指出，真正决定一个人是否成功的关键是情商能力而不是智商能力。他的名言是：智商诚可贵，情商价更高。

另一个案例更是发人深思。

美国有一个叫威廉·宾德的人，一出生，他的父亲就采用各种手段开发其智力，3岁时能用英语自由阅读和书写，4岁写出3篇500字的文章，6岁写了一篇解剖学论文，小学入学的当天上午被送进一年级，中午母亲去接他时已经是三年级学生了，8岁上中学，11岁进哈佛大学。可见，宾德的脑子足够聪明，智商十分高。但后来离家出走，在一家商店当营业员，一生碌碌无为。这是为什么？通过研究，专家发现是情商出问题了。

情商决定成败，情商主宰人生。要想成为一名优秀的领导者，就必须发现情商，认识情商，提高情商。情商的内容十分丰富，主要包括以下五个方面：

第一，自我认知/意识。其核心是对自己的情绪、个性、风格有一种较为深刻的自我认识能力。自识者智，自知者明，即个人不论在什么情况下，应该能够冷静地对自己的性情、脾气、情绪、心理状态有个较为实际、客观的评价和反思，并在一种较为自然的情况下以自嘲式的幽默感表现出来。自我意识要求当事人对自己有高度的自信，这种自信建立在扎实的知识和经验基础之上，不是夜郎自大，更不是妄自尊大。一些领导人在脾气爆发时对自己的内在心态和行为举止无意识，实施的是一种简单粗暴的领导风格，下属只能敢怒不敢言，久而久之，粗暴的领导风格也势必传染到下属的行为举止之中。

第二，自我管理或自我控制。其核心是在工作、学习、生活的高压下，个人情绪突然爆发时，能够很快地镇静下来，迅速调整心态，及早恢复正常状态，把握住自己。自我管理要求当事人能够运用知觉和敏感、心理暗示等方法迅速体会到心态和情绪的失误，在较短的时间内抗拒冲动，停止欠缺考虑的反应行为。自我管理可以通过心理暗示、体育运动、音乐欣赏等注意力的转移而做出较快的调整。

自我管理的基础与其本人的价值观、人生观、理想、品格和信仰有关系。对世界的认知，对人生的感悟，对生活的积极态度，对周边人信任和正直、诚信、坦然的品质，可以对社会环境、组织环境中所出现的压力有较好的心理承受能力。

第三，自我激励。这是情商的重要组成部分。美国西点军校的士官生四年大学教育的核心，是在毕业后能够在不同环境下保持一种不断进取、自我激励的精神。美国通用电气对中、高层经理最核心的要求也是提高他们自我激励的能力，不论组织或客观环境发生多大的变化。当年中国女排之所以能在一个较长时期长盛不衰，正是因为多年来能够自我激励，严格要求，苦练勤练。对工作持续的热情源于一种内在的、超越物质、金钱、地位的动机，以及坚定不移追求理想和目标的价值取向。这类人往往具有很强的成就动机和奉献精神，对生活和工作持有积极态度，跌倒了，爬起来，不服输。因此，优秀的领导者不仅要能激励他人进取，还要善于自我激励。在中国竞争环境极为激烈的今天，自我激励的品质尤为重要。它可以把工作压力和生活压力转化成工作和生活动力，为事业的成功、生活的美好建立良好的心理基础。

第四，移情能力或同理心。这是一种能够通过语言或非语言交流，比较客观地了解对方内在情感的一种能力。其基础建立在对自己情感的把握之上。对自己了解越多，对别人的内心处境也就了解得越准，这种能力能够使人与人之间建立一种相互信任的关系。有这种能力的人对别人的感受极为敏感，具有敏锐的观察能力和判断能力，不先入为主，善于观察，长于倾听，谨慎判断。

第五，社会交往。这是一种能够迅速建立人与人之间友谊、信任关系的能力。在各种领导活动中，人们一致公认最重要的能力就是沟通。善于沟通，精于交流，很容易在领导活动中建立广泛的社会关系和关系网络。在今天激烈的竞争环境中，这种交流公关能力具有极为重要的社会价值，对组织国际化、组织的创新与变革，以及建立一种新型的组织文化都有极大的帮助。

二、情商影响领导风格

美国《纽约时报》科学专栏作家丹尼尔·戈尔曼探讨了情商是如何影响一个领导者的风格的。他发现，情商不同，领导风格不同。强力型、权威型、关系型、民主型、示范型和教练型六种领导风格分别来自情商的不同要素，不同的领导风格会分别产生不同的工作结果。

强力型的领导者往往是独裁的，他们要求下属即刻执行自己的指示，不容置疑。他说的最多的一句话是“照我说的做”。这种领导者内心有着强烈的成就动机，具备很强的开创精神，能够严格地控制自我，但缺乏移情能力，缺乏对别人感受的体验。这种风格总体上对工作氛围的影响是负面的、消极的。当然它也不是一无是处，当组织处于危机之中，当原定的规划和战略需要推倒重来时可以在一定范围内发生作用。不过只能作为权宜之计偶尔为之，时间长了不利于团队的稳定和组织文化的建设，容易导致人才的流失。

权威型领导者往往威信特别高，人人信服，作出决策以后很少有阻碍，是所有风格里对工作氛围产生最多正面效果的。这样的领导者的特征是：号召大家为一个共同的愿景而奋斗，他们说的最多的一句话是“让我们一起做吧”。这来自于领导者的自信、移情能力和对激励方式正确理解与运用的能力。这样的领导者“总是能在组织需要的时候提出振聋发聩的、清晰的想法”。

关系型领导者倡导“人是第一位的”，他们以人为中心，对个体感情的重视超过对工作任务和组织目标的重视。他们可以创造出一种感情融洽与和谐的工作氛围。他们最喜欢说的话是“你们先做吧”。这来自于领导者的移情能力、沟通能力、建立和管理人际关系的能力。这种风格对工作氛围的影响是正面的，但不宜单独使用，因为这种风格的领导者常常千篇一律地表扬，会对绩效较差的成员造成一些误导。

民主型领导者通过被领导者的参与取得一致意见，他们强调参与，善于建立相互信任、相互尊敬和相互承诺的人际关系，善于增强组织的灵活性和激发成员的责任感，从而保持高昂的士气。他们最常说的一句话是“你在想什么”。这来自于领导者的团队精神、协调和沟通能力。这种风格对工作氛围的影响也是正面的，但它会导致许多会议，甚至长久地议而不决，影响工作效率，最严重的会导致组织无序、失范和内部冲突的升级。这种风格在成员不具备应有能力时不宜采用。

示范型领导者首先会确立一个相对较高的标准，并在此前提下自己带头做榜样。他们往往有强迫自己又快又好的倾向，并要求别人也这样做。他们会很准确地挑选出不合格的成员，进而对他们提出更高的要求。他们最常说的话是“从现在开始，我怎么做，你们就怎么做”。这种人的成就感很强，并有较强的责任心。但也会对工作氛围产生负面影响，会影响士气，使工作缺乏灵活性，并使成员的责任心消耗殆尽。

教练型领导者是喜欢为组织的未来培养人力资源的人，他们善于发现成员的优点和缺点，并能帮助他们找到提高的途径，他们善于帮助成员建立长期的发展目标和规划，并使之得以实现。这样的领导者知人善任，善于通过给部下分配具有挑战性的工作来提高他们的能力。为了给成员提供学习成长的机会，他们往往会忍受一些短期的失败。他们最常说的话是“试试看”。这种风格来自于情商中的移情能力和自我意识，这种领导者往往善于体贴和关怀别人，具有长者风范。教练型风格对工作氛围的影响是正面的。

领导风格没有绝对的好与不好，不同的领导风格都会有正面和负面的效应。评价一种领导风格的利弊应该考虑其与领导者所处的环境、下属的实际情况及承担任务的性质等多个方面匹配度。匹配度越高，领导风格越好。那么，就需要领导者相应地改善相关的情商因素。

领导素质的形成离不开情商，领导魅力的培植离不开情商，领导能力的提高离不开情商，领导形象的树立离不开情商。

【案例】

省长夺下录音笔和总理的一十八块八角八分

2010 年 3 月 7 日上午，某省李省长接受央视《小撒探会》专访。《人民日报》下属的《京华时报》女记者刘杰提了最后一个问题："您对邓玉娇案怎么看?"李省长脸色顿时阴沉，离场。两分钟后，李省长折返回来，质问刘杰是哪里的，说要给她们社长去讲，并且一把夺下了刘杰的录音笔，随后径直走向电梯。

这件事让在场的和不在场的民众愕然。似乎无厘头地提及另一个案例。

那是在 20 世纪 50 年代的一次国际会议上，有人对周恩来总理讲，你们中国这么穷，你能有多少钱？你们还搞什么社会主义？周总理没有被对方激怒，而是冷静地回答："我们国家是很穷的，我们一穷二白，我们整个中国的钱加起来只有一十八块八角八分。"接着周总理话锋一转，说道"我们中国为什么这么穷？你帝国主义列强掠夺我们，封锁我们，侵略我们。还有国民党留下的一个半封建、半殖民地的烂摊子，这就造成我们一穷二白。虽然我们一穷二白，但是我们仍然要加快社会主义建设。"

三、情商决定领导威信

对于领导者来说，情商与其威信呈正相关。领导者情商越高，其领导影响力越大。一般而言，提高领导威信，扩大领导者的影响力，要着重改善以下情商要素：

1. 心态平和，尊重人

领导者要有一颗平和的、平等的、尊重别人的心，这是由时代环境决定的。在市场经济环境中，市场面前人人平等，不存在特权，不存在等级，不存在高低贵贱。从所有者和领导者的角度来说，追求特权和等级之分并不是目的，他们的主要目的是追求较高的经济绩效和社会绩效，或者二者的和谐统一，这是领导者尊重人的根本动力之一。从一般的团队成员角度来说，他们凭借自己的一技之长，在充满机遇和挑战的市场经济中寻求一种适合自己的工作方式和生存方式，而市场经济的流动性和开放性的特点为他们提供了自由选择的制度保障，这也是决定领导者需要平等待人和尊重人的一个客观环境。

2. 积极沟通，理解人

在信息化、全球化的时代，高情商的领导者必须积极沟通、善于沟通。

【案例】

信访办内小事化了看态度

有一个政府信访办的门是拉门，有个老人拄着拐棍来了，怎么推，怎么拉都打不开，气的老人举起拐棍就要砸。信访办的人马上出去，拉开门，说："大爷，别生气，我们这门是横着拉的，来，您先进屋，喝点水，消消气，有什么事我马上给您办。"老人喝完一杯水，信访办的人马上又给添上，说大爷再喝点儿，有什么事您就慢慢说吧。老人到现在为止一句话也没说，拿起拐棍就往外走。信访办的人就问了："大爷事情还没办呢，怎么就要走呢?"老大爷说："我没事了，本来挺生气，一看你们这服务态度，气全没了，不和他们置气了，你们忙别的事儿吧!"

由此可见，当问题出现以后，通过恰当的沟通方式，可以很容易地解决问题，如果通过强硬手段，反而容易导致问题激化。

沟通之所以如此重要，究其原因，主要如下：

首先，从系统论的角度来看，任何一个系统都是其他更大一层系统的子系统，又是更小一层系统的母系统。任何一个系统都不是静态的，都是处在不断的运动过程中的，时时刻刻都在进行着自身以及系统内外的物质和能量的交换。领导者必须明白，他所处的团队既要有团队自身的内在交流，又要有团队内外的交流。团队领导者只有顺应事物发展的客观规律，才能保证团队的发展。

其次，沟通与尊重人有着密切的关系。领导者的一个重要素质是尊重人，但真正做到尊重人并不是一件容易的事情。俗话说："好钢用在刀刃上。"说的就是做事一定要做到点上，如果做不到点上，花再多的力气、再多的金钱也达不到应有的效果。领导者要做到尊重人，就必须了解对方，而要做到了解对方，就必须要有一颗开放的心，要善于沟通。通过开放，让员工参与进来；通过沟通，了解对方的心理和需要。

沟通中往往会出现这样两种情况：一是领导找下属来了解情况，下属有可能未等下级部门汇报，就根据自己掌握的材料妄加评论，混淆是非，使下级部门的工作陷入被动；二是领导已经知道了组织的重大信息，但未等下级部门宣布公示，就率先向外透露，这也会给下级部门带来不少麻烦。这两种情况都是负沟通，从表面上看，交流的信息似乎及时而且丰富，但这种沟通只会给团队带来不好的影响。因此，善于沟通不等于随意沟通，更不等于信息的随意传递。一个高情商的领导者会把沟通控制得恰到好处，在时机和程度上把握住分寸。

3. 注重团队，凝聚人

领导的高情商主要体现在团队当中，没有团队，领导情商高低便无从谈起，情商的价值正是体现在与他人的互动中。

【案例】

《西游记》中的团队合作

《西游记》是中国四大名著之一，很多人都看过，即使没看过，也听说过。如果用现代管理人的眼光看，唐僧师徒四人及白龙马行走路程十万八千里，最后到达灵山，其实是一个团队成功的见证，可以昭示世人很多道理。

唐僧从长安出发时，就萌发了团队意识。他知道：如果单靠他一人，是到不了佛祖那里的。悟空、白龙马、八戒、沙僧一个个来到唐僧的身边，心怀各胎：悟空的目的是为了离开五行山，白龙马是为了离开困龙潭，沙僧是为了离开流沙河免遭万箭穿心之苦，而八戒是最不愿意上路的。但是，他们经过三打白骨精的考验和整合后，统一了认识：他们是“有罪”之人，要脱离罪孽和获取功名，最快的方法就是保唐僧取西经。由此可见，一个团队的成功，前提是大家必须有共同的“西天取经”价值观和一致的目标。

《西游记》中唐僧师徒四人的个性差异是很大的。唐僧目光远大，有坚韧的品格和很强的原则性，不达目的不罢休，但他做事、决策缓慢。孙悟空干劲十足，崇尚行动，精明能干。可是，他性格放荡，难以约束。猪八戒性格开朗，肯帮助同事，能够接受任何批评而毫无负担压力。不过，他意志薄弱，容易放任自己。沙和尚则忠诚老实，任劳任怨，而且能够在压力下保持冷静，但是，他能力一般。唐僧师徒四人，谁都有明显的缺点，但是，他们组成一个团队后，却爆发出强大的战斗力，西天路上九九八十一难，一一被他们战胜，最终完成“西天取经”大业。

我们从中可以悟出这样的道理：一个团队的成功，不能靠单打独斗，团队中每个人都有其长处，必须发挥团队每个人的作用，才能实现团队的目标。领导者的情商体现在让团队整体力量大于每个个体力量之和，即 $1+1>2$。

现代社会是一个高合作、高分工的社会，各行各业从不同方面紧密联系在一起。一个大的项目会涉及到很多行业和公司，从而组成一个链条，任何一个环节出了问题，都会直接影响到整个项目的运作。现代社会就是由一个个小的团队组成的，在一个公司内部，在一个项目组里也会分为很多小团队，它们既独立又合作。基于这种现实性，优秀的团队领导者知道分工与合作的重要性，重视团队的作用。在某种程度上说，能否妥善建立和引导团队是检验领导情商高低的一个重要标准。

注重团队只是高情商领导者团队建设的第一步，还要在制度和文化上建立、整合团队。团队的制度有硬性和软性之分，二者都不可或缺。所谓软性制度实际上就是一种团队精神、团队文化，成员能在心理上认同团队的重要性，并能在实际工作中彼此协调，从而形成的一种习惯。领导者的重大责任就在于引导团队向健康、积极的方向发展，在团队遇到困难时能及时地予以解决。

4. 有情有义，关心人

被领导者的成长需要领导者的关心。被领导者作为孤立的个体加入组织后，无论是在组织中的定位、发展，还是遇到困难挫折时，都需要组织或领导伸出援助之手。如果被领导者没有得到及时的关怀和帮助，组织认同就难以建立起来。优秀的领导者能够感知到这一点，并且及时解决这些问题，在被领导者需要关怀时能够及时地提供热心帮助。这样，领导者就能赢得被领导者的心，把他们紧紧地系在组织这艘巨轮上共同远航。胡锦涛同志在建党90周年大会的讲话中指出：要高度重视并切实做好新形势下群众工作，坚持问政于民、问需于民、问计于民，真诚倾听群众呼声，真实反映群众愿望，真情关心群众疾苦，依法保障人民群众经济、政治、文化、社会等各项权益。只有我们把群众当亲人，群众才会把我们当亲人。

世界许多著名企业都非常重视对员工的关爱，不仅在公司制度上体现了以人为本的精神，而且在实际工作中确实能够贯彻执行。美国《幸福》杂志最近对国内100家人气最旺、员工积极性最高的企业作了调查分析，发现一个主要原因就是这些企业内部都有着上司对下属的感人的亲情关怀。

5. 能以身作则，感召人

为什么当年“小米加步枪”的共产党队伍能打败“飞机加大炮”的国民党军队呢？一个重要原因是因为共产党的领导干部打仗时总是以身作则，带头冲在最前头，他们喊的是：“跟我上!”而国民党军官则总是躲在士兵后面，他们喊的是：“给我上!”可以说，国共两党的历史命运，在某种程度上就是这种不同领导影响力造成的结果。

四、优秀的领导需要突出的情商

古往今来，几乎每个优秀领导者都表现出突出的情商。其表现方方面面，但以下几个方面颇具普遍性：

1. 强烈的进取心和责任感

进取心和责任感是影响领导行为的内在动力。一个成功的领导只有具备了强烈的进取心和责任感，才能在管理过程中充分发挥个人的主观能动作用，才能有效地带领组织到达成功的彼岸。许多成功的领导在总结人生经历时，对此都有深刻的感受。

【案例】

成思危的上进心

成思危在谈到自己成功的经验时曾经说过：几十年来，是“上进心、责任心、好奇心”驱使他不断地取得进步，使他即使在人大副委员长的高位上，仍坚持利用业余时间自学了第 7 门外语。

某省组织部门曾对 60 名厅级领导干部做了考核评价，被调查的干部每个人的基本条件包括学历、职称、专业特长、从政经历等方面都没有大的差别。但是，实际考核以后却反差很大，有胜任工作、政绩突出、考核合格的；有政绩平平、不胜任工作、考核不合格的。经过研究分析发现：那些政绩平平、工作不胜任的干部所缺少的，正是进取心和责任感。

2. 宽阔的胸怀

宽阔的胸怀其实就是大局意识的体现。相对于一般员工而言，一个领导在日常管理工作中，往往都要想“大事”，做“难事”。同时，也面临着各种各样的困难和压力，需要妥善处理各种各样错综复杂的关系，工作上千头万绪，有时还会遇到班子其他成员以及下级员工的不同意见，凡此种种，都要求一个领导者要有宽阔的胸怀，要能听得进不同意见，成就大事，办成难事。

【案例】

周恩来的胸怀

纵观历史，无数成功的仁人志士无不具有宽阔的胸怀，其中周恩来就是具有宽阔胸怀的典型代表。在红军长征途中，他曾经一度掌握着红军的指挥权，是中央领导集体的核心人物，权力和地位都在毛泽东之上。但是，当他在斗争实践中发现毛泽东的领导才能和军事才华高于自己的时候，就在遵义会议上力主让毛泽东担任军事领导者，进入中央最高决策层，自己甘于做配角，一心当毛泽东的助手，而且在以后几十年的工作中一直如此。周恩来同志之所以一生甘当毛泽东的助手，主要原因是因为他深明大义，具有一个革命家的宽阔胸怀。

如果说领导的宽阔胸怀是一种超越，那么这种超越还体现在一种人格魅力的“向心力”上，同时也体现出一种高超的政治艺术：那就是要做到“团结一切可以团结的力量”，使自己的对手少，朋友多。

1936年西安事变发生后，国内反蒋、杀蒋呼声不断高涨。按照共产党与蒋介石的血海深仇，杀蒋并不过分。但是，毛泽东从中华民族的生死存亡大局出发，提出了释放蒋介石、停止内战、实行国共合作、建立全民族抗日统一战线的主张。正是这种大局意识和宽阔胸怀，促成了全民族抗日救亡统一战线的形成，为中华民族取得抗日战争的最终胜利作出了历史性贡献。

领导者的宽阔胸怀有利于保重自己、提高自己，控制嫉妒情绪和不良后果。

【案例】

既生瑜，何生亮

三国时期的著名人物周瑜，智商极高，会领兵打仗。毛泽东评价说，周瑜是个共青团员呐。就是说年纪轻轻的就当了大官，当了大都督。所以老干部、老将，老领导，都不服他，但33岁的周瑜，火烧赤壁，打了大胜仗，老干部，老领导都服他了。这么高智商的一个大都督，后来怎么死的？被诸葛亮三气而死。《三国演义》第五十六回就有这么一段，叫做孔明三气周公瑾，是周瑜昏暗，马上断气了，昏厥了，慢慢醒过来了，徐徐醒来，他仰天长叹，既生瑜，何生亮。他大叫了数声而亡，寿36岁，当时周瑜的事业正是如日中天，已经成功，但他顺利的时候趾高气扬，遇到逆境的时候，喟叹“既生瑜，何生亮”。心胸狭窄容不下人，爱动怒，爱生气，嫉贤妒能。所以，他不但没有持续的成功，却因为心胸狭窄而早早撒手人寰。东吴的鲁肃哀叹道：“公瑾（周瑜）量窄，自取死耳。”

绵延不断的历史，说不尽的故事，都告诉我们一个道理：学会宽容大度是一个领导者顾全大局、保重自己、激励下属的重要素质。

3. 过人的胆识

这是成就大事不可或缺的条件。胆识包括胆魄与见识，两者相辅相成、相得益彰。有胆魄，才能敢于决策，敢于用人；有见识，才能善于决策，善于用人。有胆无识，容易造成滥决策、滥用人；有识无胆，容易错过决策和用人的最佳时机。只有胆识兼备，才能做到有勇有谋，才能在残酷激烈的竞争中始终立于不败之地。

【案例】

诸葛亮的空城计

三国时代，诸葛亮和司马懿是老对手。论智商，司马懿不在诸葛亮之下。可是诸葛亮在街亭失守以后，面对司马懿15万大军兵临城下，毅然打开城门，带领书童登上城楼，焚香弹琴，泰然自若，用一出“空城计”唬退了强大的敌人。在这一关键时刻，诸葛亮取胜的秘诀，就是靠过人的胆识。

4. 对事业执著的追求和不断创新

执著是指即使受到挫折，仍然坚定不移。创新是指做事时能够充满想象力，倾注激情，敢于改革。无论对于一个政治家、科学家，还是对于一个企业家来讲，执著的追求和不断创新，始终是其取得成功的关键所在。

一位哲人说，人生就是一个不断“试错”的过程。重要的不是能否回避失败，而是能否从失败中走出来，最终获得成功。对于成功者，人们往往只会盯着他最后成功的一瞬，没有看到他无数次的失败和挫折。只有他自己才明白：一次成功常常是数十、数百乃至数千次失败的报偿。这些无数次失败的过程中都充满了艰辛的探索、执著的追求。

有人总结说，在竞争中，最值得重视的并不是竞争对手的奇招怪招，而是那种把工作和事业当作一种追求来做的人。只有把事业当做一种追求，他才会“咬定青山不放松”，才会充满激情和创意。

5. 对情绪的有力调控

情绪是人成功、作出成就的最重要影响因素。正面情绪包括愉快、满足、镇静、喜悦等；负面情绪包括愤怒、暴躁、嫉妒、焦虑、恐惧、紧张、清疑等。正面情绪像阳光，负面情绪像泥沼。对于自己的情绪一定要把握和控制，这决定一个人的事业成败，甚至决定人一生的命运。唐太宗认为，领导者的情绪控制是十分重要的。他说：“自古帝王多任情喜怒，喜则滥赏无功，怒则滥杀无罪。是以天下丧乱，莫不由此。”美国前总统老布什说：“你能调动情绪，就能调动一切。”

【案例】

诸葛亮的鹅毛扇

诸葛亮经常手持一把著名的鹅毛扇，是他老婆送给他的。这上面除了画着帮助他排兵布阵的八卦图以外，更多的时候是为了让他遮脸用的，因为诸葛亮在出山之前也是喜怒哀乐形于色的人。这可不行，作为一个真正的领导者，倒不是说你要掩盖自己，要有面具，你首先应该是一个能够把握自己情绪的人，是能够控制和管理自己情绪的人，这把鹅毛扇就是诸葛亮管理自己情绪的道具。

情绪的调控主要包括：

(1) 认知愤怒情绪的危害。易怒是情商高的反面。易怒是领导者一种卑贱的素质，受它摆布的往往是生活中的弱者。愤怒情绪的危害最主要的是：对内，伤害自己的心肝肺；对外，伤害人际关系。

(2) 控制愤怒的冲动。愤怒的冲动是人受到外界的强烈刺激后，言语和行为出现非理智化的一种心理状态。人在失去理智的情况下，很难作出正确决定。冲动之下，成事者少，败事者多。美国研究应激反应的专家理查德·卡尔森说："我们的恼怒有80%是自己造成的。"林则徐当年在自己房间里挂有"制怒"的条幅，提醒和约束自己，不让怒气左右自己的情绪。

(3) 抑制得意的外溢。得意是胜利后的一个极端情绪。胜利时得意忘形，头脑发热，行为轻狂，是最肤浅、最卑贱的一种情绪。它既是害己的，也是碍事的。西方有句名言："上帝要让你灭亡，必先叫你发狂。"抑制得意的能力表现在，有了好事、取得成就时，不情绪化，不因一时的成功而忘乎所以，这才是一种最佳的情绪状态。世界富豪，美国著名投资家沃伦·巴菲特在谈到自己成功的原因时说："我的成功并非源于高智商，最重要的是理性。"

中　篇

领导环境

领导环境制约领导活动及其绩效，领导者要认识环境、适应环境、改变环境、创造环境，至少应“适应组织情境以发挥领导作用”。

第五章　政 治 体 制

政治体制科学合理，能够保证各种权力的高效运行和权力之间的有效制约，虽然有时会约束干部的手脚，但能够有效保护干部不出问题。政治体制不完善，容易滋生腐败但从来不保护腐败，使领导者从政风险陡然提升，即使左躲右避，有时还是难免一不小心掉进陷阱，领导者没干成事却出事，一切归零；即使干成事后又出事，也是一切清零，谁也无法逃脱 100－1＝0 的结局。

一、政治体制决定国家命运、干部前途

【案例】

苏共解散、苏联解体

1991 年 8 月 25 日之后，苏共这样一个拥有 90 余年悠久历史、2000 多万党员、独掌政权 70 多年的大党迅速倒台，随后苏联也于当年底解体。这一剧变震惊了世人。2005 年俄罗斯总统普京在国情咨文中慨叹："苏联的解体，是 20 世纪最严重的地缘政治灾难，对于俄罗斯人民来讲，它是一场真正的悲剧。"

随着苏共解散、苏联解体，人们纷纷探寻其中的原因。人们普遍认为，虽然其中的原因是多方面的，但最根本的还是要从体制上找原因。正如邓小平所讲的："过去发生的各种错误，固然与某些领导人的思想、作风有关，但是组织制度、工作制度方面的问题更重要。这些方面的制度好可以使坏人无法任意横行，制度不好可以使好人无法充分做好事，甚至会走向反面"。"不是说个人没有责任，而是说领导制度、组织制度问题更带有根本性、全局性、稳定性和长期性。这种制度问题，关系到党和国家是否改变颜色，必须引起全党的高度重视。"① 那么体制原因是什么呢？当然是指斯大林执政时期所形成并被固化和推行的"斯大林模式"。这一模式在体制上的特点主要是政治上权力高度集中、经济上实行计划经济、文化上严格管制。正是这种高度集中的政治、经济、文化体

① 《邓小平文选》第 2 卷，人民出版社 1994 年版，第 333 页。

制窒息了苏联社会主义社会的生机和活力，阻碍了社会主义制度优越性的发挥，最终导致了苏共解散、苏联解体。

用今天的眼光来看，十月革命胜利后，为应对帝国主义干涉而实施战时共产主义政策，埋下了后来权力集中体制的种子，而二战抗击德国法西斯入侵的胜利，使这一体制模式逐渐根深蒂固，正是在困难境地中集中力量争取胜利的简单思路，导致了对这一体制的青睐，而其极度发展及其他因素的配合，最终酿成了党与国家的悲剧。

从这一体制的演变看，首先是由于以党代政，权力高度集中于党组织，政府逐渐失去了独立工作的权力和积极性。在十月革命胜利后的初期，也就是20世纪20年代，"斯大林模式"还没有形成，苏联的国家机关尚可以独立地行使自己的职能，不需要看党中央机关的脸色行事。如1921年的苏共十大与1922年的苏共十一大之间的一年中，党中央政治局和组织局讨论工作问题的比重为：内政——1.8%，外交政策——3.1%，经济——4.5%，工会工作——1.6%，苏维埃建设——9.7%，共产国际——0.9%，党的建设——63.6%，其他——14.8%。党的问题在全部讨论的问题中占到2/3。这说明当时党中央政治局、书记处和党中央机关主要抓党的事务，并不包揽国家职能[①]。但随着这一体制在1934年苏共十七大上确定，并在1939年的苏共十八大上开始定型，其危害逐渐显现。苏共十七大决议中规定，要"改组联共（布）州委员会、边疆区委员会和中央委员会的部，取消现有的职能部，代之以完整的生产行业部。要像中央农村部那样，由各生产行业部把该行业的整个工作都集中起来，包括党的组织工作、干部的分配与培训、群众宣传工作、生产宣传、监督有关的苏维埃经济机关和党组织贯彻党的决议的情况。"[②] 苏共就这样逐渐包揽了国家的管理职能，形成了以党代政的局面。党对政府工作的包办代替使政府机构失去了积极性，其结果只能是没有种好别人的地又荒了自己的田，问题丛生也就是必然的了。

其次，由于权力高度集中于党组织的主要负责人，其大权在握，必然滋生和助长任人唯亲、贪污腐化现象。在苏联解体的原因中，党自身的原因是最具根本性的，是体制原因在党的问题上的集中表现。由于党的主要负责人手握大权且不受制约，因此必然加速自身的腐化堕落，尤其是会形成一个以领导干部及其家属为主体的腐化的特权阶层。

① 徐葵：《斯大林模式的苏联共产党的特征及其垮台的原因》，《国际政治研究》2002年第3期。
② 徐葵：《斯大林模式的苏联共产党的特征及其垮台的原因》，《国际政治研究》2002年第3期。

【案例】

苏联领导层的特权化

关于苏联领导层的特权化，叶利钦在《我的自述》一书中，回顾了特权化在斯大林时代就已大肆蔓延的情形：“你在职位的阶梯上爬得越高，归你享受的东西就越丰富……如果你爬到了党的权力金字塔的顶尖，则可享有一切——你进入了共产主义……共产主义完全可以在一个单独的国家里为那些获取权位的少数人而实现。”全莫斯科享受各类特供商品的人总共有 4 万人。国营百货大楼有一些柜台是专为上流社会服务的。而那些级别稍稍低一点的头头们，则有另外专门商店为他们服务。一切都取决于官级高低。如此下去，就会形成恶性循环，越来越多的人为了自身利益钻入党内，并极力谋求权力，进而追求更多的利益，任人唯亲、形式主义、官僚主义、贪污腐化就会日益严重，直到苏联社会主义制度的大厦不堪重负而轰然倒塌。

尽管经济体制、文化体制等也因权力高度集中而出现了许多非常严峻的问题，引起了社会的不满，但是与政治体制问题相比，都是次生的和枝节性的，政治体制问题正是推动苏联这一多米诺骨牌倾倒的那只上帝之手。

2011 年恰好是苏联解体 20 周年，人们对此进行了 20 年的思考，认识也进入了一个新的阶段，其留给我们的启示还是非常深刻的，因为我国经过 30 多年的改革开放，改革开始进入攻坚阶段，面临的问题也更加复杂、广泛和严峻，尤其是我们党正在面临“四大考验”和“四大危险”，因此吸取苏联解体的教训，深刻反思其体制弊端，使我们在今后的改革中努力避免重犯苏共的错误是非常必要的。

总的来讲，思路决定出路，体制决定命运，面对新的形势和问题，我们必须在中国化马克思主义最新成果的指导下，坚持中国特色社会主义的基本理论、基本制度、基本道路，坚持政治体制发展的基本方向，以改革创新的精神正确解决好党和国家的领导体制问题，尤其要坚持民主集中制和集体领导，避免个人专断，正确处理党政关系，充分发展民主，保证党员群众的民主权利，形成以科学体制调动各方面积极性的良好局面，不断把中国特色社会主义伟大事业推向前进，避免重蹈苏共解体的覆辙。

二、体制不完善要求灵活执行政策，也导致另搞对策

在任何一种政治体制中，都有一个如何认识和处理中央与地方、上级与下级的关系问题，而且这也是考量一种政治体制科学与效能的重要标准。

在20世纪80年代，在广东等南方省份，曾流行过一个非常著名的顺口溜："见了绿灯快步走，见了黄灯抢着走，见了红灯绕着走"，这种"灯论"成为当时那里的人们一种普遍的观念和行为准则，对于广东等南方省份抢抓机遇、实现快速发展起了重要作用。但由此也招致了当时许多循规蹈矩的北方省份的抱怨，认为自己严格按中央要求办事反而吃了亏，此后也在一定程度上影响了中央部分决策的权威。应该说，这个现象提出了一个中央与地方、上级与下级的关系问题，或者说如何看待上有政策、下有对策这一现象的问题。

毛泽东早在1956年写《论十大关系》就明确提出了这一问题，当时毛泽东写道："中央和地方的关系也是一个矛盾。解决这个矛盾，目前要注意的是，应当在巩固中央统一领导的前提下，扩大一点地方的权力，给地方更多的独立性，让地方办更多的事情。这对我们建设强大的社会主义国家比较有利。我们的国家这样大，人口这样多，情况这样复杂，有中央和地方两个积极性，比只有一个积极性好得多。我们不能像苏联那样，把什么都集中到中央，把地方卡得死死的，一点机动权也没有。"① 也就是说，为了发挥中央和地方两个积极性，地方在执行中央政策时适度考虑自己的利益是可以允许的，但这有一个基本的前提，就是在执行中央政策的框架下根据自身实际、考虑保护地方积极性而进行适当变通，绝不能抛开中央政策另搞一套，也不能夸大自身的特殊性而把地方利益置于中央决策目标之上。

总的来讲，在计划经济时代，地方执行中央政策是坚决的，过分强调自身特殊性的情形比较少见。相反，倒是由于过分强调下级服从上级，全党服从中央，使地方的政策空间较小，资源经常被无偿调拨，积极性受到影响。

改革开放以后，由于增加了地方利益、干部政绩这样一些重要因素，过去全国一盘棋的体制被打破，那种借口地方特殊性和保护地方积极性而对中央政策进行变通的情况增多了，普遍了，或者说，上有政策、下有对策在一些地方逐渐成了气候，不折不扣地执行上级政策的情况有所减少，甚至相反，地方开始越来越多地向中央要特殊政策、要资源，因而攻关部委、"跑部钱进"成了一道新的风景。

解决现有体制下的上有政策、下有对策问题，应采取一个辩证的态度，不能极端化、片面化。

首先，应该切实保证中央政策在本地的落实。这是基础和关键。中央政策是对全国而言的，反映了中央对改革发展一系列重大问题的审慎思考，体现了改革发展的方向，也代表了全国人民的利益，因此，作为一个地方，

① 《毛泽东选集》第5卷，人民出版社1977年版，第275页。

必须切实保证中央政策的落实，反对任何地方主义、本位主义，否则就违背了下级应履行的职责，不仅中央政府不答应，地方的人民群众也不会认同。

其次，在保证落实中央政策的前提下，充分考虑本地方的实际，使中央政策在执行中更加符合本地实际。具体问题具体分析是我们做好各项工作的一个重要法宝。

我们说落实中央政策，并不是照本宣科、僵化不变地执行中央政策，这样做恰恰是不落实中央政策、执行政策能力偏低的表现，而且是一种不负责任的做法。就像过去照抄照搬马克思主义教条给中国革命带来了巨大灾难一样，不注重使中央政策和本地实际相结合同样会给党和人民的事业带来危害。在这个过程中，也要注意反对另一种倾向，就是借口本地特殊而拒不执行中央政策，这种苗头近年来有所滋长，其对现行体制的负面影响不容小视。

最后，中央和地方要在落实政策中加强沟通和反馈，并及时作出调整，使中央政策发挥最大效能，产生最优结果。

政策的制定和执行是一个长期的过程，其间必须加强决策方和执行方的沟通联系，以不断修正、改进、完善政策，使政策更合乎实际。由于我国地域广阔、情况复杂，同样的政策很难在全国“一刀切”地实施下去。

【案例】

食用盐统一加碘

前些年全国按一个标准对食用盐统一加碘，其用意是好的，为了避免出现碘缺乏症，但是忽略了情况的复杂性，因为东部沿海地区居民食用海产品比较多，并不缺碘，西部虽相对缺乏，但也有一些地方出产井盐，导致缺碘情况也不统一，而这种不分区域的统一加碘造成了大量人群的碘摄入量过大，反而对身体造成了损害。因此，区别加碘是一种正确的思路，当然把这种差异保持在什么样的数值需要进行详细的调查和计算，但至少制定政策和执行政策应该注意到这种差异性。类似的问题只要加强双方的沟通和协调，建立正常的反馈机制，是完全可以及时发现、作出调整和加以解决的。

总之，在今后的政策制定和执行中，要注意既坚持政策、执行政策，又联系实际，适当变通，从而既保证中央政策的大局，又最大限度地使中央政策在本地发挥最佳效能，只有这样才能正确理解和把握中央与地方关系、上级与下级关系，实现两者的有机结合。

三、体制弊端扩大了干部能力发挥空间，也提高了从政风险

这个问题在县委书记岗位上表现尤为突出。在一般人看来，县委书记是风光亮丽的岗位，虽然级别不高但主政一方、握有实权，尤其随着县域经济的迅速发展，县区的经济实力不断壮大，更增亮了县委书记头上的光环。但实际情况如何呢？有一位领导概括了县委书记岗位存在的五大风险，闻听之后让人颇生几多感慨。这五大风险概括起来就是：

（1）重大决策的风险。县委书记拥有一个地方的决策权、人财物调配权，如果决策中对规则程序把握不好，会造成严重后果。

（2）执行政策风险。党的各项政策在基层主要靠县一级来落实，一旦管理监督不严，容易出偏差。

（3）选人用人风险。县委书记管理的干部人数不少，仅科级干部就300多人，选不准用不好，可能影响地方风气。由于怕触及矛盾，也有些县委书记任期内不敢调整干部，以免把自己置于火山口上。

（4）从政纪律风险。县委书记在地方“位高权重”，工作弹性较大，对自己要求稍一放松，很容易滑向腐败深渊。

（5）权力延伸风险。为特定关系人牟取不正当利益，有些并非主观，而是权力惯性起作用，监督不到位、不及时，可能出大问题①。联想到近年来有不少县委书记连续“落马”，比如，2006—2009年，河南共查处贪污受贿犯罪的县委书记22名，其中13名是从县委书记岗位上提拔或调整到其他工作岗位不到一年的。

这五大风险无一不与我们现在的政治体制密切相关。

首先，现有的政治体制赋予了以县委书记为班长的县级领导的最高决策权。在现有政治体制下，党组织是县级各项事业的领导核心。县级党组织主要分三个层次，一是县党员代表大会；二是其选出的全委会，就是俗称的县委；三是常委会。根据党章规定，县党员代表大会拥有“讨论本地区范围内的重大问题并作出决议”的权力，这是县级党代表大会四项权力中最重要的一项。但在五年一届的党代会闭会期间，这一权力则由党代会选举出的全委会即县委来承担，由于全委会一般每年召开一次，因此全委会的权力实际上由常委会来行使。常委会的人数一般在9～11人之间，经过前些年推行县委书记“一正两副”新体制，县委书记在县级党政领导班子中的班长地位日益

① 《部分县委书记叹陪领导陪客累　面临四大困扰》，http：//www.sina.com.cn，2010年12月18日。

巩固。既然是班长，必然要负总责，在“三重一大”（重大问题决策、重要干部任免、重大项目投资决策、大额资金使用）的决策中体现自己的意愿。我们说集体领导、分工负责是党的领导的基本方式，按理说凡事都应该集体讨论、民主决策，但是县委书记的意愿必然在其中起着主导作用，而且可以用自己的权力影响力和非权力影响力影响以至左右其他常委的意见。

一位县委书记说：“有人说县委书记想提拔谁就提拔谁，这一点一般的县委书记都可以做到。”黑龙江绥化市原市委书记马德不止一次公开放言：“我是一把手，我就有绝对的权力，我想提拔谁还提拔不了吗？”①

这就形成了县委书记在其中的主导局面，虽然说县委书记独享决策权失之偏颇，但县委书记位不高权很重是必然的。这就使县委书记成为各方争取利益的焦点，有很多人为了达到自己的目的，盯着书记们，“研究”他们的秉性爱好、人际交往及朋友圈和亲戚圈，以作为亲近和影响书记的手段，使书记的岗位风险倍增。

其次，现有体制下对县委书记权力监督制约很难实现。不受制约的权力必然产生腐败。对此，我们党是非常清楚的，因此在权力制约方面也在逐步加强。比如我们强调班子内部的分工制约，加强了纪委的工作，强化了党内民主，实行了干部易地交流轮岗等等，但是这种体制内的监督制约效果却非常有限。相反，绝大多数腐败案件是由群众举报而发现线索得到查实并处理的，甚至有不少是由于被窃贼偷盗而曝光的，当然，网络在反腐败中也起了非常重要的作用。也就是说，权力监督处在比较虚的境地，比较形象的说法是“上级监督太远，同级监督太弱，下级监督太难”，更何况有些县委书记热衷于个人说了算、排斥监督，以增强其决策和执行的权威性，这样一来其权力失衡必然更加严重。

最后，县委书记的权力延伸难以遏止。本来书记的权力应限于党内，对地方其他事业发展的权力也应限制在高层决策方面，并不涉及具体的人事任免、招商引资、工程审批等方面，但是由于书记在班子中的独特地位，他对其他分管领导形成潜在的影响。比如，书记对其他领导的工作有汇报和调整建议权，而当事人是不能越过书记向上级组织部门汇报的，这就使其他领导的个人发展往往受制于书记，领会书记意图、处理好和书记的关系自然成为自己发展的关键，也成为一种潜规则。在这种情况下，分管领导自然难以和书记以意见不同为由分庭抗礼，而不得不按照书记的意图行事决策。正常的发展决策还可以提出自己的意见，但在涉及重大利益时反而不便坚持己见，这也使写条子、打招呼成为干部任免、工程招投标中的常见现象，许多书记

---

① 《官场五大潜规则》，军转网，2009年8月14日。

的下台与之不无关系。

权力过大必然会被滥用，缺乏监督必然用以谋私，无限延伸必然导致泛滥，对于县委书记岗位来说（当然不仅限于县委书记），要有效降低风险，应该在完善体制上下足功夫。

一要规范权力，哪些是书记的职权，哪些不是，这都应该有一个清晰的界定，使县委书记行使权力有保证、有制约。

二要加强对权力的制约监督，要措施到位，尤其是上级监督、同级监督、纪委监督、群众监督、网络监督形成合力，再辅以有效的制度，至少可以保证不会让胆大妄为、能力低下、贪污腐化者久居此位。

三要注重选人用人。在体制机制完善的过程中，选好一个县委书记对全县百姓是一个福音，否则就是一场灾难，在选拔中不能总是“空降”，要发扬民主，多听听当地干部群众的意见，在适当时机可以有选择地进行县内党员直选，使县委书记能够和本县发展同呼吸共命运，避免“三拍”（拍脑袋决策，拍胸脯保证，拍屁股走人）贻害一方百姓。

四、体制困境中公款吃喝屡禁不止

2012年的“两会”期间，公款吃喝再次成为热议话题。九三学社中央还向全国政协十一届五次会议提交提案《关于遏制公款吃喝的建议》。提案建议，将公款吃喝、公车私用、公款旅游等“三公浪费”纳入《刑法》调节范畴；“三公”经费等行政成本，纳入政绩考核范畴，决定官员仕途。也有代表提出，公款吃喝难以解决，实在是治国之败笔。党的十八大之后，中央政治局于2012年12月4日召开会议出台改进作风八项规定，“不安排宴请”成为硬性规定。习近平总书记下基层调研吃自助餐给全党作了表率。

【案例】

公款吃喝挤占民生支出

如果使用一组数据，你会发现公款吃喝让人触目惊心：目前，全国一年公款吃喝的开销已达3000亿。如此庞大的公款吃喝数额，挤占教育、卫生、医疗、社会保障等民生支出。例如2009年，我国行政管理费用支出（包括一般公共服务、外交和公共安全三项支出）占财政支出的比重高达18.6%；同时，教育、科技、文体与传媒、社保和就业、保障性住房、医疗卫生、环境保护支出等民生支出，比重不足38%。而国外行政管理费用支出占财政支出的比重大多低于10%，如日本是2.38%、英国是4.19%、加拿大是7.1%、美国是9.9%[①]。

应该说，对解决公款吃喝问题，党和政府也付出了极大的努力，仅中央党政机关出台的禁止性文件就有30多个，如果算上各级党政机关层层出台的文件那就数不胜数了。其他的配套办法也有不少，而且许多领导干部也大为反感，为什么这么多的文件管不住一张张嘴呢？在这个现象后面，我们看到的仍是请吃与被请吃的种种无奈。

由于上级领导的评价对下级干部的政绩和升迁起着决定性作用，因此，给上级领导留下好印象也就理所应当，为此就要让上级领导吃好喝好看好玩好，还要准备不菲的礼物。尤其是吃好喝好便于联络感情，又合乎礼仪和财务制度，因此许多领导干部乐此不疲。比如，上级来人检查考核，要吃吃喝喝搞好接待；向领导请示、汇报工作，要吃吃喝喝聊表敬意。虽然文件规定的公务招待标准是“四菜一汤”，但很少有真正意义上的“四菜一汤”，在吃喝大环境没有得到有效治理的情况下，如果坚持“上级来人四菜一汤”，难免有“资金项目全都跑光”之虞。

由于兄弟单位在工作考核互评中也举足轻重，而且相互熟悉也有利于到时相互帮忙，因此不仅单位内的不同部门之间要定期联络感情，对外的迎来送往也免不了搞对待接待，以免留下不热情的坏名声，反正公款埋单，都乐得送顺水人情。

由于这种体制上的谁也得罪不起和相互利用，使大吃大喝也变成了“潜规则”，争项目、要资金，必须宴请实权人物才能“酒”到渠成；迎接检查，“酒杯一端，政策放宽”；文件批不批，一定要有烟有酒才能“研究研究”。有的领导干部深有感触地说：“喝酒也是生产力。”

说到底，公款吃喝难以解决，还是现有的体制造成的。

一是上级领导权力集中。由于下级干部的升迁之权握在上级领导的手中，因此千方百计和上级领导建立牢固亲密的关系是重中之重，为此就要首先在酒桌上让领导认识自己，留下深刻印象，因而下级不得不经常找由头组织酒场，在酒场上努力表现自己。

二是“官本位”体制盛行。在官本位的大环境下，相当一部分人认为没有关系就办不成事情，官场没有靠山就少了安全感。而要拉上关系、搞好关系最好的办法就是请吃请喝，“握十次手不如喝一次酒”，和官场人士通气也要靠在酒局饭桌上的应酬。下面的人主动请吃请喝，上面的人也乐意接受，两者一拍即合，很多事情都是在酒桌上达成的默契。

---

① 贺嘉：《官员们“管住嘴”，让医改“迈开腿”》，京报网，2012年4月9日。

三是制度的缺失和监督乏力。虽然多年来为遏制公款吃喝风，党和政府制定了很多规章制度，但是对不按制度办事的，多年来未见有多少官员因此受处分，更未见相关部门对这些数据严格统计，严密监督。在我国，公款吃喝顶多是一个违纪问题，大家形成一个普遍共识，就是吃点喝点没啥，没有上升到贪污定罪的高度，于是，很多官员敢于大胆进入这样一个灰色地带。

要真正解决这个问题，还需要从体制改革入手，可以确立这样几个基本思路：

第一，从根本上讲，釜底抽薪的办法是强化普通党员群众在领导干部的提拔任用方面的作用。根据《党员权利保障条例》，党员群众对干部选拔任用享有知情权、参与权、选择权、监督权，其中落实好选择权非常重要，如果能够建立让党员群众对干部选拔说了算的制度，而不是仅仅扩大民主，就会使干部眼睛向下，不再只是盯着上级领导，公款吃喝就会大大减少。

第二，大幅减少“三公经费”预算。吃喝风不止，经济上能够公款报销是关键，经过治理小金库，已经断绝了公款吃喝的一条经济命脉，但是“三公经费”预算高及不断突破仍支撑着公款吃喝费用再攀新高，为此必须从经济上断其来源，不仅大幅压缩，确定严格的数额限制，而且规定严格的报销制度，这样会有助于解决问题。

第三，严格监督和查处。根本解决公款吃喝问题，需要加强监督和惩处的力度，要公开各部门的“三公经费”预算和开支，对于其中的典型事例要追究领导人的责任；要特别加强体制外监督。可以批准建立群众性监督组织，由诚信度较高的民间知名人士牵头；更应该强化以监督为天职的新闻媒体的监督力度，通过完善相关法律制度，保障媒体行使监督公款吃喝的权利。

总的来看，解决公款吃喝要多措并举，综合治理，其中体制改革是根本和关键，不从体制上作出彻底改变，公款吃喝难免无从解决，甚至会愈演愈烈，难以遏制。换句话说，如果下级官员的政治命运不是掌握在上级单位、上级领导手里，而是掌握在老百姓手里，如果上级单位的行政审批权越来越少，那么以下级接待上级单位和工作人员为主流的吃喝风，才有望从根本上得到解决。

五、体制漏洞使官员饱受潜规则的危害

规则就是特定组织内部制定出来由每一个成员所共同遵守的基本制度、规范，其中有的是具有制度形态的显规则，也有的是约定俗成的潜规则。本来对于潜规则组织成员都心知肚明，没有什么神秘之处，但是由于近年来娱乐圈潜规则的问题不断披露，人们开始更多地使用这一概念，而且又有学者

把它引入政治领域，并进行研究，视其为现有领导体制的一种独特现象，由此造成了潜规则问题的外显化。

从政治或领导层面所说的潜规则是指，在错误观念的支配下，在一些领导者中形成的一些普遍认同并以“组织”领导名义实际奉行的、不在民主制度之中而在制度之外，与制度原则精神相悖的运行规则。其特点是：冠冕堂皇、似是而非，实行起来理直气壮。目前，不少人认为，潜规则比显规则更有用，一个人，尤其是领导干部，如果不懂潜规则甚至寸步难行。比如，如果你按照规章制度办事，就会有人说你“政治上不成熟”；如果嘴里说执行规章制度而实际按潜规则办事，就会有人夸你“政治上成熟老练”。另外，在干部选拔中“说你行你就行，不行也行；说不行就不行，行也不行”“不跑不送原地待命，只跑不送观察待用，既跑又送提拔重用”等更成为潜规则的代名词。久而久之，不按常理出牌、不按规则行事成了一些人的行为准则，造成一些人是非观念模糊、道德水准下降，一些单位和部门正气难伸，歪风盛行。可以说，潜规则正日益严重地侵蚀党的肌体，侵蚀我们的领导体制，毒害我们的社会风气。

第一，降低领导效能。领导活动是一个围绕目标正确决策和调配资源并组织成员共同努力的过程，其中领导的权威性和执行力是实现领导效能的重要保障，但潜规则的盛行往往削弱领导权威，影响决策的执行。

【案例】

中央房地产市场调控

在中央强调过热的房地产市场进行调控、要求各地降低房价时，有的地方的领导出于本地利益和自身政绩的考虑，误解中央决心，曲解中央政策，认为只要有了经济发展的政绩，其他方面的问题都可以忽略，因而搞上有政策、下有对策，不仅措施难出台，而且执行力度小，致使中央调控房价的政策难以很快实施，影响了政策效果，引起了社会的不满。虽然后来经过中央的三令五申，政策最终得到执行，但是这样的事例反映了信奉潜规则对中央政策的损害，这样的问题不注意解决，领导效能就会在打折扣，从而影响中央权威和人民利益。

第二，使规章制度等显规则失效。系统权威的规章制度和领导体制、规则是保证领导活动科学规范的前提，也是一个国家或组织正常运转的前提，如果规章制度得不到认真执行，那么国家或组织的生存必然产生危机。我们的党和政府在运行中都坚持民主集中制的基本原则，其中“集体领导、民主集中、个别酝酿、会议决定”的党委工作制度是这一原则在理论和实践上的具体要求。与之相适应，我们党还制定了一系列的决策程序和制度，这些原则、制度、程序是保证党委政府正确决策和领导的基本制度，也是领导活动的显规则。但是，由于潜规则的出现和流行，一些人对这些原则和制度产生了怀疑，在理解和执行上出现了偏差。比如，（候选人）名义上的提名、实际上的指定，形式上的酝酿、实际上的服从，表面上的差额、实际上的等额，是选举中的潜规则；“说你行你就行，不行也行”，是用人中的潜规则；一把手绝对权力，二把手相对权力，三把手没有权力，是集体领导中的潜规则；等等。这些都曲解并扭曲了党和政府领导活动的基本规则，造成合意的就执行、不合意的不执行的政策执行不力甚至变形的严峻后果。

第三，搞乱了干部思想。干部是领导活动的主体，是执行政策的中坚，如果由于潜规则盛行使他们对党和国家的政令制定与执行理解不统一、认识不一致，就会引起思想上的极大混乱，造成判断标准和行为准则的缺失。比如，由于官场潜规则广泛存在，导致少数干部奉行“朝中无人莫做官”“背靠大树好乘凉”的信条，因而存在找靠山的心理，致使买官卖官、行贿受贿屡禁不止；有些人遇事“不找组织找关系”，做事“不求群众拍手，但求领导点头”，为了讨好上级领导不惜说大话、假话、空话、套话，大搞大吃大喝、请客送礼、形象工程、政绩工程。可以说，目前在各地工作中存在的种种为群众所深恶痛绝的现象无不与领导干部缺乏正确的理想信念、群众观点有关。

第四，败坏党风和社会风气。党风对社会风气具有领导和导向作用，党风好社会风气才能健康。应该说近年来党内腐败现象的蔓延和社会风气的滑坡有一定的内在联系，因此我们必须从治理党风入手，从治理干部作风入手，以此实现社会风气的根本好转。目前在党内干部作风上，存在的主要问题是党的优良作风受到了潜规则的侵蚀，造成许多干部心口不一、表里不一、言行不一，出现了一些不好的现象。比如，有的人把“批评与自我批评”变相为“自我批评摆情况、相互批评提希望”“你不批我我不批你、你批我我就批你”“多栽花少栽刺、你好我好大家好”，造成好人主义盛行；把密切联系群众的调查研究变成了“上午轮子转、中午盘子转、下午骰子转，晚上裙子转”的亚腐败行为；把理论联系实际忘到脑后，工作作风飘浮，官僚主义严重，对人民群众“门难进、脸难看、事难办”，上班成了“喝喝茶，聊聊天，一张报纸看半天”的闲来无事，更有甚者甚至上班打麻将、玩扑克、炒股票，工作不思进取。这些不良作风严重影响到党员干部形象，造成人民群众不满，引起社会效仿，激化社会矛盾。潜规则不制止，党风、政风、民风就难以好转。

实际上，潜规则的产生、发展和蔓延，有着共同的特点，即都是在革命战争年代适应阶级斗争环境和在计划经济条件下所产生并长期沿袭下来的；都以维护“组织”和领导者的意志和权威为价值目标；都以权力高度集中的领导体制为支撑；都是在与党内民主制度的缺陷所产生的弊端相互作用下得到巩固并不断强化的。

因此，要真正遏制潜规则，必须注重两点：

一是增强民主意识。民主公开是潜规则的天然对手。应从上至下进行民主启蒙教育，增强权利意识，提高维护权利的能力。领导干部要树立发扬民主为荣、独断专行为耻的意识，在领导活动中要善于听取各方意见，自觉接受社会监督。普通党员群众也要认真行使民主权利，维护自身利益。

二是完善民主制度。潜规则盛行与显规则的不完善、执行不力直接相关，要完善民主集中制的相关制度、程序，把原则制度化程序化，使制度系统化科学化规范化，避免制度漏洞。还要强化制度的执行，严肃组织纪律，对违反民主集中制组织原则、违反集体领导原则、热衷于按潜规则办事的党员领导干部，该批评教育的批评教育，该给予组织处理的就严肃处理，以达到教育本人、警示他人的目的。要打破、解决、消除“潜规则”，还要加大廉政文化的宣传和弘扬力度，通过加强廉政文化建设，在全党和全社会构建起健康阳光的社会心态。还要加强舆论监督制度的力度。对“人治大于法治”“权大于法”的种种丑闻要公开曝光，让潜规则不能继续为害潜行。

第六章 社会管理[①]

在现代民主政治背景下，国家政治系统中政党、公共权力、公民社会三大系统的边界越来越清晰，各自的功能定位越来越明确，在信息、能量的交换方面越来越趋于良性互动。中国的政治发展在完善党政关系、建设服务型政府、培育公民社会中不断推进。改革和完善社会管理体制，加强社会管理是中国改革开放目前阶段上的重要任务，是中国特色社会主义建设五位一体总体部署的重要部分。中国改革发展现阶段上的社会管理体制与社会管理水平体现执政党的执政能力，制约领导者的思维方式、行为方式、领导能力，也制约着领导干部成功、成就和升迁的路径、过程和结果。

一、打黑式社会管理方式导致“寒蝉效应”

2012年春节刚过，王立军[②]再次成为舆论焦点。

【案例】

王立军先打黑后叛逃

2月2日，重庆市委决定，全票当选重庆市副市长的王立军不再兼任重庆市公安局局长、党委书记，他以副市长身份分管教育、科技、园林、参事、文史、修志等工作。这一人事调整引发众多猜测与传言。2月6日元宵节这天王进入了美国设在成都的领事馆，这更让各种猜测传言不胫而走。2月8日，重庆市政府新闻办称“王立军副市长因长期超负荷工作，精神高度紧张，身体严重不适，经同意，现正在接受休假式的治疗”。而美国国务院发言人纽兰（Victoria Nuland）在华盛顿举行的一场例行记者会上表示：“王立军本周早些时候确实曾以重庆市副市长的身份

---

① 本章作者刘炳香、胡治岩。

② 王立军于2008年6月调任重庆，历任重庆公安局常务副局长、党委书记、公安局局长。在始于2009年的重庆打黑中，王成为全国闻名的“打黑英雄”。2011年5月27日，王立军全票当选重庆市副市长，并兼任重庆市公安局局长、党委书记。2012年2月6日，重庆市副市长王立军进入美国驻成都总领事馆，滞留1天后离开；同年9月，王立军被提起公诉；9月18日，成都市中级人民法院一审王立军徇私枉法、叛逃、滥用职权、受贿案；9月24日四川省成都市中级人民法院对王立军作出一审判决，宣判执行有期徒刑15年。

要求在美国驻成都总领事馆举行一次会谈，时间被确定下来，美方人员与他见了面，他确实去过总领事馆，之后他自行离开了。”次日，中国外交部发言人办公室应询答问时表示，重庆市副市长王立军于2月6日进入美国驻成都总领事馆，滞留一天后离开。有关部门正在对此进行调查。

政治是复杂的，对于王立军事件，时间会作出诠释，给出真相。人们对王立军的关注很大程度上与“重庆模式”分不开，而“重庆模式”的政治、法律方面，是重庆的打黑型社会管理方式。①

社会管理是政府管理职能的一部分。政府管理职能，包括政治统治职能、经济管理职能、文化与科教管理职能以及社会管理职能等。其中，社会管理通常是指以政府为主导的包括其他社会组织和公众在内的社会管理主体在法律、法规、政策的框架内，通过各种方式对社会领域的各个环节进行组织、协调、服务、监督和控制的过程。社会管理职能包括社会控制与公共服务两个方面。内容包括国家通过制定一系列社会政策和法律规范，对社会组织和社会事务进行规范和引导；培育和完善社会结构；调整各类社会利益关系；回应社会诉求；化解社会矛盾；维护社会公正、社会秩序和社会稳定；维护改善社会内外部环境；促进政治、经济、社会、文化和自然协调发展等。

改革开放以来，我国经济社会各领域都发生了深刻变化，中国的教育、医疗、住房、劳动就业、社会保障、收入分配、征地拆迁、安全生产、社会治安、生态环境等热点领域不断积聚能量，群体性事件和恶性极端事件增多，消极腐败现象和严重犯罪活动影响严重。经济飞速发展带来的不协调、不科学、不可持续的负面效应和社会断裂，集中投射、释放于社会层面，社会管理的压力加大。原有的权力高度集中、政府统管一切的社会管理方式也发生了很大变化，现有的社会管理体制仍难以适应快速而深刻的社会变迁的需要。这就要求我们深入研究社会管理规律，更新社会管理观念，整合社会管理资源，创新社会管理体制机制，从而及时化解社会矛盾，维护和谐稳定的发展局面。

打黑型社会管理方式有两面性：打黑在保护一部分公民或保证公民一部

---

① 有学者把打黑按法律特征区分为治安手段与社会管理方式两种类型，作为维护社会治安手段的打黑，可简称为治安型打黑，是用刑事追究和科以刑罚的方式对组织、领导、参加黑社会性质组织等犯罪行为加以打击，是建设社会主义法治国家的应有之义。然而，把打黑作为社会管理方式运用则是另一回事。打黑型社会管理方式（或社会管理型打黑）是指公权力组织或打黑主事者将《刑法》第294条做极端化的扩大运用，以致追诉组织、领导和积极参加黑社会性质组织罪的活动转化成了其对社会政治的、经济的和社会文化事务进行管理控制的一种基础性方法或策略。简言之，打黑型社会管理方式是公权力组织以打黑为契机、以公安等强力部门对《刑法》第294条做极端的运用为基础，对社会进行管理的方法或策略，其本身即具有“打黑”的性质。本文中关于重庆打黑资料来源于童之伟：《重庆打黑型社会管理方式研究报告》。

分基本权利免受黑社会性质组织或其成员侵害的同时，会使得另一部分公民或公民的其他基本权利遭受公权力同等程度甚至更大程度的侵害。一方面，这种方式造成公安部门权力的急剧扩展，既侵害公民人身、财产等基本权利，又挤占其他国家机关或部门的职权。另一方面，该方式对于公民来说仍然会具有防御个人或非公权力组织侵害其人身、财产等基本权利的效用。从我国目前的大环境看，打黑从治安手段蜕变为社会管理方式的危险在各地都不同程度地存在。

重庆打黑在表面上是被作为治安手段运用的，“平安重庆”建设中在城区花200亿元人民币装50万个摄像头，成为世界上摄像头密度最大和总数最多的城市，重庆打黑设立了数百个活动贯通和主导侦查、审查起诉和审判各阶段的全权型“专案组”。据重庆华龙网2010年6月报道，一年来，“重庆市公安局跨区域调警1万余名，集约329个专案组强力开展‘打黑除恶’，共摧毁14个重大黑社会性质组织，立案侦办涉黑涉恶团伙300余个”。这确实具有一些社会治安状况改善、公众的人身安全感提升的治安效果，但是，从打黑主事者的行为方式、行为显示的意向和行为的社会效果三方面综合起来看，打黑在重庆主要是被当作社会管理方式来运用的。

我国宪法确认和保障的公民的权利与自由包括选举权，被选举权，言论、出版、集会、结社、游行、示威的自由，宗教信仰自由，人身自由，人格尊严，合法私有财产不受侵犯，住宅不受侵犯，通信自由和通信秘密不受侵犯，对国家机关及其工作人员提出批评、建议权，提出申诉、控告或检举权，受教育权，劳动权，接受公开审判和获得辩护权，等等。打黑有可能改善其中一小部分权利和自由的保障状况，其余更多的权利与自由和打黑并无直接关系。推行打黑型社会管理方式，如果进行综合评估，有可能出现这种状况，即它对公民基本权利造成的损害超过了它向公民提供的保障性利益。

除以打黑为对象外，公权力机构运用刑事追诉方法推进的其他涉及面广泛的社会整治活动，如严打、扫黄、扫毒、反走私等等，都属于同一个思路，即以某个罪名为抓手，比较容易地进行社会管理或控制。

打黑型社会管理方式会造成十分明显的“寒蝉效应”[①]。难怪有位法学教授会说出这样一番话：“使我们感到最黑之处，莫过于公共权力在‘打黑’进程中表现出来的为所欲为。不是别的，正是此种为所欲为，才让我们真正感到‘不安全’，感到‘真黑’。重复一句，即便是‘打黑’，一旦公共权力出现为所欲为的势头，公权滥用，便是对我们所有人的安全的最大威胁，如何不

---

① 寒蝉效应指民众害怕因为言论遭公权力组织或权力人物施与的刑罚或其他形式的惩罚，从而不敢或不再敢发表针对公权力组织处理公共事务的批评性言论，就像蝉在寒秋必然噤声一样。

叫我们这些普通百姓胆战心惊?”在这种情况下，干部会有安全感吗?

不仅如此，这种打黑型社会管理方式还造成干部的思维与行为的异常。

【案例】

重庆某干部的无名火

2011年的一天，中央党校童言教授按照教学计划在厅局级干部班进行“提高领导能力与执政能力”的案例教学。教学案例是《潍坊“三河”治理推动科学发展》，在案例分析交流阶段，一个来自辽宁的学员结合本省大连市政府环境治理的经验教训，有理有据地谈着自己的看法。但他的发言没有结束，就被来自重庆的学员粗暴打断。尽管任课老师在课前及课上一再强调，在课堂上进行案例分析交流，每个学员都要心平气和地交流观点、分享经验和智慧，要“认真倾听、积极表达”，“可以不同意他人的观点，但要尊重他人的表达权”，然而，来自重庆的那个学员明显是怒不可遏，他决不能容忍来自辽宁的学员谈及薄熙来工作中的任何不足，哪怕是薄以前在辽宁时的工作，也只可以肯定，不可以有微词。

任课老师是资深教授，有过上百次案例教学的经验，但从未见过课堂上如此情绪激动的学员。课堂气氛霎时变得紧张甚至有些诡异。没有一个学员插话，也没有人接话。

我们由此看到的是，不同类型的社会管理方式，干部的心态不同。打黑型社会管理方式让官员看清了公权力打击“坏人”时的为所欲为，必然联想到一旦自己被当成“坏人”的下场，因而从内心深处产生不安全感，这种不安全感强烈到一定程度，会对打黑主事者产生一种恐惧，这种恐惧必然产生一种过度的自我保护。这种恐惧与过度的自我保护必然表现为思维的一维性，即不假思索地与主事的领导者保持高度一致，容不得任何质疑，在言行上容易过激。失去常态思维与言行的干部，他的能力提升方向与施展方向随之变得不可预知与不可预期。

二、服务型政府治理模式需要领导者树立群众观念

【案例】

延安老革命曹志谦的教导

2005年。在延安。

一个曾经跟随毛泽东出生入死的离休老干部曹志谦（时年88岁）与延安干部学院的首期理论班学员座谈。他说："当年，毛主席教导我们说：'我们共产党人好比种子，人民好比土地。我们到了一个地方，就要同那里的人民结合起来，在人民中间生根、开花。'现在一些干部还是很像种子，但不落在土地里了，而是落到花盆里、落到温室里。"

这个老人并没有问学员为什么，学员也看不出他的表情。但大家都不能不深深地思索。

沉默了一会儿，老人自言自语："政府是人民的政府，政府是服务型政府，领导干部要有群众观念，把为人民服务作为价值追求。"

价值是人们全部认识以及管理社会活动的目的和意义所在。所谓公共服务价值，是指行政领导这个服务主体在对公民、社会、国家这个服务客体的管理过程中，主体对客体的功利作用是否有益。

不同的社会治理模式其核心价值不同。

统治型社会治理模式是从属于社会等级差别的，它是以统治的形式来实现等级秩序价值的社会治理方式。对于统治型社会治理模式来说，秩序就是其核心价值。

管理型社会治理模式作为统治型社会治理模式的替代而出现在人类历史舞台上，它也把秩序的价值作为自己的一项内容，但不是作为核心价值，而是以突出公平、效率的方式去获得秩序。这样一来，在管理型社会治理方式中，公平与效率成了管理型社会治理模式中的核心价值。

服务型社会治理模式的出现，公平与效率的价值开始退居到第二个层级，而服务价值则被提升到核心位置上来，公共服务则是服务型社会治理模式中的核心价值。

有学者认为，公共服务是用以解决广大人民群众的公共问题，维护社会经济秩序的主要手段，也是一种资源配置，其基本目的是为解决每一独立的市场主体所不能单独解决的许多公共问题。公共服务包括公共政策、公共设施、公共秩序、公共安全、公共卫生等等，不仅表现于物质条件，还反映在工作人员的文化素质、精神面貌和服务态度上。在政府治理中，为了保证和维持正常的社会经济秩序，对社会经济活动的管理与控制，可视为政府提供的一种公共服务。在民间，为了协调行业内或行业间的经济行为，有自发形成的行业联盟、行业协会之类的民间组织，以协调行业内的生产流通及共同问题，这也可视为一种公共服务。公共服务实际上是一个比公共产品更宽泛的范畴，即通过公共服务可以提供公共产品，也可以提供混合产品或私人产品。公共服务就是一种新型的社会治理模式。它的出现意味着人们之间的社会关系、社会生产和生活方式等领域的一个全新变革时代的到来。[①]

公共服务已经成为一个世界性的趋势，包括中国在内的各级行政领导不能无视这一趋势。公共服务已经成为21世纪行政领导的本质，服务精神是21世纪政府社会管理的灵魂。

公共服务之所以在新世纪大行其道，其原因在于服务本身与政府的社会管理血脉相连。管理是社会发展到一定阶段的产物，在本质上管理与服务是统一的。社会生产力的发展，使社会主体产生分化，并逐步形成组织（包括国家），各组织内部及各组织之间都存在着严重的利益冲突，各组织成员为避免无谓的消耗，以最少成本换取最大利益，相互订立契约，把自身的一部分权利让渡出来，形成公共权力，由全体成员选举的少数代表掌握。掌握权力的少数人根据其成员的要求，管理公共事务，维护组织及其成员的利益。同时，各组织之间也基于同样原因签订盟约，把部分权力交给凌驾于其他组织之上的组织（国家政府），管理全体社会的公共事务，维护社会秩序，进而维护整个社会的利益。管理的实质，就是利用组织及其成员赋予的权力为公众利益服务。因此，从本质上讲，管理就是服务。政府进行社会管理的活动，首要的是服务精神的存在。[②] 这种精神体现在以下几个方面：

为公民服务。政治学的“契约理论”认为，政府的合法性是建立在公民与政府、公民之间的政治契约的基础上，政府的一切权力来自公民之间的契约，来自于公民的委托，政府应保护全体公民的公共利益，维护和平的社会秩序，否则，公民有权收回委托之权能，选举出新的政府。由此看出，政府机关和它的行政领导本身并不直接创造社会财富，他们的运转和活动靠公民所交纳的税赋支持，公职人员靠纳税人来供养，公民是行政领导和公职人员的“衣食父母”。政府为公民服务，反映公民的意愿，为公民利益尽心工作，完全是应有之义，而非政府单方面的“恩赐”。无论是从政府的起源还是从政府得以存在的角度上看，政府存在的目的就在于为公民服务，否则，政府就失去了存在的意义。

为国家服务。行政领导是国家发展的产物，其目的是执行国家的职能，实现国家的意志。任何行政领导的管理活动都服从于国家，服务于统治阶级。行政领导在本质上是为国家服务的，代表政府为国家的利益开展活动。这种服务的活动是多样的。一方面，要代表国家利用暴力工具强制被统治阶级服从国家的意志、法律和政策，镇压被统治阶级的反抗；另一方面，则采取改善福利等措施协调和缓解与人民群众之间的矛盾，保护内部的安全和稳定，

---

① 张康之：《公共管理：社会治理中的一场革命》，《北京行政学院学报》2004年第1期。

② 李文良：《中国政府职能转变问题研究报告》，中国发展出版社2003年版，第109—211页。

为统治阶级的利益服务。行政领导还要代表国家通过外交、战争等方式实现国家的安全需要。同时，通过执行经济和社会事务的管理职能，为国家经济文化等发展服务。

为社会服务。行政领导还需要为社会提供公共服务，这是由国家和社会关系决定的。专制社会，国家与社会的关系出现了颠倒，国家日益凌驾于社会之上，对社会超常控制。现代民主社会，体现了社会与国家的真正关系。国家要为社会服务，行政领导则代表政府、国家执行这种公共服务职能，这种服务具体表现为为市场服务，如培育市场体系、制定市场规则、维护市场秩序、进行宏观调控、克服市场缺陷等；为企业服务，即统筹规划、掌握政策、信息引导、组织协调、检查监督；为社会良性行为服务，如：环境保护、治理污染、维护生态平衡、制定法律和制度、保障公共安全、维护社会公平和正义；为公民服务，如提供公共产品、保障公民权益。

把公共服务确定为政府管理的核心价值理念，这是中国政府改革的前提与基础。

中国政府的改革，实现的两个直接目标，一是通过系统的政府机构改革进一步转变政府职能；二是改变政府与企业、市场、社会公众关系模式。

为此价值目标，在行政领导者的改革意识中，应着重设计如何提高他们在从事社会管理中的三个能力：制定政策和执行政策的能力，有效实施综合治理社会的能力，向公众提供高效公共服务的能力。这样，才能将政府塑造成为具有前瞻力的、开明的、理性的、自律的政府。在实现上述价值目标和能力基础上，使国家实行可持续发展战略，推动中国社会的均衡发展。

因此，在进一步改革中，中国政府职能的再设计必须首先考虑“公共服务”这一核心价值理念，将“公共服务”作为一种精神注入政府职能设计和行政领导的灵魂之中，政府以及它的各级领导不再仅仅是管制主体，而且应逐渐成为服务主体，不再是高高在上、指手画脚的统治者，而应渐渐成为平易近人、脚踏实地的服务者。

以毛泽东为代表的那一代共产党人的群众观念是朴素的，维系这种群众观念更多地是靠觉悟，新一代共产党人的群众观念则是服务型政府治理模式的必然要求，维系这种群众观念更多地是靠制度环境的约束。在当今民主政治时代，共产党要继续执政、长期执政，必须不断获得群众的认同，必须不断强化群众观念。那么，提高做好新时期群众工作的能力成为领导干部的基本功。这对领导干部提出了许多更高要求：

第一，了解群众的心思。领导干部要重视调查研究，学会换位思考，对群众的疾苦感同身受，这需要不断完善社情民意研判制度，疏通民意反映渠道，包括善待媒体、善用媒体、善管媒体，从而避免领导干部来自基层却脱离群众问题。

第二，听懂群众的语言。倾听是一种能力，认真听了，才有可能听懂。领导干部要听懂群众语言必须用心，有道是“心不在焉，视而不见，听而不闻”。还要带着感情深入群众中倾听，如果离群众太远，话语体系与群众话语体系并行而无交汇，只能自说自话。此外，要甘于“拜人民为师”，了解群众的生动实践中产生的鲜活语言。

第三，表达群众的心声。“有利益的表达才有利益的协调，有利益的协调才有社会的稳定与和谐。”领导干部要善于把群众零散的、分散的意见综合起来、集中起来，形成系统的、全面的意见。

第四，满足群众的需求。群众观念归根结底都要落实到让群众满意上来，最根本的是要更好地做到顺民意、解民忧和惠民生。要把群众的眼前利益与长远利益、局部利益与整体利益结合起来。这包括增加利益和分配利益，而不能口惠而实不至。

增加利益需要权衡。党委政府通过谋划本地区发展来增加本地区人民的利益。由于一个地区在人才资源、物质资料、金钱资源、信息资源等方面不能满足当地各项工作齐头并进、全面发展，那么，要用发展来增加人民利益，为解决本地区的问题奠定基础，必须权衡先发展什么后发展什么，以及发展的速度与程度。这样才能使发展成为科学发展。

分配利益需要平衡。马克思主义认为，人的一切活动都与他们的利益有关。一个地区对已有财富、利益的分配，直接影响这个地区发展的动力源泉。在利益的分配过程中，统筹兼顾并综合平衡好全局利益与局部利益、整体利益与个体利益、眼前利益与长远利益，有利于保证人民共享改革发展成果，从而调动人民群众的积极性，为改革发展注入强大动力，保持本地区和谐发展和可持续发展。

总之，按照十八大要求，“建设职能科学、结构优化、廉洁高效、人民满意的服务型政府”，要求领导干部来向昨天要经验，这必须尊重群众，向群众学习；向今天要政绩，这必须发动群众、依靠群众；向明天要动力，这必须为了群众、宣传群众，让群众得到实惠、拥有期待。这一切归根结底都必须强化群众观念。换句话说，强化群众观念是服务型政府治理模式下领导干部的必然选择。

三、政府改革要求领导者强化民主意识

【案例】

滨海市种树，好事不叫好

2012 年春天。滨海市种树引发一个具有国际、国内巨大影响的公共

事件。

滨海市是一座海滨城市，早在上百年前，就已经形成了独特的“红顶绿树，碧海蓝天”的城市风格，其沿海道路设计具有很高的水准，它的城市植被曾由德国人在专门的场所经过长时间试种，它的城市建筑风格，在国内城市中独具一格，八大关一带的建筑和风景，简直像万国建筑博览会，不仅在中国独一无二，在国际建筑界也具有很高的知名度。在市民眼里，滨海市不是植被短缺的内陆小城，而是一个景观优美的、让其自豪有加的国际旅游城市。

2012 年的这个春天，滨海市创建“森林城市”① 的植树增绿大行动进展迅速。到 3 月底，在滨海市已经完成新改建绿地（增绿补绿、裸露地）148.66 公顷，栽植乔灌木 180 余万株，完成立体绿化 4 处，30 个庭院开始改造，4 个山头开始绿化改造，4.9 公里绿道开工建设。② 但谁也不曾想到，这种功在当代，利在千秋的好事会引发一个公共事件。先是有网友发布图文微博，开始了公开谈论滨海市种树。随后数日，“种树”开始成为公共话题。一个白领，滨海市一个土生土长的女孩，先是查阅了宪法，确认公民有权去质疑政府行为的合理性、必要性。然后查阅了滨海市所在省颁布的《行政决策程序》，得知重大行政决策需要经过“公众参与、专家论证、风险评估、合法性审查、集体讨论”五个必经程序。之后，她开始“第一次正经八百做市民”。她约上两个朋友一起开车“实地查看”，以市民身份调查成本，致电政府并追问种树方案的决策过程，她想知道：为什么要种树？树怎么种合理？怎么敲定种树花 40 亿元？40 亿元怎么花？谁来监督？

更多年轻人也迈出了这一步。4 月 13 日，另一滨海市 80 后网民接力打电话，他希望行动起来，让政府权力行使过程更透明，让滨海市变得更好。

上述那个年轻的滨海市女孩说，我希望我所做的，只是个开始，有越来越多人一起去打电话也好，写信也好，去促进或者去提醒那些执政者、执法者，我们，一个一个的公民，在盯着你们看，也有权利盯着你们。我们最起码要知道，自己家会变成什么样子！这一波种树过去了，下一波又兴什么？

滨海市市民最担心的，是一座城市的长官的权力太大了，大得失去监督，也失去敬天畏人的意识，以个人之好恶，定一城、一地之山河。③

---

① 2004 年，全国绿化委员会、国家林业局启动了“国家森林城市”评定程序。国家森林城市以“让森林走进城市，让城市拥抱森林”为宗旨，是我国目前评价一个城市绿化成绩的最高荣誉。截至 2011 年 6 月 18 日，全国绿化委员会、国家林业局已经授予了 30 个城市为“国家森林城市”。

② 《滨海市均衡推进植树增绿》，《滨海市日报》2012 年 4 月 5 日。

③ 铁血论坛 http：//bbs. tiexue. net/bbs68－0－1. html.

在市民网络问政的同时，许多媒体给予了关注。继《人民日报》刊文发出呛声，中国之声特约评论员认为，城市管理者或决策者，只有虚心听取民意，公开决策过程，才能使政府的管理赢得更多信任、求得更多支持。《澳门日报》刊出社论说，种树这一行为，在预算环节上，更适合公众参与决策，如此方可在事前消弭市民对资金投入量的疑问。因此，政府各级部门人员在埋头工作的同时，也要时刻保持与公众的密切联系，通过良性互动实现科学决策，推动社会进步。

市民的质疑起初被政府认为“别有用心”“不怀好意”。市民“笔记本”通过网络发表给滨海市市委书记、市长的第一封信，质疑政府决策，呼吁网民理智，“要督促政府更理智更正常地种树”。因为这封信发表后不久即被删除，4月16日，“笔记本”发布第二封信向滨海市市委书记和市长喊话，并用“野火烧不尽，一封接一封”来表达追问的决心。

面对市民理性问政，官方选择悄然整改、加紧施工。直到4月17日，滨海市市政府新闻办官方微博“滨海市发布”终于发布消息称，最近一段时间，滨海市植树增绿大行动受到了广大市民和网友的关心关注，市有关部门高度重视，已着手研究解决存在的问题和不足。

4月18日下午，滨海市召开城区园林绿化工作座谈会，就植树增绿行动进一步听取市人大代表、市政协委员、专家学者和市民代表意见①。当天23时许，滨海市市政府在官方微博上发出《关于我市植树增绿工作有关情况的答复》。滨海市建委园林局承认存在“局部区段栽植不合理，设计方案公开不及时，前期工作论证不细致，与市民、网民沟通不够主动”等四方面问题，并表示“将克服缺点，纠正不足，虚心听取市民和网民的意见”。

4月19日晚，滨海市一副市长带领市城乡建设委等有关部门负责人做客滨海市政务网“网络在线问政”栏目时说：“前期公示滞后造成误解，再次表示歉意。”

4月26日下午，滨海市市长实地检查绿化整改工作，指出，要通过社会各方面对植树绿化所提出的问题，进行更深入的思考，特别是对政府自身建设中的决策科学性和行政规范性进行反思，举一反三，推动政府决策更加民主公开、科学周密。今后，凡是市民关注的重要事项，要更加注重事前沟通，尽可能多地听取人大代表、政协委员、市民、网友及各方面的意见，问政于民，提高社会对行政决策的参与度。②

① 《省城晚报》2012年4月19日。
② 《滨海市日报》2012年4月27日。

如果到此结束，在这个公共事件中，没有赢家。不管今后提还是不提，这样一个在国内国外已经沸沸扬扬的公共事件，指望它会从媒体介质上、从人们的记忆中消失，那是掩耳盗铃。中央党校市（地）主要领导干部班的案例教学组试图通过这个班的案例教学找到赢家，实现双赢①。在课堂案例讨论交流中，市（地）委书记形成的共识是：在公民意识觉醒的民主政治时代，政府的合法性缘于民众的认同；主政者可以低调做人不可低调做事；种树这种利在当代、功在千秋的事，主政者如果没有假公济私就没有必要撇开群众孤军奋战；如果政府在此事件之后能举一反三地总结反思，从此以后，凡是重大决策则首先确定决策科学化民主化的先后顺序及权重，那么，种树事件就具有了依法决策、科学决策、民主决策的划时代意义，主政者则会成为中国民主政治的推动者而名垂青史。

党的十八大报告强调："凡是涉及群众切身利益的决策都要充分听取群众意见，凡是损害群众利益的做法都要坚决防止和纠正。"要"让人民监督权力，让权力在阳光下运行"。

从政府管理的角度讲，随着经济社会的发展，领导干部必须认识到，公共服务成为政府管理的核心理念后，政府改革成为一个持续不断的过程。在这个过程中，不争的事实是，公共服务出现在信息化、全球化和民主化以及政府统揽公共事务"不可治理性"② 危机的时代，它强调公共事务治理主体的多元化、治理方式的多样性和治理过程的民主化，体现了"公共性"与管理"科学性"的有机统一。因而，无论在合法性还是在社会资源方面，都为实现和增进公共利益开辟了新的途径。其基本内容表现在：

公共服务的对象是公共事务。公共事务是指一定时期与一定共同体成员共同利益相关的事务，体现为一定共同体成员普遍需求的公共物品和公共服务。在公共管理模式下的治理理念与方式发生了重大变化：

一是政府性质的重新定位。对公共事务关注的重心，实现了由国家管理向社会管理、由统治功能向社会服务功能的转移，最终促进政府性质由国家本位向社会本位的转变。

二是评价和责任机制的变化。公共服务更关注结果导向和外部评价，而不是公共行政模式下所依据的政治体系的高效执行和过程管理。

三是强调根据公共事务的属性差异进行多元化的治理，而不是传统公共

---

① 近年来，在中央党校，把有影响的一些公共事件用于课堂案例教学已成惯例，教学案例完全用于课堂教学，与对相关干部的考核评价完全无关。

② 不可治理性（Ungovernability）指政府所面临的公共问题的复杂性、动荡性和多元性环境，导致政府治理难度的增加。显然，此种情况决定了只有进行政府改革，特别是让公共服务回归社会和市场，缩小政府职能，才能化解政府面临的种种困境。

行政模式下的千篇一律或一成不变的标准化管理。此时的公共事务治理，具有复合治理的制度安排、灵活性的治理策略、多样性的治理工具和社会导向。

公共服务的主体多元化。以公共服务为主体的公共管理，强调公共事务在各种非政府的公共机构、民间自组织机构中完成，发挥私人部门和公民的参与功能。此时的公共事务治理主体，以政府为核心、非政府的第三部门为重要补充力量所组成的体系。在这个体系中，无论政府或非政府的第三部门的自主行动，或是它们与其他社会行为主体之间的合作行动，都具有一定的“代表性、公务性、公益性和权力的法定性”。

这个体系具有四大特征：

一是公共权力的多中心。公共服务承认政府管理的正当性和核心地位，政府在提供宪政、法制、公共政策以及需要运用强制性权力的管制性公共事务领域，仍发挥着核心作用。而非政府的第三部门在社会自治、特定服务领域、自我规制领域，则起到重要的作用。而且，政府内部也不再是单一的集权中心，而是根据不同层级的要求，政府与其所管辖的公共事务的关联性，建立分权自治、上下协作的多中心分级治理体系。

二是更多的合作治理。由于没有任何一个单独的行动能够拥有足够的知识和资源来解决一切公共问题，因此，公共服务主体之间必须相互合作，从而形成一个复杂的、互动的网络化行动结构。由此传统的公私二元对抗结构被瓦解，政府、市场、公民社会的功能实现了优势互补；传统的政府集权结构必然衰退，各级政府间更多的不是命令与服从，而是权责分担与积极协作。

三是政府的角色与功能发生变化。政府不再是一切社会事务的“统揽者”和凡事亲躬的“划桨者”，而将重点转向依据民主原则进行规划、引导和“掌舵”。

四是政府行为方式的变化。政府必须为非政府的公共服务提供机会和激励，对公共事务的良好治理负最终的责任；政府行为的合法性，不仅来自代议制和法律的授权，更多的来自公众参与下的认可、配合与监督；政府不再是高高在上的发号施令者，而必须与社会建立相互依赖与互动合作的伙伴关系，并提高合作与互动的技巧和能力。

公共性是公共服务的基石。任何公共事务的背后都体现和反映着一定的公共利益，并以追求公共利益为宗旨，因此，维护、分配和增进一定共同体的公共利益便成为公共服务的宗旨。它必须以公众的公共需求为导向，并以公共需求的实际满足为衡量标准，这既是“公共性”的重要体现，也是其合法性的基石。理论界对公共利益的理解，认为不同的个人或群体在同一社会关系和同一社会地位情况下，由于客观的相互依赖关系而有着普遍的共同需求，这些共同的需求便构成公共利益的基础，并以社会利益的形式表现出来。当然，并不是社会中所有的共同利益或共同体利益都属于公共利益，关键是看其利益关系基础和利益行为指向是否具有“社会性”或“公共性”。

公共服务过程的民主化。与传统公共行政模式所不同的是，公共服务的全过程始终强调民主化。除了传统的代议制外，它更强调社会公众对公共事务治理过程的参与和监督。这种民主化主要表现在：(1) 政府放松对经济和社会生活的控制，鼓励和肯定公民、企业家及其相应的社会组织享有更大的自主空间和权利；(2) 政府激励和引导更多的社会自治和责任分担，强调区域性的社区自治、功能性的行业自治、利益性的社团自治、非功利性的社会服务作为公共服务的社会基础；(3) 政府的分权治理，强调基层政府对地方性公共事务的治理的优先权，以及中央或上级政府的转移支付或其他手段的平衡能力；(4) 公共权力运行方式的转变，既包括政治、法律、管制等强制性方式，也包括运用规划、引导、建议、指导、契约、合作等非强制性方式；(5) 强调作为公民身份的消费者，尽可能获得自主选择公共服务的方式与途径；(6) 在涉及公共事务和公共利益的领域保持开放性，强调经过利益相关者的积极参与和公开讨论，以便有效地显示、聚合公共需求和公共利益。[①] 决不能把热心参与者看成是“别有用心”，予以防范甚至打击。

在中国，调整政府公共服务的内容，实现公共服务主体多元化、动力多元化，必然伴随着政府改革，在这个过程中，领导干部必须不断提高民主素养，切实贯彻党的群众路线，坚持一切为了群众，一切依靠群众，从群众中来，到群众中去。

一个区域的群众路线贯彻情况与其社会管理、经济发展的水平呈正相关。经济发达、社会管理水平提高，对干部的民主素养提出更高的要求。

第一，在决策中，倾听不同意见，包容那些敢说国王没穿衣服的“叛徒”。承认意见越多，声音越杂，表示有更多选择的机会的现实。毛泽东指出：让人说话天塌不下来。事实上，让群众说话，有利于把群众的愿望变成科学决策，把科学决策变成群众自觉执行的行动。

第二，疏通利益表达渠道。发挥人大、政协的作用，提高社会组织化程度，大力支持、培育各种社会组织，使群众更加有序、有效地表达各种诉求，并献计献策。这个过程是集中民智的过程，也是宣传群众、动员群众的过程。

第三，善待、善管、善用媒体/互联网，作好舆论引导工作，防止不良情绪酝酿成舆论/网络暴力。

---

① 董晓宇：《公共管理的由来及其与公共行政的内在差异——由传统公共行政到公共管理研究之一》，《北京行政学院学报》2004 年第 1 期。

第四，正确定性和妥善处理公共事件及群体性事件。慎用“别有用心”“不怀好意”“少数人挑唆”“不法分子渗透”等这种惯用语，以免强化在野党的对立思维而拒绝执政党的双赢思维。

领导干部提高民主素质，坚持群众路线，一方面，可以凝聚群众智慧，降低改革、创新、科学决策与高效执行的成本。毋庸置疑，走群众路线的过程就是宣传群众、动员群众、形成共识的过程，是各方利益博弈与利益平衡的过程，是排除执行障碍、保证高效执行的过程。另一方面，即使改革、创新付出代价，决策出现瑕疵或失误，也会因为人民群众的广泛参与而获得理解、谅解和及时的发现与及时的纠正，而不至于酿成严重后果、造成民怨沸腾。越是政府改革深入、创新力度加大，越是政府决策复杂，就越是要求领导干部发扬民主作风，完善民主制度，尊重群众知情权、参与权、表达权和监督权。尤其是一些与群众直接相关的事，要同群众商量，让群众说话，倾听群众意见和建议。否则，政府好的决策不能变成好的结果，政府工作的任何瑕疵都会被无限放大，甚至做好事不叫好，政府埋单，群众不买账，反而造成执政成本的提高和执政基础的削弱。

第七章　领导传承[①]

所谓领导传承是指领导职位和领导功能的传递和继承。领导传承是一个领导干部成长的重要外在环境。不同国家，不同的历史时期，由于领导传承制度不同，领导成长的路径也千差万别。依法传承和重视青年干部的培养为年轻才俊脱颖而出提供了良好环境。

一、依法传承让机会均等有了可能

时代不同，领导传承方式不同，领导者成长、成熟、成功的政治生态环境不同。

中国的世袭制千古流传，是奴隶社会、封建社会领导传承的一种主要方式，它以血缘关系为传承依据。尽管民众发出“王侯将相宁有种乎”的抗议，但无法撼动这种制度，甚至习惯性认同这种制度。

【案例】

刘备与曹操的才情与口碑

刘备当年财力匮乏、才情不足，却有诸葛孔明忠心耿耿出谋划策，有张飞、关羽鼎力相助。多少年来，坊间一曲曲赞歌、一个个故事广泛流传、脍炙人口，皆因刘备为“皇叔”，而凭自身能力“挟天子以令诸侯”的曹操，用智慧与实力成就魏国大业，却永远揭不掉“窃国贼子”的标签。

即使到了21世纪，一个乳臭未干的80后年轻人成为一个国家及其执政党的领导人，与其说他才华横溢、胆略出众，无人出其右，不如说他身上有着这个国家前任领导人及其执政党领袖的血脉。

世袭制意味着无法选择出身的芸芸众生没有上升的通道。许多人通过人身依附或缔结姻缘来改变自身的命运、改变后代没有上升机会的结局。当今屡遭诟病的官员的“少爷”“姑父”从政机会多、晋升快现象，正是世袭制在

① 本章作者吴庆、刘炳香（初稿由吴庆完成；二稿由刘炳香完成）。

民主政治时代的变种。

【案例】

陈世美的自利选择

被中国人世代唾骂的“陈世美”，民间流传多个故事版本，但都指向他为了仕途而抛妻弃子入赘当驸马。与其说“陈世美”人品不端，不如说是世袭制的领导传承环境中“人往高处走”的一种自利选择。

世袭制代代流传有其充分的理由，但民主政治时期，坚持世袭制的任何理由皆脆弱得不堪一击。亚里士多德说：“任何情况下的内乱，不管其目的如何，都源于不平等。”因此，给每个公民以上升通道，且机会均等，这成为历史的潮流，也是社会稳定的基石。十八大报告强调：“逐步建立以权利公平、机会公平、规则公平为主要内容的社会公平保障体系，努力营造公平的社会环境，保证人民平等参与、平等发展权利。”

于是在这个大背景下，民众有了更多晋升机会，领导职位的传承不再只在少数人中进行，而是不断大众化。

中国共产党执政后，特别强调领导职位的有序传承，即培养党和国家革命事业接班人。由于受到封建思想的影响，“文革”期间曾经一度指定领导人个人的接班人。如在党的九大上就指定林彪是毛泽东的接班人，并写入九大党章。即“林彪同志一贯高举毛泽东思想伟大红旗，最忠诚、最坚定地执行和捍卫毛泽东同志的无产阶级革命路线。林彪同志是毛泽东同志的亲密战友和接班人”。

十一届三中全会以后，党的第二代领导集体的核心邓小平特别强调并领导全党完成了中国共产党的集体交接班。

1982 年成立的顾问委员会作为第一代与第二代领导集体进行集体交接班的过渡，既发挥老干部的作用，又给年轻干部施展才华提供舞台，解决两代领导集体的集体交接班问题。党的十三大，要把政治体制改革提到议事日程上来，老干部要交班，使领导层比较年轻化一些。邓小平在 1987 年 7 月 4 日同孟加拉国总统谈话时说：“这两件事都不容易，但是非干不可。政治体制改革如能在十年内搞成功就很了不起了。领导层年轻化要达到比较理想的状态，恐怕要十年时间。”

集体交接班有着很多人为的主观因素，领导者的慧眼在很大程度上左右着干部的晋升。邓小平于 1987 年 10 月 16 日会见原西德客人，在谈十三大时说：“在有生之年做好后事安排，非常有利。”“比较年轻的人进入政治局常委会，不是五年的安排，而是十年的安排。”这显然是以领导人个人的智慧来安排党的国家领导传承问题。事实上，之后不久，胡耀邦、赵紫阳先后被认为不是总书记的最佳人选，不能成为第三代领导集体的核心，被先后以非正常常方式更换。后来，江泽民成为党的总书记，至党的十四大才真正完成了两代领导集体的集体交接班。

随着党内民主与国家民主政治的发展，最终领导传承将以民主的方式完成，2006年《党政领导干部职务任期暂行规定》的出台，标志着原来“代”的概念将被“届”的概念替代，领导职位的传承必须通过民主法治的途径实现，这意味着机会均等有了可能。尽管目前民主法治的程度还很不够，但领导职位的依法传承已经成为不可阻挡的趋势。

二、干部年轻化使年轻才俊获得机遇

中国的改革开放，给青年干部成长提供了难得的历史机遇。

第一，十一届三中全会以来，我党按照实现干部队伍的革命化、知识化、专业化、年轻化的要求高度重视培养青年干部，使许多青年干部脱颖而出。

1982年中国共产党十二大政治报告中指出：实现干部队伍的革命化、年轻化、知识化、专业化，是党中央早就确定了的方针。在机构改革中，要使许多年事已高的老干部既能解脱第一线工作的繁重负担，又能以他们丰富的领导工作经验在党、国家和社会生活中继续发挥作用；使大批德才兼备、年富力强的中青年干部能够及时选拔到领导岗位上来，在新老合作和交替的过程中得到更多的实际有效的锻炼，并且使各级领导层不断吸收新的活力和智慧，保持旺盛的生机。新老干部的合作和交替问题是关系社会主义事业后继有人的大事，相信全党同志特别是我们的老同志必定会以高度的革命责任心来完成这个历史任务。

1991年在纪念中国共产党建党70周年讲话报告中指出：必须努力培养和造就千百万社会主义事业的接班人。早在19世纪60年代，毛泽东同志就高瞻远瞩，向全党提出了这个战略任务。现在，这个任务比过去任何时候都更加紧迫。今后十年，是我国经济和社会发展的关键时期，也是新老干部交替的关键时期。要认真总结干部工作中的经验教训，进一步改革干部人事制度，悉心听取群众意见，把经过实践考验证明合格的优秀中青年干部及时提拔到领导岗位上来，保证党和国家的各级领导权掌握在忠于马克思主义的人手里。

1992年1月，邓小平强调：“中国要出问题，还是出在共产党内部。对这个问题要清醒，要注意培养人，要按照‘革命化、年轻化、知识化、专业化’的标准，选拔德才兼备的人进班子。我们说党的基本路线要管一百年，要长治久安，就要靠这一条。真正关系到大局的是这个事。”①

---

① 《邓小平文选》第3卷，人民出版社1993年版，第380页。

1992年中国共产党十四大政治报告中指出：要加强领导班子建设，培养社会主义事业接班人。选拔大批优秀年轻干部进入各级领导班子，是当前一项紧迫而又重要的任务。要打破论资排辈、求全责备等陈旧观念，放开视野，拓宽渠道。对青年干部要热情爱护，严格要求。

1997年中国共产党十五大政治报告中指出：培养和选拔大批能够跨世纪担当重任的优秀年轻干部，是一项战略任务，必须抓紧做好。

2002年中国共产党十六大政治报告中指出：建设高素质的领导干部队伍，形成朝气蓬勃、奋发有为的领导层。必须不断培养和造就中国特色社会主义事业的接班人，确保党和人民的事业后继有人。

2007年中国共产党十七大政治报告中指出：要加大培养选拔优秀年轻干部力度，鼓励年轻干部到基层和艰苦地区锻炼成长，提高年轻干部马克思主义理论素养和政治素质。

2012年十八大报告中强调："全党都要关注青年、关心青年、关爱青年，倾听青年心声鼓励青年成长，支持青年创业。"

第二，党内的老干部以对党高度负责的态度、以极大的热忱帮助青年干部尽快成长。

1977年党的十一大政治报告中指出：要好领导班子的整顿和建设，要注意老、中、青三结合。老干部应当以极大的热忱帮助青年、中年干部，支持他们的工作。没有广大的青年、中年干部同老干部一致合作，我们党的事业就会中断。老干部也要自觉地整一整风，给青年干部做个榜样，搞好传帮带，把毛主席建立的党的学说、党的作风真正传下去。1980年邓小平指出，老干部要把选拔和培养中青年干部作为第一位的、庄严的职责。别的工作做不好，固然要做自我批评，这项工作做不好，就要犯历史性的大错误。1981年在纪念中国共产党建党60周年讲话中强调了老同志的责任：在这一项战略任务面前，老同志负有特别重大的使命。提出老同志要亲自动手，同党的组织部门和群众一起选拔培养年轻干部，高高兴兴、满腔热忱地把他们引上各种领导工作岗位的第一线，同时使自己转到比较超脱的地位，避免繁重的日常工作的压力，在重要和长远的问题上发表意见，提出建议。中央殷切希望全党老同志，都能深谋远虑，把培养接班人这个极为重要的历史责任更好地担当起来。

第三，把青年当作"祖国的未来、民族的希望，也是我们党的未来和希望"，高度重视培养青年干部。

"年轻干部是党的事业的生力军和接班人，也是我们党的事业能够朝气蓬勃、长盛不衰的一个重要原因。"全国党建研究会会长虞云耀说，面对当前国际国内的新形势、新任务、新挑战，培养选拔优秀年轻干部的任务显得尤其重要和紧迫。从日益激烈的国际竞争背景来看，培养选拔大批优秀年轻干部，是党和国家事业不断发展、立于不败之地的重要保证；从国内形势和任务来看，培养选拔大批优秀年轻干部，是推动经济社会又好又快发展、实现“十二五”规划各项任务的现实需要。

江泽民同志指出：“青年是社会中最富有活力的部分，是我们事业的希望。青年兴则国家兴，青年强则国家强；青年有希望，未来发展就有希望；民族的希望在创新，创新的希望在青年。”强调了青年的创新特质。

胡锦涛同志指出：“一个有远见的民族，总是把关注的目光投向青年；一个有远见的政党，总是把青年看作推动历史发展和社会前进的重要力量。我们的民族就是这样的民族，我们的党就是这样的党。”他在庆祝中国共产党成立 90 周年大会上的讲话更加明确指出：“回顾我们党 90 年的发展历程，我们有一个共同的感觉，这就是，我们党从成立之日起，就始终代表广大青年、赢得广大青年、依靠广大青年。我们党的创始人之一李大钊说过，为世界进文明，为人类造幸福，以青春之我，创建青春之人类。我们党的创始人，一代又一代中国共产党人，大多数都是从青年时代就满腔热血参加了党，决心为党和人民奋斗终身。我们党的队伍里始终活跃着怀抱崇高理想、充满奋斗激情的青年人，这是我们党历经 90 年风雨而依然保持蓬勃生机的一个重要保证。”

中国共产党着眼于党和国家长远发展，着眼于中国共产党长期执政的需要，重视年轻干部培养，为年轻干部提供了成长、成熟的良好环境。

三、在改革开放中青年干部面临挑战

在改革开放新的条件下，青年干部获得成长的历史性机遇的同时，也面临着许多严峻挑战。

第一，自身的挑战。

在中国，当代青年领导在改革开放和现代化建设的环境中成长，高度认同和追求实现中华民族伟大复兴的共同理想，具有强烈的爱国主义情感，乐于奉献社会，勇于开创新风。他们在市场经济的大潮中奋勇搏击，更加自主自立，更加务实进取，效率意识、竞争意识、创业意识、法制观念普遍增强。他们置身科技进步日新月异的时代，勤奋学习蔚然成风，终身学习的观念不断增强，创新热情和创造活力竞相迸发，在科技创新中的作用越来越大。他们面对经济全球化不断加快和我国对外开放深入发展的趋势，胸怀更加宽广，视野更加开阔，昂首阔步地走向世界和未来。和中老年领导相比，他们更具有时代性的特征。但年轻干部虽然阅历浅、经验少。很多人缺乏基层和艰苦复杂环境的历练，工作经历比较单一；部分青年干部品行和能力素质有缺陷，对国情、民情，对党的奋斗历史和优良传统缺乏深入了解，有的青年干部理想信念不坚定，宗旨意识淡漠，对群众缺乏感情；部分青年领导干部推动科学发展、统揽全局、应急处变和处理复杂矛盾的能力不强，有的经不起权力、地位的考验等。可以肯定，从来没有在基层待过的人，绝对不可能了解基层；从来没有去过艰苦地方的人，绝对不可能真正了解那里的酸甜苦辣；从来没有和普通工人农民一起劳动生活过的人，绝对不可能和群众建立起深厚而牢固的感情。

中央国家机关团工委一直将青年干部成长作为重要的课题研究并开展具有重要探索意义的丰富活动。近些年的“根在基层”活动取得了明显的成效，而百村调研的开展，600多名青年干部接地气、明国情，为青年干部成长成熟创造环境与提供导向。

【案例】

中央国家机关团工委的“百村调研”活动

2011年5月4日，为增进中央国家机关青年干部对国情、民情、社情的了解，增加对基层干部群众的感情，引导青年干部向实践学习、向人民群众学习，在基层锤炼作风、磨练意志、增长才干，促进青年更好地立足岗位创先争优，中央国家机关团工委开展了“百村调研”实践活动。活动历时一个半月，至6月18日，中央国家机关71个部门的633名青年干部组成18个团，分赴全国17个省的36个县100个村，通过与农民同吃同住同劳动的形式展开为期一周的调研。此间共走访农户1512户，完成调研问卷1084份；召开基层干部群众座谈会375次，4522人次参加座谈；访谈基层干部、致富带头人和大学生村官735人，形成访谈实录、工作案例和调研报告1405篇；召开233次主题班会，与6000多名农村孩子进行“成长对话”，并重点访谈了1916名留守儿童。

参加此次活动的600多名青年平均年龄30岁，61%以上拥有硕士、博士学位，绝大部分没有农村生活经历或基层工作经验。许多同志是“生平第一次在城市以外的农村生活，第一次和农民朋友亲密接触，第一次看到农村孩子们朴实单纯的笑脸，第一次体验到干农活时汗如雨下的感觉”。青年们感慨“这是一次坚定信念的寻根之旅，接触地气的补课之旅，净化心灵的感悟之旅”。

驻村期间，实践团员广泛开展政策宣讲、农技指导、项目联络、送医下乡、扶贫帮困、捐资助学，力所能及为农村做实事、办好事。期间，共慰问困难家庭357户，捐款35万元，为贫困地区学校募捐价值113万元的书籍、文具、运动器材、办公用品等各种物资，在19个县与91个困难家庭和孩子进行长期结对帮扶。实践团员把老百姓当亲人的行动和艰苦奋斗的精神，深深感染了基层的干部群众。大家一致认为这次调研是“一周乡村行，一生乡村情”，并表示要把在调研中对农村的了解、认识和思考，以及和村民结下的深厚情谊带到本职工作中去，更好的为基层服务。

本次调研以革命老区和贫困地区为主，在那里，实践团员通过学习河南林县“红旗渠”精神、云南西畴“苦干”精神、新疆建设兵团奉献精神，四川汶川重建涅槃精神，安徽大别山革命精神、陕西延安精神等，对为人民服务，对立足岗位建功立业有了重新认识：人民就是你所在的位置上所能服务、所需服务的那部分人；服务的目的不是升官发财，而是为官一任，造福一方。

第二，社会环境的挑战。

【案例】

备受关注的焦三牛

2012 年，清华大学毕业生焦三牛工作半年被选拔为副县级干部的事件引发强烈社会反响。焦三牛，男，汉族，1989 年 7 月出生，籍贯山西新绛，中共党员，清华大学毕业，大学学历，文学学士。2011 年 7 月参加工作，2011 年 12 月，甘肃省武威市面向全国公开选拔（选聘）县级领导职位人选结束。经市委常委会差额票决，最终确定，年仅 22 岁的清华大学毕业生焦三牛为市外侨办副主任。焦三牛一时成为公众关注的焦点人物。

由于干部选拔任用中存在这样那样的问题，人们有时会习惯性地怀疑一切，这让那些有真才实学、凭能力靠政绩被破格提拔的干部很受伤。不可否认，目前，破格提拔是常态社会的非常规组织工作，难免遭遇种种诟病，同时，也确实有些人存在“羡慕嫉妒恨”的狭隘心理，利用互联网等散播恶意消息，形成对年轻干部选任工作不利的舆论环境。对于组织人事部门来说，在选人用人方面，需要及时向社会公开信息，真诚回答群众质疑，虚心接受人民监督，使组织人事工作经得起时间、实践和人民的检验。对年轻干部来说，需要以正思维看待和对待各种动机的质疑，用突出的政绩和出色的媒体应对与舆论引导能力回应质疑，这样，质疑与监督才会让青年干部更加严格地要求自己，做成事，不出事，规避从政风险。

四、组织培养使青年干部得以茁壮成长

青年干部需要更加集中的培养土壤。在中国，中国共青团就是中国共产党培养青年干部，完成领导传承的重要组织。共青团是青年干部成长的摇篮。

【案例】

团干部中走出来的省委书记

在我国的政治体制中，省委书记的地位和作用的重要性是无须赘言的。2012 年党的十八大召开前，在中国共产党核心领导层中，9 位常委中担任过省委书记的有 8 位，占 88%，25 位政治局委员中，担任过和正担任省委书记的有 18 人，占 72%。因此，研究省委书记群体的成长路径，就显得十分有意义。研究 2012 年 8 月的地方党委领导人（省委书记们）发现，31 个省、自治区、直辖市领导中 20 位曾有过担任共青团干部的经历，其中 7 人曾担任过团中央领导，6 人曾担任过团省委领导，7 人担任过团市委以下级别领导，这彰显了共青团组织为党培养干部的功能。

第一，针对青年过渡性特点，帮扶青年干部。青年是一个人从少年期到中年期的过渡阶段。在这个阶段，从受教育过渡到工作，从出生家庭过渡到自己的家庭，身心依赖到自己独立，青年正处于全面转折阶段。人生处于这个阶段的特点，可以综合概括为“两长”（长身体、长知识），“四最”（最积极、最有生气、最肯学习、最少保守思想），“两缺”（缺知识、缺经验），“五大高峰”（体力高峰、智力高峰、特征行为高峰、社会需求高峰、超常行为高峰），“五大需求”（学习受教育需求、劳动就业需求、生活和健康需求、休息和文化娱乐需求、恋爱和婚姻需求）。带给我们的启示是：青年人是一群过渡性的个体，推动青年健康成长，最主要的任务是帮助他们从不稳定走向稳定，把握方向。

近两年，中央国家机关团工委开展了青年公务员价值观调研。调研显示，中央国家机关青年许多缺乏基层实践锻炼，缺乏对国情、社情、民情的了解，部分青年缺乏工作向前的动力，这是我们不得不关注和应对的问题。当前我国处于社会全面转轨和过渡阶段，在世情、国情、党情发生深刻变化的新形势下，国家机关干部的成长也面临许多前所未有的新情况新问题新挑战，执政考验、改革开放考验、市场经济考验、外部环境考验是长期的、复杂的、严峻的。精神懈怠的危险，能力不足的危险，脱离群众的危险，消极腐败的危险更加尖锐地摆在党的领导干部和政府官员面前。青年的过渡性和社会转型的过渡性交织在一起，青年干部的成长就存在很大的不可知性。因此，要处理好这种过渡性，作为青年干部本人对过渡期的风险要有充分的认识，要规避风险，谋求长远发展。作为青年干部的主管领导和部门，要为青年寻找“校正”支持体系，要创造不拘一格、加强磨练、人才辈出的过渡期支持环境，使他们规避过渡期的风险。

"百村调查"的制度设计恰恰是这种"校正"系统和支持环境。

基于青年干部对深入基层、深入群众有迫切需求，团工委创造条件，开展调研环境，大力度推动机关青年了解实际，以促进制定政策更加切合基层；大力度推动机关青年增强对社情民情国情的了解，以明确未来发展的政府管理之路。这些毫无疑问对青年干部具有重要的校正意义。同时在这个过程中，青年干部们或多或少提升了干部群众工作能力、处理实际问题的能力、应对复杂局面的能力，增长了协调配合、做好群众工作和调查研究方面的才干，这些对他们的能力也是一种校正性的补充。陆昊同志代表团中央书记处对中央国家机关青年干部提出希望，他希望中央国家机关青年干部要做有精神追求、有理想信仰的青年表率，做践行党为人民服务宗旨、对广大人民有朴素感情的青年表率，做把鲜明时代性和厚重历史感结合起来的青年表率，树立正确的成长观，找到正确的成长路径，为国家和民族的发展作出应有的贡献。

第二，结合青年结群性的特点，引导青年干部。青年是社会中最容易结群的年龄体。相比于其他年龄的社会群体，青年的人际交往需求达到高峰，并且他们具有广泛交友的时间和精力。从青年的结群性特征分析，首先，青年在成长过程中，受伙伴群体的影响较大，所属的群体直接影响到青年人的价值选择。其次，由于青年较之其他群体更容易结群，所以一旦一个群体的问题有了广泛的影响，就会成为社会问题，因此各个国家都非常关心青年中群体的发展和变化。一方面，特别关注特殊青年群体的发展问题，积极开展工作去消除和缓解这些问题，保持社会平稳发展；另一方面，把青年群体的力量引导好，使之成为进步的力量，而不是破坏性的力量。

青年干部在群体中成长。一是党政组织群体文化对他们的影响。青年干部每天都在机关中工作学习，接触党政干部，对其组织文化有着深厚的感知，其对组织文化的认可程度，对组织人物的效仿直接影响其发展的方向。二是除了工作部门外，青年干部往往也身处青年组织如团组织、青联等组织中，他们会受到该组织的文化影响，在这个群体中去寻找自身的定位。三是青年干部自己结交的朋友（亲戚、老乡、同学、同事等）也会对其成长带来影响。近墨者黑，近朱者赤，正确择友、谨慎交友是青年干部健康成长的重要课题。

基于以上各规律，组织要为青年干部创造健康向上的主流交友环境，要让青年干部和组织中、身边的优秀党政干部多交友，要让优秀的青年干部多交流，要促进青年干部学会交朋友，交好朋友，交真朋友，多交事业朋友，少交功利朋友。

第三，根据青年选择性特点，帮助青年干部。青年是人生关键时期。选择既是作为个体的青年人格形成和发展的真正灵魂，也是作为社会群体的青年的真正灵魂。一个人在青年期的选择极其特殊。他要进行各种选择，如学业选择、职业选择、政治选择、价值选择、婚姻选择等。最关键的问题是他所进行的选择绝大部分都是人生的第一次选择。第一次选择所学的专业，第一次选择所从事的职业，第一次选择信仰，第一次选择恋爱对象等，而随着第一次的结束，每个人的选择就会越来越少。可以毫不夸张地说：第一次选择决定未来。从这个观点出发，在如此多元化和强调青年主体性的社会中，我们的社会需要帮助青年去作出选择，这也是教育最大的任务，我们的社会需要帮助青年去作出选择，教育是责无旁贷的。要促进青年作出经济的选择、文化的选择、个人价值观念的选择，教育是教会青年学会选择，而不是给青年提供现成的答案。

青年干部的成长也是在选择中发展的，选择岗位，选择在岗位上的工作态度和价值观，选择未来的职业发展路向等。同时他们在工作中的种种利益和诱惑面前要作出正确的选择，如在政府工作中，是选择眼前功利还是根本长远利益，是选择工作动静大小还是工作实效多少等。青年干部成长得好与不好，很大程度上决定于青年干部的这些选择是否经得起时间的检验。在这方面，青年干部个人要提升前瞻力，站得更高，看得更远，做好人生的选择题，方能实现可持续发展；同时，相关组织要创造条件，引导青年干部进行理论学习、实践观察、对比思考等，使得青年干部在选择上更添理性和实践的力量，扎实走好人生的每一步。

第八章　人际关系

人际关系，是现实生活中任何人都无法回避的一个问题。领导者的领导行为，不可能“天马行空、独往独来”，不可能脱离开了所处的环境与人际氛围。离开了领导者和群体成员的人际交往，也就没有领导活动可言。美国钢铁大王卡耐基经过长期研究得出结论：“专业知识在一个人成功中的作用只占15%，而其余的85%则取决于人际关系。”美国石油大王洛克菲勒说：“我愿意付出比天底下得到其他本领更大的代价来获取与人相处的本领。”毋庸置疑，人际关系是领导者不可忽略的基本环境因素。

一、亲人支持，给工作注入无形的推动力

一讲到家，人们就会有一种亲切感、归属感，亲人的支持与信任往往也是人们前进的最大动力所在。常言说，一个成功男人的背后，总是站着一位伟大的“贤内助”。她们为了爱人的事业和声誉，不图名利，甘愿默默无闻地去奉献。事实上，正是“贤妻良母”或“贤夫良父”这种无怨无悔的自我牺牲、甘当绿叶衬红花的精神，领导者才得以毫无后顾之忧、心无旁骛、全身心地投入工作中，促使领导者不断走向成功。

作家周国平曾经用“港湾”和“船”来比喻家：“在人生的航行中，我们需要冒险，也需要休憩，家就是供我们休憩的温暖的港湾。”“对于我们，家又何尝不是一只船？这是一只小小的船，却要载我们穿过多么漫长的岁月。岁月不会倒流，前面永远是陌生的水域，但因为乘在这只熟悉的船上，我们竟不感到陌生。四周时而风平浪静，时而波涛汹涌，但只要这只船是牢固的，一切都化为美丽的风景。人世命运莫测，但有了一个好家，有了命运与共的好伴侣，莫测的命运仿佛也不复可怕。”

【案例】

比尔·盖茨的母亲

世界首富比尔·盖茨在他20岁时签到了第一份合约——跟IBM电脑公司签的。当时，他还是位在读大学生，没有太多的人脉资源。他怎能钓到这么大的“鲸鱼”？可能很多人不知道。原来，比尔·盖茨之所以可

以签到这份合约，中间有一个中介人——比尔·盖茨的母亲。她是 IBM 董事会董事，妈妈介绍儿子认识董事长，这不是很理所当然的事情吗？正是因为母亲的强力支持，比尔·盖茨签到 IBM 这个大单，奠定了他事业成功的第一块基石。

在领导工作中，家人的作用不可小视，父母、爱人、子女等的支持或牵扯会影响到领导者的工作本身，而且呈现出截然不同的两种情况：如果家庭和谐、亲人支持，领导者会所向披靡，没有后顾之忧；而如果家庭成员各怀心思，以领导职权为砝码而行不义，领导者往往会成为家庭成员的傀儡抑或帮凶，甚至被拖入犯罪的深渊。

【案例】

马向东的妻子

前几年，辽宁省沈阳市就出了一个“把丈夫拖向深渊”的妻子章亚飞。干部家庭出身的章亚飞，是沈阳市原常务副市长马向东的妻子，她在工人家庭出身的马向东面前说话向来“很有分量”，很会借着马的权力影响，为自己谋名，为家庭谋利。随着马向东的步步高升，章亚飞晋升很快，成为沈阳医学院副院长兼附属医院院长、教授，还当上了省人大代表和省、市劳模。贪婪的章亚飞纵容马向东收受贿赂，从 1984 年至 1999 年的 16 年中，马向东的受贿所得全都交给了章亚飞。1994 年后，章亚飞开始利用马向东的职务影响独自收受财物，唆使马向东为托请人谋取私利。章亚飞有一个“男人非赌即色”的理论，鼓动马向东赌博。马向东从 1996 年 8 月至 1999 年 2 月，先后 17 次私自到澳门赌博。正是在章亚飞这个贪妻的作用下，马向东成了可耻的腐败分子，于 2001 年 11 月因犯有贪污受贿罪，被依法判处死刑。

被贪妻拖进腐败深渊的也不止马向东一个。海南东方市原市委书记戚火贵临刑前说：“我如果有一个好老婆的话，就不会落到这个地步。很多事情都受到她的影响，我讲她不听。”山东省供销社主任矫智仁的腐败，与他的妻子钟福卿贪婪无度分不开。案发后，矫智仁说：“我戴的手铐，有我的一半，也有钟福卿的一半。”领导干部经不起家人的鼓动与唆使，最终走向了犯罪道路，引人深思。

而清廉的领导背后，往往都有一个“廉内助”，有为父分忧解难的子女，有一个崇廉鄙贪的家。

【案例】

郑培民的家属

湖南省委原副书记郑培民能够成为人民拥戴的廉洁干部，与妻子的支持是分不开的。郑培民的妻子杨力求，是新华书店的一名普通职工，在日常工作和生活中十分注意维护丈夫的形象。她给自己制定了“三不”政策：即不帮人向郑培民带任何信，不传口信，不接受任何礼品。在郑培民的日记中有这样一段话：“今天××同志来家，请我爱人转给我一封推荐信，并送了5000元。力求当即指出，这是送‘错误’给我们，绝对不能收。”这件事充分体现了杨力求是非分明、立场坚定的高尚品格，也反映出了郑培民处理家庭关系的高明之处。

重视家庭，管好家庭，是中华民族的优良传统。在我国历史上，一代又一代的志士仁人不懈地探讨着如何治国、治家的问题，形成了一个充满智慧的结论：“正心、修身、齐家、治国、平天下”。这警示领导者，如果连家都治不好，怎么能谈得上治国、平天下呢？治国必先治家，治好家才能从好政。如何让家庭和谐，让各成员保持良好健康的社会关系，是需要领导要考虑的问题。

作为父母的领导者还必须看到教育、管理子女的问题严重性，增强教育、管理子女的自觉性，要经常教育，严格要求，绝不允许子女有任何特殊，让子女不拖后腿、不制造麻烦，成为自己工作的坚实后援。毛泽东多次讲过清朝“八旗子弟”的深刻教训。为了锻炼子女的能力素质，他要求儿子毛岸英跟劳模学种地、到抗美援朝前线去打仗。周总理则要求侄女到内蒙古插队。这都是严格要求子女的典范。

苏联文学家霍姆斯基说：“父母百依百顺地满足孩子的一切愿望，孩子就会长成为一个随心所欲的人、一个刁钻古怪的角色、一个骑在亲人头上的小霸王。”

【案例】

李嘉廷的儿子、慕绥新的女儿

李嘉廷在检查自己腐败动机时说：“就想在退休之前，利用自己的职权和影响，为子女谋点利。”在这种思想的支配下，他与港商、私企老板进行肮脏交易，为儿子李勃谋取了1810多万元的钱财。沈阳市原市长慕绥新的长女慕某，在深圳闯荡多年，终于明白了“市长爸爸”所拥有的巨大能量，于是回沈阳创办了广告公司。每次到企业拉广告时，她都会大言不惭地说：“我是慕市长的女儿，给你们做个广告，开支票吧。”经理们只得拿出几十万元、几百万元的广告费。在当年的沈阳市，慕某垄断了全市主要大街的灯箱广告。这样的子女，还谈什么为父分忧，整个是为父添祸。

领导者要树立正确的子女观，明确父母对子女的基本责任，明确子女的职责与本分，合理处理好彼此的关系。唐代诗人罗隐有两句赠友诗："国计已推肝胆许，家财不为子孙谋。"民族英雄林则徐曾说："子孙若如我，留钱做什么？贤而多财损其志。子孙不如我，留钱做什么？愚而多财则增其过。"历史上的一些有识之士尚且能够比较正确地对待和处理"国事"与"家事"的关系，作为共产党员和党的领导干部，更应处理好家务事、家庭情，让家庭成为领导者的坚实后盾与保障。

二、朋友相助，有效调集和配置资源

现今社会，人际关系交往已成为人们生活和工作中一项不可或缺的重要内容，而好朋友，如同事业上的阳光、生活中的雨露，会使人生更加美好，事业更加成功，正如歌里所唱"千里难寻是朋友，朋友多了路好走"。爱因斯坦说过："世间最美好的东西，莫过于有几个头脑和心地都很正直的朋友。"唐人张谓诗云："丈夫会应有知己，世上悠悠安足论。"台湾作家余光中说："一个人命里不见得有太太或丈夫，但绝对不能没有朋友；一个人不能选择父母但可以选择朋友。"

一个人结交什么样的朋友固然与客观环境有关，但从根本上说，还取决于他自身的思想意识和行为趋向。对此，中组部部长李源潮在浦东、井冈山、延安干部学院 2009 年秋季开学典礼上的讲话，指出领导干部要把好交友关，谨防交友中的陷阱，严把"社交圈"。要多同普通群众交朋友，多同基层干部交朋友，多同先进模范交朋友，多同专家学者交朋友，见贤思齐，见不贤而自省。

一个人一旦有了"官"位，掌握一定的权力，这样那样的"朋友"就会纷至沓来。稍有不慎，就会迷失方向，以致权为其所用、利为其所谋，结果不仅害了自己，还给党和国家的事业造成巨大损失。从近几年查处的腐败案件看，相当数量的领导者堕落为腐败分子，一个共同特征，就是在走上领导岗位后，因交友不慎而逐渐走入歧途。凡是倒下去的领导干部，他们的社交圈、生活圈，可以说几乎没有一个是干净的。

【案例】

腐败官员的"朋友"

原全国人大副委员长成克杰背后有个周坤；江西省原副省长胡长清

背后有个周雪华；河北省原副省长丛福奎背后有个殷凤珍；中石化原总经理陈同海背后则有个李薇。

云南省个旧市原常务副市长王建国因受贿117万元人民币和1万欧元，被法院一审判处有期徒刑13年，据查其受贿的赃款有94万元是一名“朋友”分多次所送。王建国在“悔过书”中痛悔地写道：“在我犯下不可饶恕的错误中，一个重要的因素就是交友不慎。”

“近朱者赤，近墨者黑”“亲君子，远小人”这些话似是老生常谈，但古往今来都是金玉之言，无不提示领导者交往的基本准则。孔子曰：“益者三友，损者三友。友直，友谅，友多闻，益矣；友便辟，友善柔，友便佞，损矣。”欧阳修曾说过：“君子与君子以同道为朋，小人与小人以同利为朋。”领导者是人民公仆，肩负着人民的重托，要时刻保持清醒头脑，情系百姓冷暖，心系工作事业，要对周围的朋友进行甄别筛选，分清益损，择善而为。多与同事交流接触，听取工作建议；多和工人、农民、知识分子交朋友，听听他们的心里话，真正和人民群众打成一片，做老百姓的知心朋友；警惕个别人从极端私利出发的“感情投资”和形形色色的公关招数，切忌不分良莠，不讲原则，失控失度，滥交朋友，滥用权力。确实做到“结有德之友，绝无义之朋”。

这样，当人民公仆、为人民服务的路才会好走，而且会越走越踏实、越走越光明。

三、上级赏识，获得更多施展才华的机会

对领导者来说，与上级的人际关系协调和谐，就能得到上级多方面的支持和帮助，争取到良好的工作环境和条件。

处理好与上级的关系，一个重要的前提就是必须“读懂上级”，也就是要了解上级。从全局出发谋划局部，不计较局部利益一时一地之得失，在各项工作中，“有所进有所退”“有所为有所不为”。

1. 揽功自夸，领导很生气，后果很严重

【案例】

揽功自夸的小张

某局机关小张写得一手好文章，在单位内堪称“秀才”。但他经常在领导面前卖弄，鼓吹自己的水平，对比自己水平差的人冷嘲热讽。一次，他和领导共同完成了一篇文章，他偏爱邀功，时不时在人前卖弄：“某局

长和我一起发的那篇文章其实全是我写的，他只不过挂个名。”大家听了，只是笑笑，或恭维他几句。后来这话传到了局长耳朵里，局长自然很不高兴，可想而知，在这位领导的手下，小张的仕途前景如何了。

2. 自作聪明，忤逆领导，自毁前程

尊重上级既是领导道德素质的重要表现，也是与上级保持正常和良好关系和维护组织整体利益的需要。作为下级应该懂得，尊重上级，不仅是对领导者个人的尊敬，而且是自己遵守职业道德、顾全大局的表现。自作聪明，忤逆领导，付出代价只是大小和早晚的差别。

【案例】

自作聪明的杨修

三国时，曹操军营主薄杨修，才华横溢，思维敏捷，但由于他恃才傲物，屡犯曹操之忌。有一次，塞北有人送给曹操一盒酥饼，曹操在盒上写下“一合酥”三字放在一边。杨修看见后，便招呼众人把这盒酥分吃了，并解释为“一人一口酥”，话虽有道理，但让曹操怎么下得了台？类似的事还重演了几次，杨修一而再，再而三地在人前卖弄自己的小聪明。终于，在杨修又一次猜到了曹操要退兵的心思便到处散布退兵言论时，被曹操以“扰乱军心”的罪名处死了。

下级无论与上级个人关系如何，自己有什么特殊的经历、背景，都应该注意保持适当的距离，不能大大咧咧，过于随便。特别是在比较正式的公众场合与工作场合，要讲究礼节，更要注意找准位置，维护领导的威信。任何时候都要牢记，领导就是领导，领导可以宣称和下属交朋友，但作为下属，你不可真把领导当朋友。流行多年的“京城十大傻”中，哪个版本都不会少的一条就是“把领导当朋友”，这不是调侃，是官场规则，值得重视。

3. 工作到位但不越位，让领导放心，继而得到领导关心

工作到位有几方面的要求：一是要有很强的事业心、责任感，主动积极地做好工作，而不能被动消极地应付了事；二是对于上级交办的各项工作任务，一旦明确下来，就要有始有终尽职尽力做好，让领导放心；三是对工作目标责任不清，职责权限不明的，要请示请教；四是遇到超出自己职责范围的问题，要及时请示报告，并提出建议，供领导参考；五是对工作进度和问题要定期汇报，以便让领导及时了解情况并给予必要的提示和支持；六是在工作中出现差错和过失时，要勇敢承担责任，不推卸责任，不上交矛盾。

下级工作到位，尽职尽责地完成各项任务，就是以实际行动支持了上级，

为上级领导顺利开展工作奠定了基础，自然会受到上级的欣赏和器重，人际关系自然会趋于和谐。

所谓不越位，是指下级在工作中，要界定好自己的权限。该请示的要主动请示，不要擅自决定自己实际上无权决定的问题；该汇报的要及时汇报，不要有意无意地对上级封锁信息，引起误会、猜忌；不是自己分管的部门、事情不要插手，遵守权力运行规则。在实践中，作为下级领导，要处理好到位与不越位的辩证统一关系，防止由于认识上的片面性在行为上进入误区，影响与上级的关系。

4. 工作补台不拆台，获得领导信赖，得到更大平台

当上级在决策时，下级要帮助上级想得全面周到，要特别注意善于将自己的意见用适当的方式让上级采纳，拾遗补阙，避免出现差错；当上级一旦出现考虑不周到的事情，下级要主动给予提醒，使其减少失误；在执行决策中，下级要密切关注事态变化，为上级及时纠正偏差献计献策；当事态发展恶化时，下级要敢于挺身而出，勇挑重担，提出补救措施补正纠偏，为上级排忧解难，起到“保驾”作用；当上级面临困难时，主动为上级分忧，绝不能袖手旁观，更不能“喝倒彩”“帮倒忙”“拉倒车”。

维护上级威信，既要敢于向上级提意见，又要注意方式方法，一定要以尊重上级、维护上级的威信为前提，既要实事求是，使上级能发现自己的缺点；又要使上级不觉得丢面子，自尊和威信不受损害。这样，上级领导自然会对这些付出给予关注，融洽彼此之间的关系。

四、同级钦佩，工作左右逢源

在同一组织系统内，在职务或职权层次相同的领导之间，虽然在具体工作上可能会有相互交叉的，但由于职务平级，一般来说彼此间难以用权力互相制约和控制，在工作内容上，往往是“你中有我、我中有你”。其次，同级之间没有根本的利害冲突，却客观上存在比较复杂的竞争关系，形成比较、竞争的态势。而且同级之间级别相同，不存在隶属和控制关系，彼此间容易互不服气，产生隔膜。而同级之间关系不协调，会严重影响整个组织的正常运转，这也就要求领导者把握好同级关系的处理。

“没有规矩，不成方圆”。同级相处，应当分清职责，掌握分寸，不争权力，不推责任。同级之间的职责范围、权限界定和工作流程等，一般都是有规章制度可依的，任何人都不能无视纪律，违规活动。认真落实各项规章制度，不仅是正常实施职务活动、提高工作效率的需要，也是与各方面保持良好人际关系的重要保证。在与同级协调的过程中，领导既要熟悉自己工作所

依据的规章制度，又要注意了解对方需要遵循的规章制度。属于别人职权之内的事，绝不干预；属于自己的责任，绝不推卸。特别是要注意那种见好事就争，见难事就推的行为，这是破坏同级间相互协作的腐蚀剂，必须坚决防止和克服。

同级之间既是客观的“合作者”，又是潜在的“竞争者”。同级之间的竞争存在是自然的，也是正常的，这是无法回避与否认的。但应该认识到，合作推动竞争，竞争又有助于更好的合作，这才是领导者要坚持的与平级处理人际关系的正确原则。作为领导者，不能否认竞争、回避竞争，更不必担心竞争、惧怕竞争，关键是要有积极的心态，树立健康的竞争理念。一方面，要依靠自己的不懈努力，创造优异的工作业绩，并以此来不断激励自己；另一方面，竞争中既要自觉地向同级中的强者学习，又要热情地帮助在竞争中暂时落后的同级。合作出生产力，合作出领导力，合作出优秀人才。竞争者之间要努力倡导彼此尊重，互相帮助，相互配合，相互努力，相互学习，达到共同提高和进步的目的，真正实现双赢。

清朝红顶商人胡雪岩可说是深谙此道的变通高手。胡雪岩说：“官场、商场都一样！总而言之，‘同行相妒’。彼此能够不妒，什么事都可以成功！”

在与同级关系中，谦让是很需要大力弘扬的美德，往往矛盾都是在相互的逐利当中产生的，很多领导者自身能力很强，但就是不会谦让，不善于与同级和谐共处，共享胜利果实。其实相互谦让中，让有实力的人、有本事的人去办这个事情，比自己亲自上阵效果要好，而且影响也好，还能唤起对方的感谢和尊重。在自己工作取得成绩时，也不要把功劳记在自己的功劳簿上，要看到其他同事对自己工作的辅助，要尊重他人的劳动，善于与同级共同分享。韩愈说过：“古之君子，其责己也重以周，其待人也轻以约。”这里的“重以周”，就是责备自己总是很重、很周全、很严格；而“轻以约”，就是对别人很宽容，不苛求。这样，别人就能心情舒畅，乐于相处。在发生矛盾时，如果一方首先严于责己，常能感染对方，使其扪心自问：“我做得如何?”从而“忍一时风平浪静，退一步海阔天空”。从某种意义上说，责己既是手段又是策略，常能收到自己责己、对方也责己的效果。只有这样你才能始终赢得同事的关心帮助，人际关系才会和谐顺畅，工作才能取得更大的成绩，从而达到双赢。

【案例】

将　相　和

赵国蔺相如因为和氏璧功劳卓越而被封为“上卿”，可气坏了赵国大将军廉颇。他想：我为赵国拼命打仗，功劳难道不如蔺相如吗？蔺相如光凭一张嘴，有什么了不起的本领，地位比我还高！他越想越不服气，怒气冲冲地说："我要是碰着蔺相如，要当面给他点儿难堪，看他能把我怎么样！"廉颇的这些话传到了蔺相如耳朵里。蔺相如立刻吩咐他手下的人，叫他们以后碰着廉颇手下的人，千万要让着点儿，不要和他们争吵。他自己坐车出门，只要听说廉颇来了，就叫车夫把车子赶到小巷子里，等廉颇过去了再走。蔺相如手下的人受不了这个气，就跟蔺相如说："您的地位比廉将军高，他骂您，您反而躲着他，让着他，他越发不把您放在眼里啦！这么下去，我们可受不了。"蔺相如心平气和地问他们："廉将军跟秦王相比，哪一个厉害呢？"大伙儿说："那当然是秦王厉害。"蔺相如说："对呀！我见了秦王都不怕，难道还怕廉将军吗？要知道，秦国现在不敢来打赵国，就是因为国内文官武将一条心。我们两人好比是两只老虎，两只老虎要是打起架来，不免有一只要受伤，甚至死掉，这就给秦国造成了进攻赵国的好机会。你们想想，国家的事儿要紧，还是私人的面子要紧？"

蔺相如的这番话，后来传到了廉颇的耳朵里。廉颇受到触动，深感惭愧。于是负荆请罪，直奔蔺相如家。蔺相如连忙出来迎接廉颇。廉颇对着蔺相如跪了下来，双手捧着荆条，请蔺相如鞭打自己，说："我这个粗陋卑贱的人，想不到将军宽容我到这样的地步啊！"蔺相如和廉颇从此成就了一段和睦相处、合作共事的政坛佳话。

五、下级信服，配合到位，马到功成

作家王跃文在《我不懂味》一书中曾这样评价官场人际关系："官场自古就有官大一级压死人的说法。等级森严，层层相压，造成了下级对上级的人身依附，所以，与其说官场人际关系是等级关系，不如说是人身依附关系。官场一旦形成等级，是轻易不可逾越的。"此话虽有偏颇，却也耐人寻味。领导者在处理与下级关系时，需要破除等级观念的思想禁锢，恰当处理好彼此之间的关系。

实际上，领导者如果没有下级的支持与配合，纵有天大的本事也会一事无成。取得下级的支持与配合的关键不在于"我是上级、你是下级"，而在于作为上级的领导者是否有驾驭下级的影响力，有无与下级搞好人际关系的协调能力。全心全意为人民服务，是为官从政的唯一宗旨和根本的价值取向。只有坚持这一宗旨，践行这一价值取向，领导者才可能得到广大人民群众的拥护和支持，上级才能真正有效地领导下级、影响群众，构建起和谐的上下级关系。

秉公办事，不仅是领导者应具有的起码的职业道德，而且是有效开展领导活动的必备条件。应该看到，人是有感情的高级动物，人在社会生活中很难不“掺杂”进自己的感情因素，即使最成熟老练的政治领袖也难以克服这一点。

为了避免引起他人不必要的猜疑和误解，避免在工作关系中掺杂进个人私情，坚持平等原则，是成熟领导者应该自觉采取的一条处世良策，也是搞好人际关系的首要前提和重要保证。

领导者与下属职位、工作职责、工作贡献不同，但人格是平等的。领导者在与下属和群众的交往问题上，必须坚持平等待人的原则，这种平等既包括与交往对象在真理面前的平等，也包括与交往对象在人格上的平等。领导行为过程中人与人之间的关系理应是同志式的平等关系。在问题面前，领导者要把自己摆在与交往对象同等的位置上，相互之间平等地商量和讨论，开展批评与自我批评，不唯上，不压下，不搞特权。

坚持平等待人，既是对法律的恪守，也是对交往对象人格的尊重。一个人不管他的地位有多高，职权、成就有多大，对人都应该平等相待，谦逊礼让。然而，在现实生活中，有些人一旦手里有了权，地位变高了，就容易产生“职位距离”，在这些人眼里，地位越高，人格越高贵；地位越低，人格越低贱，与下级关系就变为猫鼠关系。职位高了就自视高明，高高在上，不是平等对人而是以权势压人，下级只能对他说好话，说奉承话，不能批评监督，一旦提了批评意见，动不动就给人颜色看，给人小鞋穿。从人际关系方面来说，这是缺乏平等待人态度的表现，是不正常的人际关系，也是不可能获得真诚拥护和支持的。

平等待人是强化个人魅力的重要途径。对于仕途官场中的领导干部来说，尊重上级相对容易，而尊重下级则比较困难。因为“尊重上级只要形成职业习惯就可以了，而尊重下级则必须修养高尚的人格”。

期望自己的领导能够一视同仁、公正清明，是作为下级的普遍心理取向。在涉及下级诸如晋升、进修、福利等个人比较关心的问题时，领导者尤其要慎重。领导者应该致力于主持制定出科学、可行并为多数人理解、认可的标准和公开透明的工作流程，做到公开透明，阳光运作。做到了这一点，也就是坚持了以人为本的理念，体现了立党为公的根本目的，自然会赢得下级的合作与支持。

对待下级，领导者的宽容会缩小彼此间的距离，激发下属向上的动力。要善于做到硬话软说，内方外圆。表扬人的时候要大庭广众；批评人的时候要尽可能两个人私下里谈，就是俗话讲的“扬善于公庭，规劝于密室”。

信任在领导者与下级关系交往中尤为重要。下级最明显的心理需求是得到领导的信任，领导有眼光，看重自己，下级就会有一种被承认、被肯定的满足感，并感念你的知遇之恩，定当肝脑涂地以报之。

对于下级来说，最好的信任是在工作上大胆任用与支持，在生活上注意关心和帮助。除了要尊重下级的人格外，在工作中，尤其要注意尊重下级的“三权”，即知情权、参与权和分管权，这就需要领导者善于合理授权，掌握和运用好授权艺术。而得不到领导信任的下级则失去了存在感，往往会闹情绪、怠工、找别扭，有时甚至跟领导唱反调。有人曾调侃地说：“最怕被‘头儿’信任，因为他一信任你，你就得为他卖命了。”这话语中流露出的是下级一种被承认的快乐与自豪，试想这样的人际关系怎能会没有正能量呢。

应该指出，良好的人际关系的建立不是一朝一夕的事情，而且这种关系也永远处于不断的发展变化之中。这就需要每位领导者在工作生活中，不断沟通协调，及时解决矛盾、消除障碍，不断创造人际和谐。需要强调的是，和衷共济，事业导向，不断开创工作的新局面，是领导者保持良好人际关系、优化人际环境的出发点和落脚点。如果离开这一根本指导原则去追求所谓“关系”，必然陷入人际关系的误区，影响领导干部的工作和仕途。

下　篇

领导过程

过程规范，结果可以预期。领导者要“关注领导过程以保证好的结果”，或及时发现问题，控制不良后果的危害程度。

第九章　科学决策

决策是领导者的基本职责与任务之一。决策失之毫厘，结果谬以千里。随着现代社会日益发展和领导与管理活动日趋多样化、复杂化，各级领导者所面临的决策任务亦愈艰巨繁难。这就要求领导者必须掌握现代决策的科学理论和方法，遵循决策原则，谙熟决策程序和决策条件，科学运用决策方法，作出科学决策，实现科学领导。

一、认识决策特点：既是科学又是艺术

领导决策，是指领导者在领导活动中，为了解决重大的现实问题，通过采用科学的决策方法和技术，从若干个有价值的方案中选择其中一个最佳方案，并在实施中加以完善和修正，以实现领导目标的活动过程。这是领导者的一项基本职能，正如毛主席曾经讲过的："领导者的责任，归结起来，主要是出主意、用干部两件事。"所谓出主意，指的就是决策。当然，在现实决策过程中，领导者能否作出科学的决策，不仅需要遵循科学的决策程序与方法，还要展现领导者个人高瞻远瞩的判断力与决策艺术，尤其是涉及战略性决策或不确定性决策的时候。

【案例】

温家宝98抗洪指挥若定

1998年，那场百年不遇的特大洪水既考验着中国，也考验着温家宝。他时任国家防汛抗旱总指挥部总指挥，这是1998年抗洪救灾工作的最高决策机构的首脑。在这个不寻常的夏天，长江发生继1954年以来又一次全流域性大洪水，先后出现8次洪峰，宜昌以下360公里江段和洞庭湖、鄱阳湖的水位，长时间超过历史最高纪录，沙市江段曾出现45.22米的高水位。嫩江、松花江发生超历史记录的特大洪水，先后出现3次洪峰。珠江流域的西江和福建闽江也一度发生大洪水。湖北、湖南、江西、安徽、江苏、黑龙江、吉林、内蒙古等省区沿江沿湖的众多城市和广大农村，经济社会发展和人民生命财产安全都受到洪水的严重威胁。处处都在告急！

温家宝在这次最大的洪峰面前的危机决策，很好地诠释了决策科学

与艺术的完美结合。那是令一线抢险军民谈之色变的第 6 号洪峰，以灭顶之势奔腾而来。长江沙市水位再次突破 44.95 米，并且仍在继续上涨。根据水情预报，当日深夜，沙市水位将超过 45 米保证水位线！而这已经超过国务院“钦定”的分洪水位，舆论积极要求炸毁荆江大堤，分洪以保武汉三镇。当时的难以抉择，是因为如果决定炸堤分洪，意味着广达 900 平方公里的公安县将转眼化为泽国，40 万人无家可归，并造成 150 亿人民币的损失。但是，如果不炸堤分洪，万一决口，武汉三镇将遭淹没，损失已非千亿元可计算。温家宝当时快速听取水利专家所掌握的数据和意见，以及分析与讨论后，综合各方面的资料，进行科学分析判断，力排行政系统官员的主张，决定不炸大堤，采用固守大堤方案，并做出了迎战第 6 次洪峰的紧急部署：

第一，长江大堤目前正面临最严峻的考验。军民要上堤，坚决严防死守，特别要加强薄弱地段的防守。第二，加强巡堤查险，昼夜不间断。发现险情，及时处理。第三，备足抢险物料。第四，加强技术指导，科学查险排险。第五，对重大险情特别是溃决性险情，要做好抢险预案和各项准备。第六，要确保人民生命安全，按照计划和部署，及时转移危险地区的群众，安置好他们的生活。

这一夜，长江沙市水位每分钟都在上涨，迅速突破了让人心惊肉跳的 45 米线，一直摸高到 45.22 米。荆江分洪区内的数十万群众全部转移，分洪闸口埋好了炸药，有关领导死守在通往最高指挥部的传真机前，只等国家防总一声分洪令下。这一夜，温家宝总指挥自己也几乎没能放平身子睡觉。17 日早晨七点他又赶到险工险段和水文站，慰问抗洪部队和干部群众，鼓舞军民按照中央号令，严防死守，确保抗洪决战的胜利。17 日洪水渐渐退去。长江流域终于在没有动用荆江分洪区的情况下，咬住牙关度过了这场世纪洪水，显示了温家宝把握大局、决断大势的坚强决心和超人魄力。

温家宝在抗争百年不遇洪水的重任前沉着冷静，英明果断，功不可没。从中我们也可以非常清楚地看出，温家宝决策中听取水利专家所掌握的数据和意见，以及分析与讨论后，综合各方面的资料，进行科学分析判断，这是其科学决策的重要体现，而当时沙市水位将超过 45 米保证水位线，这已经超过国务院“钦定”的分洪水位，万一决口，武汉三镇将遭淹没，损失已非千亿元可计算，这又体现了领导者的魄力与决策艺术。

领导者要实施领导，首先要进行决策，它是领导者完成使命的关键因素之一。领导决策科学与否往往关系事业的兴衰成败。正如其他领导活动过程一样，科学的决策既是一门科学，同时又是一门艺术。

科学决策首先是一个科学过程，必须充分把握决策的各项基本要素。领导决策一般由决策者、决策目标、决策备选方案、决策情势和决策后果五个要素组成。决策者是决策系统的驾驭者和操纵者。决策者的素质、能力、水平如何，直接影响着决策活动的成败。决策目标的确立是科学决策的起点，它为决策指明了方向，为选择行动方案提供了衡量标准，也为决策实施的控制提供了依据。决策备选方案为领导决策提供了选择的客体。对于决策的备选方案，选择的目的是追求优化。对决策备选方案的选择就要进行比较、鉴别，选择出可行性方案。决策情势是指决策面临的决策环境，一个决策是否正确，能否顺利实施，它的影响效果如何，不仅取决于决策者和决策方案，而且直接取决于决策所处的环境和条件。决策后果是指一项决策实施后所产生的效果和影响。一切决策活动的目的，都是为了取得决策的结果。在作出最终决策之前，对每一备选方案的实施后果进行客观、公正的预测和评价，既是保证决策科学化的重要前提，也是方案择优的最终依据之一。

其次，科学决策又在很大程度上依赖于领导者或者领导集体的智慧与经验结晶。实际决策过程中，会存在一些战略决策也称宏观决策或高层决策，这种决策往往是对全局有长远、重大影响的决策。战略决策涉及的范围大、因素多，带有明显的整体性、长期性、稳定性特点，主要表现在路线、方针、政策、规划的制定上。还会存在一些非常规性决策，决策者面临可能出现的自然状态有多种，各种自然状态出现的可能性也无法作出主观的分析和估计。由于事物的不确定性，领导者在决策过程中对其发展条件、影响因素等不能完全控制，只能对发展的可能性进行概率性统计。这些决策如果出现在突发状态下，往往无法按常规程序和方法迅速作出反应。这些决策就需要优秀的领导集体和经验积累，体现出来的更多的是集体的魅力。

真正的科学决策应当实现经验与科学的结合，实现科学与艺术的结合。经验决策是决策者依靠个人的经验、智慧和胆略作出的决策。科学决策是指在现代科学理论和知识的指导下，决策者依靠专家和群众，采用现代科学技术手段所作出的决策。面对日益复杂的决策环境，迫切要求领导者采用现代决策技术手段进行科学决策。因此，应该把经验决策与科学决策结合起来，在科学决策的基础上融入领导艺术，真正实现决策的科学化。

二、坚持决策原则：现实、理性

科学决策是一个从众多方案中择优的过程。方案众多，从中选择最优决策方案，并不是轻而易举、一帆风顺的。对于一些重大的战略性决策，需要静下心来找规律、慎决策，运筹帷幄决胜千里；对于一些战术性决策，则应该注重效率，确保组织的有序运转，当断不断、反受其乱。这就要求领导者在决策过程中把握一些核心原则，从而实现科学决策。

首先，要坚持满意原则而不是最优原则。我们很容易在决策的方案择优中固守对最优方案的追求，而这种最优方案的追求往往无法在必要时作出及时的科学的决策。

【案例】

布里丹效应

丹麦一个作家叫布里丹，他曾经写过一个故事。他说有一头驴子肚子饿得咕咕叫，到野外去找草吃，左边有一堆草，挺好的，但它犹豫了，觉得没有右边那一堆草颜色好。于是驴子跑到右边那一堆草去，它又不吃，又犹豫了，觉得右边的草虽然颜色好，可是品种没有左边的好。它又跑到左边去。一会儿颜色、一会儿味道、一会儿品种、一会儿新鲜度，数量、质量选择的标准很多，表面上看，思维空间挺大的，但致命的缺点在于没有排序，无法选择，最后它饿死在往返两堆草的途中。这种现象，被诺贝尔奖金获得者西蒙称为布里丹选择，也成为后人引以借鉴的一条教训。

在很多的情况下，存在多种有价值的方案，标准的确定更多取决于选择者，考虑几个方案中哪一个最有助于满足当前最强烈的需要。针对的问题不同，选择的标准和依据就不同。无论是怎样的选择，都不会是最佳、最优的选择。这就要求领导者具有快速、灵活的思维品质，善于在极短的时间内作出反应，在已有知识、经验基础上，以“有限理性”求得“满意”结果，提出解决问题的方案，而不是所谓的“最优方案”。坚持“最优方案”往往就容易变成“最慢方案”或“最乱方案”。

其次，坚持实事求是，而非主观臆断。坚持实事求是，一切从实际出发，按照客观规律决策。只有以经得起客观检验的事实作为政策的基础和依据，才能正确地决策。只有了解下情，充分搜集和掌握各方面的意见和真实的材料，才能作出好的决策。

邓小平一贯坚定地坚持“实事求是”的原则，并把它作为自己决策思想的基石。他曾指出：“实事求是，是无产阶级世界观的基础，是马克思主义的思想基础。过去我们搞革命所取得的一切胜利，是靠实事求是；现在我们要实现四个现代化，同样要靠实事求是。”邓小平在 1992 年南巡时说：“我读的书并不多，就是一条，相信毛主席的实事求是。过去，我们打仗靠这个，现在搞建设、搞改革也靠这个。”实践也表明，邓小平无论是改革还是建设方面的决策无一不是以“实事求是”为理论前提和基础的。

坚持实事求是，要求领导者在决策时，必须以现实的国情、省情、县情或本单位的实际情况为依据，把中央的政策、上级的指示同本单位的实际情况结合起来，具体问题具体分析，拿出解决某一问题的正确解决办法。决策中一定要充分考虑可行性问题，任何一项决策都是为了实施，要保证决策的可行性，必须分析现有的人力、物力、财力、科学技术水平等主客观条件，分析事物发展过程中可能发生的各种变化，分析决策实施后产生的各种影响，经过慎重地全面地科学地论证、审定、评估，作出可行性分析，在此基础上作出的决策才是科学的。

第三，坚持前瞻预测与系统性原则。决策正确与否，往往取决于对未来后果所作预测的正确程度，如果不知道行动后果，常常造成决策的失误。有些决策对未来的影响，不是短期内就能看清楚的，一旦发现要加以改正时，已经为时太晚，铸成大错。

【案例】

广州的“免费门”

2010年广州亚运会前夕，广州市政府宣布，在亚运会及亚残运会机动车单双号限行的46天里（11月1日至29日、12月5日至21日），剔除13个双休日和3天新增假期后的30个工作日里，全市所有公交、地铁、水巴可免费搭乘。无论是本地人还是外地人，不需要刷卡或投币，也不需要出示任何身份证明，即可免费乘车。作为“亚运惠民项目”的十大措施之一的免费公交本是一件皆大欢喜的事，也成为广州市政府提供公共服务的亮点。

然而，遗憾的是，经过一周的检验，好心好意的献礼却弄巧成拙。从8日起广州市交委不得不取消亚运公共交通全民免费措施，改为发放交通补贴。普通市民搭乘公交地铁将不再免费，须刷卡或投币买票乘车。

“免费搭乘公交地铁”惠民政策的“短命”，充分暴露出政府在推出公共福利政策时，对有关情况调查研究不够，对免费公交政策的后果评估严重不足，政策的前瞻性和系统性考虑不周的问题。广州地铁的正常负荷量在建设之初当有所设计，地铁公司预计30个免费乘车的平均日客流将达到550万人次，而免费后地铁实际日客流量近800万人次，一周来启动三级客流控制高达144次，地铁一直超负荷运行，远远超出地铁的运输能力。交通部门有没有对免费公交政策可能导致的客流高峰作出预判，我们不得而知。但是，如果建立模型进行估算，发现地铁不能承受之重，便可以对政策进行修订，避免现在不堪重负的困局，此次“免费门”，只看到了良好的用心，而不见科学决策的痕迹。限行了私家车又以免费鼓励乘公交出行，加之亚运会城市热点的带动，地铁客流将骤增是一个常识性的判断。

科学而合理的政策评估的缺位是戳向公共决策的一根骨刺，让人痛彻心扉。在决策过程中，要进行科学预测，为决策提供科学依据。任何事物都是相互联系的复杂系统。如果孤立、静止、片面地看待事物，而不能系统、全面地去认识和把握事物，肯定会造成决策失误，因此，领导者决策还必须做到系统全面、严谨规范，这也是科学民主决策的重要原则。

此外，科学决策原则还包含了民主集中制原则等。在决策中要充分发挥人民群众的积极性和创造性，把民主基础上的集中和集中指导下的民主有机结合起来，在深入调研、科学论证的基础上，经过集体讨论后作出决策，这些都是领导科学决策过程中必须坚持和遵循的。

三、完善决策机制：民主、法治

现实决策过程中，有些领导者的决策带有浓厚的个人色彩，仅凭个人的兴趣、好恶、意志成为决策的主导力量，非理性因素占据主导地位，缺乏对决策内容的区分，使得决策过于随意和盲目，导致“领导决策，组织买单”现象。因此，除了前面论述的决策要遵循科学原则与机制外，决策还必须实现民主化与法治化机制。

决策的民主与法治是决策正确的根本保证。党的十六届四中全会通过的《中共中央关于加强党的执政能力建设的决定》提出，要完善重大决策的规则和程序，通过多种渠道和形式广泛集中民智，使决策真正建立在科学、民主的基础之上。对涉及经济社会发展全局的重大事项，要广泛征询意见，充分进行协商和协调；对专业性、技术性较强的重大事项，要认真进行专家论证、技术咨询、决策评估；对同群众利益密切相关的重大事项，要实行公示、听证等制度，扩大人民群众的参与度。有组织地广泛联系专家学者，建立多种形式的决策咨询机制和信息支持系统。

【案例】

三峡工程决策

新中国成立后，经过1954年的长江洪水，国务院决定开展长江流域规划和三峡工程的研究，并聘请苏联专家帮助工作。在研究过程中，就出现分歧。1958 年 2 月，周恩来总理率有关领导和中外专家，进行实地查勘和讨论。他在充分听取各种不同意见后，认为应开展全面研究。当年 3 月，中共成都会议根据周总理的报告，通过《关于三峡水利枢纽和长江流域规划的意见》，并决定成立长江流域规划办公室（简称长办）。以后长办提出三峡工程初步设计重点报告，建议蓄水位 200 米，除解决中下游防洪外，水电装机容量 2500 万 kw。由于工程规模太大，移民太多，又因黄河三门峡工程 1960 年建成后水库严重淤积，以后又考虑大水库的防空问题，使三峡工程的建设问题长期不能决定。

20 世纪 70 年代初，决定先上与三峡工程配套的下游航运梯级——葛洲坝水利枢纽，解决华中地区的缺电问题，也为三峡工程做实战准备。葛洲坝工程建成后，长办于 1983 年提出三峡可行性报告，建议蓄水位降为 150 米，主要任务为发电。1984 年，国务院组织审查后，原则批准可行性报告，并将坝顶高程提高到 170 米，为防洪留有余地。1984 年 9 月，重庆市人民政府报告国务院，要求将三峡蓄水位提高到 180 米，使万吨级船队能直达重庆。国务院委托国家计委、科委进一步组织论证水位。在此期间，全国政协经济建设组提出报告，反对修建三峡工程。1985 年和 1986 年“两会”期间，人大和政协都有反对修建的呼声。1986 年两会以后，国务院领导率领国务院有关部门和四川、湖北两省领导，实地视察并听取各种意见。同年 6 月，中共中央、国务院发出《关于长江三峡工程论证有关问题的通知》，决定责成水利电力部负责重新论证，并撤销三峡省筹备组，成立国务院三峡地区经济开发办公室。水利电力部组织了论证领导小组，为了与国内论证相互验证，经国务院批准，水利电力部又委托世界银行和加拿大咨询公司，与国内平行进行三峡工程的可行性研究。

经过三年工作，1989 年 9 月，论证领导小组向国务院上报三峡工程重新论证的可行性报告，建议采取“一级开发，一次建成，分期蓄水，连续移民”的方案，尽早兴建三峡工程。同时，也上报了国外的论证报告。与国外报告结论相比：国外建议蓄水位为 160 米，国内为 175 米，坝顶高程都是 185 米；国外建议遇非常洪水时，临时超额蓄洪到 160 米以上，国内建议提高正常蓄水位以照顾非常洪水的防洪要求；相应发电装机容量，国外为 1675 万 kW，国内为 1768 万 kW，单机容量，国外为 76.1 万 kW，国内为 68 万 kW；相应航运效益，国外不保证重庆的通航要求，不设升船机；环境与经济评价，国外和国内都是肯定的。

1990 年 12 月到 1991 年 8 月，国务院三峡工程审查委员会审查通过三峡工程的可行性报告，并报经中共中央、国务院批准。1992 年 4 月 3 日，在七届人大五次全体大会的无记名投票中，以超过 2/3 的多数通过了国务院提出的《关于兴建长江三峡工程决议》。

可以看出，三峡工程的建设遵循了民主法治的决策程序。特别值得指出的是，在几十年不同意见的争论中，都严格定性在学术和业务的范畴，在历次政治运动中，都没有人因为反对建三峡工程而受到过打击。

改革和完善决策机制是推进决策科学化、民主化、法治化的重要保证。改革和完善决策机制，应做好以下几个方面工作：

（1）建立调查研究制度。实践证明，调查研究是正确决策的前提，是领导者的谋事之基、成事之道。江泽民同志指出："各种问题的解决都取决于正确的决策，而正确的决策来源于对客观实际的周密调查研究。……没有调查就没有发言权，没有调查就更没有决策权。"这就要求各级领导干部都要经常深入基层，深入群众，进行广泛的调查研究，充分听取广大党员、群众和各级组织的意见，集思广益。

（2）提高决策透明度，逐步公开重大决策过程。要建立决策项目的预告制度和重大事项社会公示制度。凡属重大问题的决策都应力求组织广大党员群众讨论，充分听取各种意见。要建立在社会各阶层广泛参与基础上的公开听证制度，凡涉及公民、法人或其他组织切身利益的重大调整、需要决策的重大项目要提前向社会公告，让人民直接参与管理国家事务。对涉及经济发展和群众利益的重大问题，在全社会和党内开展形式多样的讨论，激发党员、群众参政议政的热情，保证决策的科学化、民主化。

（3）建立健全决策的民主程序，保证决策层每个成员享有同等的发言权、决定权。集体决策的长处在于集思广益，提高决策优化的概率，不出或少出纰漏，同时也防止个人专断。严格遵守"集体领导、民主集中、个别酝酿、会议决定"的议事和决策制度，通过民主程序决定重大事项，保证决策层的每一个成员享有同等的发言权、决定权。凡属重大决策、重要干部任免、重要建设项目安排和大额度资金的使用等，都要经过领导集体内部充分讨论才能作出决策，有的还要经专家和研究机构充分论证、广泛征求意见。在决策过程中必须严格执行平等讨论和少数服从多数的原则，要特别注意倾听和尊重少数人的意见。

（4）完善决策的议事规则和程序，防止决策的随意性。要实行决策前的论证制、决策中的票决制和决策后的责任制。各种决策的出台应有明确的程序，并要把体现决策中民主化程度的有关程序用制度的形式固定下来，以改变由领导人凭经验拍脑袋决策的决策方法。建立把科学论证作为必经环节的决策程序，防止决策的随意性。要明确规定决策系统和其他系统的权力与责任，做到权力与责任相统一。决策职能与执行职能要相对分离。决策失误必须承担相应的法律或政治责任。

(5) 建立科学的咨询参谋系统，充分发挥专家和研究咨询机构的作用。要多听取专家学者的意见，注意建立多层次、多学科的智囊网络，切实发挥不受部门利益影响的综合研究部门的作用，充实和加强研究机构和咨询机构，使它们真正成为为各级党委和政府决策服务的“智库”。

四、规范决策程序：科学、合理

现代决策的环境和条件已经超出了领导者个人的能力和过往经验的范围。因此，要实现决策的核心目标，就必须防止决策的随意性，要切实把握决策中的关键节点，明确决策目标，对决策方案进行系统评估，从而谋取决策结果的优化。科学、合理的决策程序能够很好地保障决策结果的优化和决策目标的实现。韩国三星 1996 年的“设计革命年”活动就很好地诠释了这个道理。

【案例】

三星的“设计革命年”

1996 年夏天，三星在韩国之外几乎无人知晓。从设计上看，其产品无非是对强势品牌的拙劣模仿，除了价格优势则乏善可陈。

1996 年元旦，李健熙在新年致辞中宣布把当年定为三星的“设计革命年”，启动多项设计项目来推动三星的增长。作出这一决定，主要是三星在管理决策过程经过了一个充分的决策程序论证。具体而言主要有：

(1) 诊断问题。三星品牌少有顾客问津，货架上的产品已经落满灰尘，三星在西方市场只被视为廉价的二流产品。

(2) 明确目标。三星野心勃勃，立志要成为全球前五强。

(3) 拟订方案。李健熙将三星的战略核心定义为设计，他认为出色的设计将是促使三星跻身世界一流品牌的一剂猛药。

(4) 筛选方案。确立了新战略之后，三星特别邀请日本设计大师福田民郎对其品牌定位、生产过程及产品进行考察，其结论证实了李健熙的想法——设计才是三星成功的关键。

(5) 执行方案。三星在确立了目标和筛选好方案之后，管理者即董事长李健熙设法将执行方案所需的足够数量和种类的资源调动起来，并注意不同种类资源的互相搭配，以保证方案的顺利执行。鼓励员工一起努力，并认真给员工灌输要进行“设计创新”的重要性，带领员工一起提早上班以彰显决心。给员工支持的同时，还充分调动他们的积极性，保证责权利三者的有效结合，确保方案朝着管理者所期望的路线演进。三星创办了自己的设计学院“创新设计实验室”（IDS），由美国设计师 Gordon Bruce 和 James Miho 主管，为公司培养适应全球化需要的设计人才。还通过在东京、旧金山和伦敦成立设计中心来打造全球设计网络。

（6）评估效果。三星成立了专门组织，负责定期对全公司的资产进行监督和评估，也包括对各项活动执行情况的评估与反馈。

通过这一系列活动，到了 2007 年，在 Interband 和《商业周刊》共同评选的全球百强品牌中三星超过对手索尼（26 位）、摩托罗拉（69 位）和 LG 电子（94 位），排名第 20 位，跻身世界一流品牌的行列。

科学决策的程序是将决策的全过程，依据一定的顺序划分成若干阶段。主要包括以下四个阶段。

1. 发现问题，确定目标

提出问题，确定目标是整个决策过程的基础，是科学决策的前提。决策是为了解决问题而准备采取的行动，作出的决定。问题是决策的逻辑起点。只有找准了问题和问题发生的原因，才能有针对性地确定决策目标，提出解决问题、实现决策目标的措施或办法。目标是指在一定的环境条件下，在预测的基础上所希望达到的结果。在发现问题的基础上确定目标是决策的一个重要环节，它为决策指出了方向，使组织内部人员的思想保持一致，为选择方案提供了衡量标准。确定目标，要注意目标的正确性，目标的明确性，目标的协调性，目标的适度性。

2. 拟定方案，充分论证

制定决策方案就是寻找实现决策目标的手段，因此，制定可供选择的各种方案，是决策的关键步骤。决策中十分强调拟定多种备选方案，备选方案越多，可供选择的余地就越大，决策就越科学。在制定方案阶段，决策者要发扬民主作风，集思广益，博采众长，充分发挥各方面人员，从各方面寻求通往目标的正确途径，制定出多种可供选择的方案。备选方案应该具有独立性，体现差别，以利于择优选择。制定方案的过程包含了论证，为决策慎重起见，在方案制定出来以后，有必要对方案进行专门的充分的综合论证。论证步骤主要有：价值论证，可行性论证，应变论证。

3. 分析评估，方案择优

方案的分析评估和方案择优是决策全过程的关键。方案评估是方案择优的前提，方案择优是方案评估的结果。分析评估即采用一定的方式、方法，对已经拟定的可行方案进行效益、危害、敏感度及风险度等方面的分析评估，以进一步认识各方案的利弊及其可行性。分析评估过程包括两个步骤：一是对备选方案的可行性和可能结果进行深入细致的分析；二是在分析的基础上，基于评价标准对各备选方案的优劣程度作出评判。方案评估的任务主要由智囊团来承担。方案择优的过程就是决策者“拍板定案”的过程，方案的择优必须由决策者亲自完成。在方案择优的过程中，决策者应坚持以下标准：一是能够实现决策目标，总体相对最优；二是付出的代价尽可能小，获得的效益尽可能大；三是承担的风险尽可能小；四是实施后产生的副作用尽可能小，还要注意把握好方案的利弊得失。总体来说应是两害相权取其轻，两利相权取其重。

4. 慎重实施，反馈调节

决策实施过程本身是对决策方案正确与否的检验。决策的实施是实现目标的一个关键阶段，为此，要抓好以下几个环节：

一是要试点检验。当方案选定后，先进行局部试验，以验证其可靠性。同时，通过局部试验，也可以发现事先没有估计到的新问题、新情况，及时地在规模实施方案之前，对原定的决策方案进行修正。

二是要制定实施计划。经过试验证实后，就进入全面实施阶段，这就要有实施的计划。这一计划应由决策机关责成有关部门，吸收有关专家和具体工作人员共同制定。制定计划的总要求是把决策具体化，做到周密、细致、具体、灵活。计划一旦制定就要由决策机关向执行机构下达，通过各方面的工作，把实施计划变为广大群众的自觉行动。

三是反馈调节。领导决策是一个动态过程，由于现代决策的复杂性，决策者个人认识能力的局限性，使得已经作出的决策不符合或不完全符合客观实际的情况是经常发生的，这就要求决策者在进入决策实施阶段之后，必须注意追踪和监测实施的情况，根据反馈的情况对决策不断地进行调节。应该建立一种灵活有效的反馈机制；重视反馈调节中的追踪决策。

五、改进决策方法：综合、全面

领导决策贯穿于领导活动的全过程，并将最终决定组织生存与发展的状态，但同时领导决策也充满风险和误区。决策环境具有不确定性，决策者过于关注自己决策的信息、过分相信自己的直观感觉容易陷入决策误区。随着自然科学与社会科学在方法与技术上的不断融合，人类在漫长的领导实践中，已经积累了许多有效的决策方法。领导者是否选择恰当的决策方法，不仅决定着决策质量的高低，而且影响着决策执行的效果。可以说，决策方法保证着决策科学。

从现代决策发展的趋势而言，科学的决策往往需要定量方法与定性方法的有机结合。现代领导决策方法非常丰富，本文主要选择几个主要方法进行简要阐述。

1. 头脑风暴法

头脑风暴法的主要特征就是会议参与者无拘无束、自由奔放地思考问题，随心所欲地发表自己的意见。通过与会者群体决策和相互交流与启发，发生思维碰撞，各抒己见，让潜在问题凸显出来，由与会者“自由”提出尽可能多的方案。

【案例】

直升机扇雪诞生记

有一年，美国北方格外严寒，大雪纷飞，电线上积满冰雪，大跨度的电线常被积雪压断，严重影响通信。过去，许多人试图解决这一问题，但都未能如愿以偿。后来，电信公司经理应用奥斯本发明的头脑风暴法，尝试解决这一难题。他召开了一种能让头脑卷起风暴的座谈会，参加会议的是不同专业的技术人员，要求他们必须遵守以下原则：

第一，自由思考。即要求与会者尽可能解放思想，无拘无束地思考问题并畅所欲言，不必顾虑自己的想法或说法是否“离经叛道”或“荒唐可笑”。

第二，延迟评判。即要求与会者在会上不要对他人的设想评头论足，不要发表“这主意好极了”“这种想法太离谱了”之类的“捧杀句”或“扼杀句”。至于对设想的评判，留在会后组织专人考虑。

第三，以量求质。即鼓励与会者尽可能多而广地提出设想，以大量的设想来保证质量较高的设想的存在。

第四，结合改善。即鼓励与会者积极进行智力互补，在增加自己提出设想的同时，注意思考如何把两个或更多的设想结合成另一个更完善的设想。

按照这种会议规则，大家七嘴八舌地议论开来。有人提出设计一种专用的电线清雪机；有人想到用电热来化解冰雪；也有人建议用振荡技术来清除积雪；还有人提出能否带上几把大扫帚，乘坐直升机去扫电线上的积雪。对于这种“坐飞机扫雪”的设想，大家心里尽管觉得滑稽可笑，但在会上也无人提出批评。相反，有一工程师在百思不得其解时，听到用飞机扫雪的想法后，大脑突然受到冲击，一种简单可行且高效率的清雪方法冒了出来。他想，每当大雪过后，出动直升机沿积雪严重的电线飞行，依靠高速旋转的螺旋桨即可将电线上的积雪迅速扇落。他马上提出“用直升机扇雪”的新设想，顿时又引起其他与会者的联想，有关用飞机除雪的主意一下子又多了七八条。不到一小时，与会的 10 名技术人员共提出 90 多条新设想。

会后，公司组织专家对设想进行分类论证。专家们认为设计专用清雪机，采用电热或电磁振荡等方法清除电线上的积雪，在技术上虽然可行，但研制费用大，周期长，一时难以见效。那种因“坐飞机扫雪”激发出来的几种设想，倒是一种大胆的新方案，如果可行，将是一种既简单又高效的好办法。经过现场试验，发现用直升机扇雪真能奏效，一个久悬未决的难题，终于在头脑风暴会中得到了巧妙的解决。

2. 德尔菲法

德尔菲法又名专家意见法，是依据系统的程序，采用匿名发表意见的方式，即团队成员之间不得互相讨论，不发生横向联系，只能与调查人员保持联系，以反复的填写问卷，以集结问卷填写人的共识及搜集各方意见，可用来构造团队沟通流程，应对复杂任务难题的管理技术。在领导决策中，容易出现从众行为下的决策盲区，也容易出现“一把手说一不二，二把手说二不一，三把手只说话不表态，四、五、六把手只听不说”的群体困境，这严重影响了决策的科学性，采用德尔菲法可以很好地克服这一问题。

【案例】

测出某书销售量

某书刊经销商采用德尔菲法对某一专著销售量进行预测。该经销商首先选择若干书店经理、书评家、读者、编审、销售代表和海外公司经理组成专家小组。将该专著和一些相应的背景材料发给各位专家，要求大家给出该专著最低销售量、最可能销售量和最高销售量三个数字，同时说明自己作出判断的主要理由。将专家们的意见收集起来，归纳整理后返回给各位专家，然后要求专家们参考他人的意见对自己的预测重新考虑。专家们完成第一次预测并得到第一次预测的汇总结果以后，除书店经理 B 外，其他专家在第二次预测中都做了不同程度的修正。重复进行，在第三次预测中，大多数专家又一次修改了自己的看法。第四次预测时，所有专家都不再修改自己的意见。因此，专家意见收集过程在第四次以后停止。最终预测结果为最低销售量 26 万册，最高销售量 60 万册，最可能销售量 46 万册。

德尔菲法的优点在于能够充分发挥专家的专业特长，集思广益，取众人之长。匿名调查的方法能够很好地打消专家的顾虑，使之不受权威的干扰或者避免伤人颜面，客观地发表自己对某些观点的看法。另外，该方法还注重对专家的意见进行综合、整理和归纳，再次匿名反馈给相关专家，如此反复征询，最终形成专家一致的看法并提出建议供决策者参考。

3. 名义小组法

在集体决策中，如果大家对问题性质的了解程度有很大差异，或彼此的意见有较大分歧，直接开会讨论效果并不好，可能争执不下，也可能权威人士发言后大家随声附和。这时，可以采取“名义小组法”。管理者先选择一些对要解决的问题有研究或有经验的人作为小组成员，并向他们提供与决策问题相关的信息。小组成员各自先不通气，独立地思考，提出决策建议，并尽可能详细地将自己提出的备选方案写成文字资料。然后召集会议，让小组成员陈述自己的方案。在此基础上，小组成员对全部备选方案投票，产生大家最赞同的方案，并形成对其他方案的意见，提交管理者作为决策参考。

4. SWOT 分析法

要想作出更好的决策，必须学会在结果面前退一步，认真考虑一下决策的质量，并从中学习。如果决策没有达到预期的效果，那么给失误留有余地能让你活下来。在考虑决策时，先问一下自己哪些环节可能会出差错。你有什么应对措施吗？你考虑过各种可能的方案吗？怎样才能给失误留有回旋的余地呢？SWOT 分析法考虑了现有环境中决策主体的优势、劣势、机会和威胁。优势分析告诉我们在作出某项重大的决定时，需要注意哪些是优点？你的特长在哪里？你擅长些什么？什么是这个组织或部门最出色的地方？劣势分析则告诉我们分析竞争对手哪些方面做得比你好，考虑决策中的风险。直面那些令你不愉快的人和事。机会分析揭示了决策方案变成现实的各种可能。威胁分析提示要提前考虑到可能发生的意外事件，做好应变计划。

5. 系统工程方法

系统工程方法是一门基本的决策技术。它把所要处理的问题和情况加以分门别类，确定边界，又强调把握各门类之间和各门类内部诸要素之间的内在联系和完整性、整体性，否定片面和静止的方法。在此基础上，它没有遗漏而有区别地针对主要问题、主要情况和全过程，运用有效工具进行全面的分析和处理。

科学决策需要非常丰富的决策方法，以上主要简要介绍了一些核心的原则方法。各级领导干部在决策过程中不能忽视决策方法的学习与应用，从而更好地提高决策的水平与质量，真正实现科学决策。

第十章　合理授权

如果让领导者用一个字形容他们的工作，一些人会选择“忙”：时间总是不够用，工作总是做不完。另一些人也许会选择“累”：工作繁重，经常加班，身心疲惫，休息总是一件无法享受的“奢侈品”。岁月如梭，“忙”和“累”也贯穿了很多领导者的职业生涯。真正静下心来认真思考后发现，“忙”和“累”与是否合理授权呈负相关。现实告诉我们，领导者即使素质再高，能力再强，方法再多，精力再充沛，也不可能把所有的事情都“扛在自己的肩上”；“诸葛悲剧”应引起每一名领导者的深刻反思。作为一名领导者，应该“鞠躬尽瘁”，但要坚决防止“事必躬亲”。领导者研究授权、善于授权是大势所趋。你不会授权，你将不会被授权。

一、提高授权意识：一举三得，何乐不为

授权就是“委托他人做某件事情”。指上级给予下属一定的权力，使下属在上级的某种监督下，对所从事工作具有一定的自主权。任何领导活动，离开人都不可能开展。而让人去执行任务，就不可避免的要授权。

【案例】

政事无巨细，亮皆专之

在中国历史上，诸葛亮占据了重要地位。可以说是无人不知，无人不晓。他是智慧的化身，从隆中对策开始，一个又一个传奇故事发生在他的身上，草船借箭、三气周瑜、七擒孟获……许多故事至今仍是脍炙人口；他是治国的高手，身体力行，“赏罚必信，无恶不惩，无善不显”，让蜀国实现了真正的国泰民安；他是敬业的典范，永安托孤以后，更是把“鞠躬尽瘁，死而后已”这八个字体现得淋漓尽致；他是领导者的偶像，许多人都在用诸葛亮的一切激励着自己……

谈到诸葛亮，我们每个人似乎有诉说不尽的赞美与崇敬。

但是，作为一名领导者，在敬佩的同时，在发出“出师未捷身先死，长使英雄泪满襟”这样的感叹的同时，是不是也应该用理性的眼光重新审视诸葛亮的某些所作所为？如果从授权的角度分析，我们又会有什么

发现呢?

很显然,诸葛亮不善于授权。在历史资料中,相关记载很多,最具代表性的描述是下面两段话:

及备殂没,嗣子幼弱,事无巨细,亮皆专之。

——《三国志》

诸葛公夙兴夜寐,罚二十以上,皆亲揽焉。

——《魏氏春秋》

如果要用四个字来总结诸葛亮的这些做法,“事必躬亲”是再恰当不过了。如果说诸葛亮陷入了事务主义,是事务领导,恐怕会伤了很多“诸葛粉丝”的心,但这是一个不可否认的事实。

领导者合理授权的意义可以从多个角度来分析。

1. 自己角度

只有进行合理授权,领导者才能实现领导目标。不同层次的领导者,领导目标不同。较低层次的领导目标的实现决定着较高层次的领导目标的实现。领导者将自己领导岗位的目标进行分解,让下属分担,并将部分权力授予下属,才能做到“分身有术”,腾出更多的时间来从宏观上把握问题实质,提高增强领导活动的预见性与准确性。毛泽东曾经说过:“任何一级的首长,应当把自己注意力的重心,放在那些对于他所指挥的全局来说最重要最有决定意义的问题或动作上,而不应当放在其他的问题或动作上。”① 这要求各级领导者要有全局观念,要把握重点问题。很显然,合理授权是实现这个目标的重要途径。

2. 下属角度

只有进行合理授权,下属能力才能得到检验和提高。实践犹如铸剑过程中的淬火工序,是人才成长过程中优势积累不可或缺、产生质变的关键性环节。只有在战场上,才会走出真正的将军;也只有在实践锻炼中,才会诞生真正的人才。合理授权,可以充分调动下属的积极性、主动性和创造性,使领导者意图最大限度地为下属所接受、所实践。

善于授权的领导者能够营造一种奋发向上的氛围,这种氛围能够使下属从理智上和情感上从事具有挑战意义的工作。

很显然,诸葛亮做的太多了,为下属想的太多了;太多的“锦囊妙计”尽显他经天纬地之才的同时,也让下属成了真正意义上的“傀儡”,能力提高成了遥不可及的梦想,“蜀国无大将,廖化作先锋”成了难以改变的现实。

---

① 《毛泽东选集》第1卷,人民出版社1991年版,第176页。

在现实中，这样的现象也非常多见。上级领导来视察工作，领导者亲自制订议程；一个项目的实施，领导者会提供完整方案，等等。下属只有唯命是从去执行。长此以往，下属会患上严重的“上级依赖症”，个人能力只能是“原地踏步”，甚至会褪化。到了关键时刻，一旦领导者考虑不周或状态欠佳，下属却顶不上去，领导工作会受到致命影响。

3. 组织角度

只有进行合理授权，组织才能高效运转。在一个权力过分集中的组织中，下属总是在等上级的决策和命令，缺乏积极性和主动性；而领导者又长期超负荷承担具体工作，无暇关注重大问题，不能准确地把握方向，制约组织发展。同时，领导者如果不进行授权，下属能力得不到提高，进而会严重缩小领导者选择“接班人”的范围，有的时候甚至是“没人可选”。导致组织发展后继无人。

当年诸葛亮离世以后，蜀国一蹶不振，和没有培养好接班人有很大的关系。这是诸葛亮的失误，也是诸葛亮的悲哀，是蜀国之大不幸，我们要引以为戒。

领导者不能授权的制约因素很多，从主观上讲，下面几点尤其要引起足够重视。

第一，独断专行。专制是权力的衍生品，有权力的地方就容易产生专制。权力的一个重要体现形式就是指挥下属按照自己的想法开展工作。时间长了，领导者习惯了发号施令，当然不愿意把权力与下属分享，进而成为独断专行者。在某些特定时刻，独断专行有其优点；但是在大部分时间里，弊大于利。独断专行的领导者，是让下属因为恐惧去被动执行任务，而不是因为信服去主动开展工作，工作效果和效率可想而知。

第二，对下属缺乏信任。怀疑下属的能力，担心下属是“扶不起的阿斗”，怕下属把事情搞砸了，是很多领导者不能授权的一个重要原因。对于那些能力很强的领导者而言，更是如此。诸葛亮的一些做法也值得商榷。

【案例】

诸葛不信魏延

诸葛亮将入寇，与群下谋之。丞相司马魏延曰：“闻夏侯楙，主婿也，怯而无谋。今假延精兵五千，负粮五千，直从褒中出，循秦岭而东，当子午而北，不过十日，可到长安。闻延奄至，必弃城逃走。长安中惟御史、京兆太守耳。横门邸阁与散民之谷，足周食也。比东方相合聚，尚二十许日，而公从斜谷来，亦足以达。如此，则一举而咸阳以西可定矣。”亮以为此危计，不如安从坦道，可以平取陇右。十全必克而无虞，故不用延计。

——《资治通鉴》第七十一卷

这段话的大概意思是：诸葛亮要攻打魏国，魏延提出了一个大胆的想法：长安的守将夏侯尚胆小而且没有智谋，让诸葛亮给他五千精兵，带足口粮抄近路直取长安。等魏国重新集结部队完毕后再回来救援需要二十天时间，那时候诸葛亮从斜谷也已经赶了过来。这样，就可以一举平定咸阳以西的地区。但是诸葛亮认为这样做太危险，否决了魏延的建议。细查其中原由，"诸葛一生唯谨慎"是一条；另外一条，是诸葛亮过于自负，认为魏延不如他，自然也就不会授权魏延带兵"开始冒险之旅"了。如果诸葛亮采纳了魏延的建议，很难说历史向哪个方向发展。

在长期的革命实践中，毛泽东之所以敢于大胆使用人才，敢于授权，根本原因就在于对下属的充分信任。

【案例】

毛泽东电告粟裕：独立处置，不必请示

1948年，在中原战场上，粟裕受命攻打国民党五大主力之一的整编第五军。之前，中央军委和毛泽东已经作了部署，不久朱德又亲自前来视察和动员。关于这次战斗的战略问题，毛泽东曾做过专门指示。对此，粟裕极为重视，可在准备过程中，他还是觉得当时的条件不太成熟。在不违背中央军委和毛泽东的大战略前提下，粟裕适时做了调整。他改变了攻打敌第五军的作战计划，把主力投向豫东方向，相应地拟定了一套新的方案，并及时电告中央。毛泽东看到粟裕的作战计划后，立即复电，认为这是目前情况下的正确方针，表示完全同意。随后又给粟裕发了一份电报，指出：情况紧急时，独立处置，不必请示。"独立处置，不必请示"，既是毛泽东敢于授权的重要体现，也是对粟裕的莫大尊重和信任。

领导者必须明白一个基本道理：授权是最高层次的信任。只有放手让下属去做工作，下属的能力才会持续提高，自信心才会持续增强。如果信任只停留在口头上，那么这种"信任"又有什么实际意义呢？

第三，担心对权力失去控制。在很大程度上，权力一旦授给下属，就会脱离领导者的直接管辖范围。许多领导者都担心：如果下属不尽职尽责，甚至恣意妄为，自己又没有注意到，岂不是"搬起石头砸自己的脚"？这种理性思考让领导者产生很强的恐惧感，进而阻碍对下属授权。要想克服这种心理，需要"多管齐下"。除了要做好受权者的选择、帮助受权者加强自我控制、给予恰当指导和监督等工作，尤其要重视对“授权界限”的把握。在这个临界点之内，受权者可以自己作出决策；超过这个临界点，受权者不能自作主张，必须经过领导者的同意。

【案例】

只可夺马岛，不能攻本土

1982年，马岛战争爆发。在英国特遣舰队出发之前，英国首相撒切尔夫人召见了特遣舰队司令伍德沃德，问他还需要什么帮助。伍德沃德提出的要求让撒切尔夫人大吃一惊，他说：“我需要真正指挥部队的权力，包括您和战时内阁都不能干涉我的决策。”几经思考，撒切尔夫人满足了他的要求，给了他充分的权力。但是也明确规定：伍德沃德没有指挥部队进攻阿根廷本土的决策权。伍德沃德在得到这个授权后，在一片质疑声中，针对战争实际，大胆决策，屡出奇兵，最终赢得了马岛战争的胜利。

很显然，撒切尔夫人把握住了问题的本质。战争怎么打都可以，但是如果进攻阿根廷本土，战争性质就会发生重大变化。因此，她没有把这个决策权授给伍德沃德。更何况，伍德沃德是一个一次仗都没有打过的“年轻人”，如果把权力全盘托付，很容易让伍德沃德产生“忘乎所以”的感觉，对他正确指挥战争非常不利，也会让撒切尔夫人背负巨大的舆论压力。

二、界定授权范围：明确让下属做什么事

对于自己的工作，哪些能授权，哪些不能授权，领导者必须做到心中有数，这也是合理授权的基础。这个问题解决不了，其他工作就成了无源之水，无本之木。到底该授权下属做什么事情？有的领导者很是不以为然：自己做重要工作，其他事情让下属去做就是了。可是，“重要”的衡量标准到底是什么？

一般而言，除了与组织目标的关联度外，非程序化程度和风险程度是两个主要标准。所谓非程序化，是指这类工作没有规范的实施流程，也很少遇到。在与组织目标关联度高的前提下，非程序化程度越高，工作越重要；风险越大，工作越重要。

如果把非程序化程度和风险程度作为两个变量，就会出现四种类型的工作，如图10—1所示。

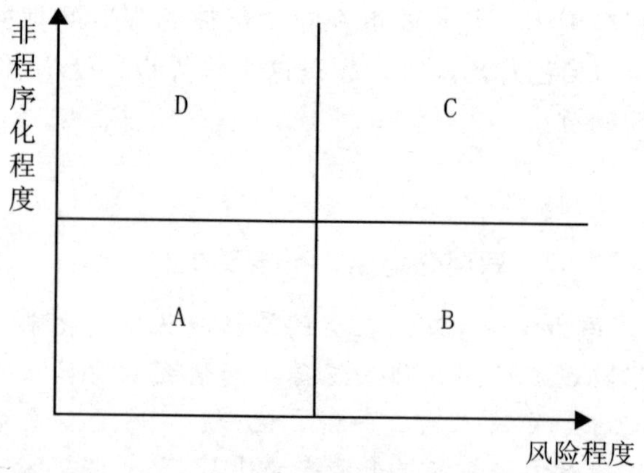

图 10—1

A象限：非程序化程度非常低，有着很成熟的工作流程，风险又很低。一般的日常工作都属于这种性质。这类工作必须授权。前面谈到的诸葛亮就在这里栽了跟头。按说一个普通的士兵犯了错误，进行处罚这种简单的事情，诸葛亮根本没必要、也不值得去过问。可是诸葛亮偏不这样，“罚二十已上，皆亲览焉”。应该说，诸葛亮的大部分时间，都是被这类应该授权下属去做的日常工作占用了。很多领导者都觉得不可思议，可自己却在做着大量类似的事情。

某单位要举行运动会，后勤部门准备给职工买运动服和运动鞋。按说这样的事情，有后勤部门的一个科员就可以做得很好。可是，单位领导却不这么想，非要为选什么样子的运动服、运动鞋，如何搭配绞尽脑汁；有的领导者为了单位新楼的装修更好看一些，到别的单位看了又看。做这样的工作，有必要吗？整天忙这些事务性的工作，还有时间去思考更重要的问题吗？

丘吉尔曾经说过：“那些肩负最高指挥任务的将领必须坐在纵观全局的山顶上，而不能滑到指挥个人或个人行动的山谷里去。”对于领导者而言，如果不在山顶上待着而跑到山谷里去，是难以成就一番事业的。

C象限：非程序化程度非常高，风险也非常大。一般包括事关组织前途和命运的人事任命、财务、奖惩、其他重大决策等重要工作。这类工作绝对不能授权。纵观历史上那些不成功的皇帝甚至是“无道昏君”，无一不是在这个问题上栽了跟头。如果把这些工作交给魏忠贤这样的宦官、秦桧这样的奸相去全权处理，能有好结果吗？所谓的“大权独揽”，就是要揽这样的工作，集中精力抓这样的工作。

相对而言，以上这两类工作比较容易理解，领导者只要注意把握工作性质，尽管会有些偏差，基本上不会出什么大的问题。麻烦出在B、D两个象限的两类工作，让领导者无所适从，授权觉得为难，不授权也觉得为难。

B象限：非程序化程度很低，但是风险却很大。可以说，这是A象限的一种“变异”。在领导实践中，总有那么一些工作，尽管具有很规范的实施流程，但是由于其特殊性而产生了较大的风险，把这些工作授权给下属让领导很是不放心。

对于各级城市负责接待的职能部门而言，安排参观议程是再平常不过的工作了。但是，如果参观者是级别较高的领导，或者是准备到该城市进行投资的人士，议程安排就成为一个风险很大的工作了。议程安排的合理，上级领导会对该城市有一个宏观了解，又能知道该城市真正做了哪些事情。议程设计得当，投资者会对该城市的投资环境具有一个很深入的了解。反之，又会是另一种不好的结果。对于这一种类型的工作，领导者要授权下属去做。但是，需要对下属进行及时、恰当的指导，进而实现既让任务圆满完成又提高下属能力这两个目的。

D象限：非程序化程度很高，但是风险却很低。这也是一类让领导非常心烦的事情，是否授权的感觉和B象限的工作是一样的。

上级给某院校下达了一个临时性培训班次的任务，而这个院校却从来没有搞过类似班次的培训工作；办好办坏对于院校都不会有太大影响，即没有什么风险；可是又在白纸上画圆，谁都没经验，显现出高度的非程序化。对于这种类型的工作，领导者需要授权给下属去做。这也是锻炼下属，提高下属能力的绝佳机会。

这种非程序化程度高的工作，最大的优点就是能够锻炼创新能力。又没有风险，下属完全有机会把他的想象力和潜力充分发挥出来。

如果把著名的“二八定律”（帕累托定律）进行延伸，我们可以得出一个重要结论：对于领导者而言，20%的重要工作会产生80%的领导绩效。毫无疑问，这20%的工作就是上图D象限所示的“非程序化程度很高，风险很大”型工作，也是必须重点把握的工作。而其他三个象限的工作都要进行授权，但是要依据不同类型进行不同程度的指导。

三、遵循授权原则：没有规矩，不成方圆

不同模式的授权，可能具体实施有所差异，但是，其本质是相同的。也就是说，不管是什么模式的授权，都必须遵循一定原则。如果违背了这些一般原则，片面地追求所谓“模式创新”，授权可能酿成大错。

1. 明确目的

领导者做任何工作，都必须有明确目的，领导者授权同样如此。

首先，领导者必须以实现组织目标为依据进行授权。只有某项工作符合实现组织目标的实际需要，才能设立相应的职权。试想一下，如果原先的机构运行非常顺畅，现在领导者为了“给某人安排个位置”进行授权，不但会授人以柄，而且会对组织工作效率产生极大的负面影响。

其次，授权本身要体现明确的目标。如果领导者授权时不告诉受权者需要做什么工作，具体目标和标准是什么，那么，受权者很可能“当一天和尚撞一天钟”，积极性、主动性和创造性不可能充分发挥；没有目标，授权者自身也是“一头雾水”，不知道该用什么去衡量受权者的工作绩效，不知道是该奖励还是该惩罚。这样的授权，只能是“形象工程”，不可能有什么效果，甚至会扰乱领导活动秩序。

2. 逐级授权

一般而言，授权发生在直接上下级之间，如果不是极为特殊的情况，不要越级授权。但是，在实践中，越级授权现象却普遍存在。如果上级领导让你告诉下属去做什么，经过了两个授权，是合理的流程，不会打乱你的领导活动。如果上级领导直接命令你的下属去做事情，就违反了一般原则，会让你的领导活动紊乱，甚至会造成严重后果。图 10—2、图 10—3 清晰地展示了其中原因。

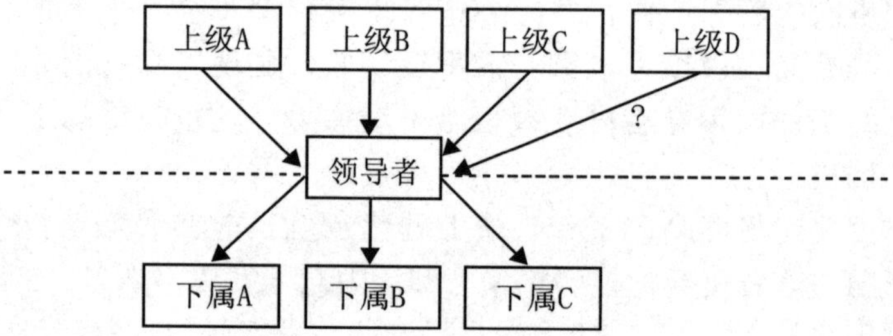

图 10—2

如果三个上级领导 A、B 和 C 要做三件事情，都授权给你，让你安排。然后，你就根据实际情况，分别把三件事情分配给下属 A、B 和 C 去做。这个时候，你也知道已经“无人可用”了。假如上级领导 D 再找你，你就可以给他说明情况，要么让他另找别人，要么就等其他三个人把手头事情做完再做他的事情。应该说，上级领导 D 会理解你的处境，也会想其他的办法，不会出现大的纰漏。

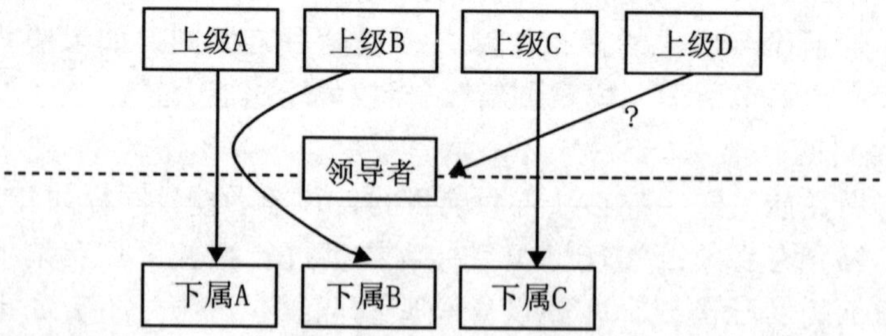

图 10—3

反之，如果三个上级领导A、B和C都绕过领导者，把领导者“晾在一边”，分别找他的三个下属A、B和C去做事情，是什么结果呢？领导者会想当然以为三个下属都没事可干。假如上级领导D来找他，他会很痛快地答应：“我这兵强马壮，正愁没事做呢！”最后发现，他却没人可用。假如这件任务非常重要，非常紧急呢？后果会不堪设想。同时，越级授权也会间接增加受权者的“优越感”：你看，上级非常重视我，不通过我的直接领导来找我。长此以往，直接领导在安排下级做事时会遇到很大阻力。因此，不到万不得已，上级领导不要越级授权。万一事情紧急，需要越级授权时，也必须在事后向下级说明情况，以免对下级领导活动产生干扰和负面影响。

3. 权责统一

被授给多大的权力，就应该承担多大的责任。如果权力大于责任，很容易导致受权者滥用权力，为授权者增加管控难度；反之，如果责任大于权力，会不利于激发下属的工作热情，甚至让下属感到压抑，进而影响任务的圆满完成。领导者在向下属交代清楚权限范围的同时，还必须明确其责任范围。对下属详细说明任务的重要意义，是“攻心为上”，增强其责任意识。同时，领导者还必须利用“惩罚权”把“责任”进行量化：如果顺利完成任务，下属将会得到什么；如果没有完成任务，下属将会失去什么。

需要指出的是，在授权过程中，领导者是责任主体，也就是“第一责任人”。也就是说，假如受权者由于各种原因出现了失误，造成任务没有圆满完成，领导者的“领导责任”是主要的，受权者要承担的责任是次要的。

由此可以看出，领导者认为把权力授给了下属，也把任务没有完成的责任完全推到下属头上，是不正确的。道理很简单，领导者是授权的主体，人是你选的，也必须承担相应的“失察之责”。

街亭失守以后，诸葛亮挥泪斩马谡，说明了其治军严明，不徇私情。而他向刘禅请求降职降级处分，也不是纯粹意义上的“作秀”，是在承担“失察之责”，这一点更应该赢得人们的尊重，更值得每一名领导者去深刻领悟。

【案例】

徐守盛：副处以上可就地撤职，责任我负

在湖南省政界，省长徐守盛被很多下属干部称为很“有血性”。在谈到领导干部不作为问题时，徐守盛说：“我点名批评最多的是一些拿着俸禄，也就是吃着国家皇粮国税的公务员，尤其是在领导岗位上的公务员，不作为，乱作为，比方在安全生产方面拿老百姓的生命当儿戏，不是认真扎实地从基层工作来抓，而是工作一布置下去，会一开就完了，到最后安全生产一个接一个的问题出来了。碰到这样的事，该处理就得处理，

> 我就赋予了分管的副省长一个职责，如果说在一定的范围以内，看到下面的副县长以上的，就是副处级以上的干部不行，你就代我当场宣布撤他的职，然后再补办手续，有责任我来负。”

授权是一项风险很高的领导活动。由于各种因素的影响，受权者不能圆满完成任务或是做得很差，这是很正常的事情。万一出了问题，谁来承担责任？从实践看，“板子”往往拍在了受权者身上，甚至不分青红皂白，拍得很重；而授权者常常被“从轻发落”，给予的处分总是让人感觉“无关痛痒”。从客观原因上，我国现行的干部管理制度还存在着一些缺陷，不能有效地追究授权者的领导责任；从主观原因上看，授权者缺乏责任担当意识，把所有问题都推到受权者身上，千方百计逃脱领导责任。徐守盛之所以被下属称为“有血性”，是因为他敢做敢当。就像徐守盛说的那样：“我认准了，你必须就要这么干”，这是授权；“干错了，我负责；干对了，成绩是你的”，这是责任的担当。作为一名领导者，敢于承担授权所产生的领导责任，是一种义务，是一种风范，更是一种境界。

4. 视能授权

从本质上讲，授权是用人的最直接体现方式。因此，必须遵循“德才兼备，以德为先”的总原则。品德不佳的下属，是不堪大任的。领导者在授权时，必须把握住这个要害问题。所谓视能授权，就是在受权对象品德好的前提下根据其能力高低来进行授权。需要注意的是，这里的“能”不是狭义上的能力，包含了受权者的综合素质和能力。

著名历史学家许倬云先生在《从历史看领导》一书中曾经提到：“一个出色的人才，须有知识、有见识、有胆识。”① 领导者在授权时，也必须考察下属的“三识”，进而采取不同方式的授权。

第一，知识。知识积累水平对于完成工作的重要性是不言而喻的。不管完成什么工作，都必须具备相应的知识。在多年以前，一个人依靠渊博的知识往往可以获得更多的机会。但是，随着高等教育的迅速普及，人和人之间的知识积累差距也越来越小。也就是说，受权者的知识对于领导者授权的影响也在逐步下降。但是，这不是否定知识的作用，它仍是授权的一个重要衡量指标。尤其是那些对专业技术要求很高的工作和任务，领导者必须把受权者的知识积累水平放在头等位置进行考察。

第二，见识。不管以前，还是现在，我们都经常用“见多识广”来形容一个人水平很高。见识，是一个人经验总结的结果，是开放心灵和周围人进

---

① 许倬云著：《从历史看领导》，三联书店 1994 年版，第 2 页。

行高效沟通的结果。有见识，才能把握事物本质，才能有真知灼见，才能知道“问题是什么”，才能领悟“哪些事应该做，哪些事又不该做，哪些事应该缓一缓”。这无疑是做好工作，尤其是管理工作的前提。领导者一定要放弃“知识决定一切”的片面观念，在为重要工作物色“领头雁”时，必须去详细考察受权对象的见识。

第三，胆识。首先需要强调的是，胆识不是没有基础的“蛮干”，而是在一定知识和见识水平基础上的“敢干”。此外，性格、心理素质也是重要的影响要素；有些人知识很渊博，见识也很广，但遇到重大问题时过于求稳，遇到困难时容易退缩，也很难具有真正的胆识。并不是所有工作的受权者都需要胆识，但是对于承担重大任务的受权者而言，必须具备胆识。带领下属走在奋斗的大路上，受权者要指明方向，需要胆识；在关键时刻，受权者要敢于力排众议、作出决策，需要胆识；要想取得更好的效果，受权者要勇于开拓创新，更需要胆识。

根据受权者的“三识”要素构成情况，领导者可以给其安排较为合理的岗位，如表 10—1 所示。

表 10—1　受权者素质与岗位安排关系表

	受权者要素			岗　位	备　注
	知识	见识	胆识		
1	渊博	宽广	有	管理者	
2	渊博	宽广	一般	管理者	加强指导
3	渊博	一般	有	管理者	加强指导
4	渊博	一般	一般	技术工作／参谋人员	
5	一般	宽广	有	管理者	加强指导
6	一般	宽广	一般	参谋人员	
7	一般	一般	有	参谋人员	可协助处置突发事件
8	一般	一般	一般	日常工作	

需要指出的是，受权者素质的组成非常复杂，工作岗位也是千差万别。上表只是提供大概轮廓，不可能符合所有领导者的实际情况。在工作实践中，领导者要根据情况差异灵活掌握。

【案例】

谁来当这个主任?

南方某市几经周折，终于从省里争取到了“工业发展综合改革试验园区”项目。但是，在市委常委上，谈到该园区主任人选的问题时，却产生了很大分歧。

一个是市发展委副主任袁鸣，名牌大学的高才生，长期分管工业生产工作，具有很丰富的实践经验，工作作风稳健。以张市长为代表的部分常委非常支持他。理由是："工业发展综合改革试验园区"项目来之不易，必须确保成功。袁鸣的渊博知识，丰富的工作经验，尤其"稳健"的工作作风，可以实现这个目标。

另一个是市招商局副局长杨林，本市年轻"海归"的典型代表，博士，长期主抓工业项目引资工作。最大的特点是"敢闯"，总是能够作出一般人想都不敢想的决策，事实又总能证明他是正确的。以李书记为代表的部分常委很看好他。理由是：既然是"试验园区"，就要敢于创新，有新路子，正好可以发挥杨林的长处。

用袁鸣，还是让杨林上？求稳，还是想见新成效？双方争执不下。最后，李书记的一番话让大家感受颇深："省里把这个项目交给我们，就是想让我们'摸出一块新石头'，如果总是求稳，用'老摸法'，能把'新石头'摸出来吗？想必不能。创新，是要承担风险的。只要找一两个有经验的老同志帮杨林同志把一把关，别让他闯过了头，成功的把握是比较大的。即使因为创新而失败，也是值得的。甚至我觉得，省里也不会追究我们的失败。要改革，难免付出代价。"最后，市委常委们达成一致意见：任命杨林为该市工业发展综合改革试验园区管理委员会主任。

事实证明，杨林在这个位置上如鱼得水，创造出很多新模式，取得了空前的成功。这个项目也得到了省委、省政府的高度肯定。

从上面的案例可以看出，李书记显然是把握住了事物的本质。既然是"试验"，就要勇于创新，而杨林的"敢闯"显然最符合这个要求。在很大程度上，做到"用人所长"、岗能匹配，也就实现了视能授权。

四、活用授权模式：世上没有包治百病的灵丹妙药

众所周知，世界上不存在包治百病的灵丹妙药。千篇一律的授权模式，不可能为提高领导绩效发挥真正作用，甚至有可能造成严重后果。领导者必须认识到，授权是一种权变色彩很浓的领导行为。必须针对具体情况，灵活使用授权程度或授权程序各不相同的多种授权模式。

1. 充分授权

这种模式是指领导者在向下属分派任务时，仅对受权者讲清工作所需要实现的目标，而对工作的具体事项和范围不做明确规定。在充分授权模式中，

受权者可以放手进行决策，根据自己的思想和意图选择实现任务目标的途径和方法。毋庸置疑，充分授权可以极大调动受权者的积极性，发挥其主动性和创造性。当然，在充分授权模式下，领导者给了受权者足够的权力，在让受权者享受充分自由、充分发挥才能的同时，也具有较大的风险。因此，这种模式只适用于那些素质高、能力强、具有较高工作热情的下属。

【案例】

张总，我“自由”吗？

某公司是我国方便面行业的佼佼者，占据了一定的市场份额，在华北区域更是首屈一指。但是，由于各种原因，其华北区域的销售额近两年一直下滑，也对公司利润产生了较大的影响。公司高层非常重视这个问题，在经过慎重研究后，决定走马换将，调任西南分公司总经理李明为华北分公司总经理。李明本科学的是食品制造，研究生期间主修市场营销专业，在校园招聘会上就引起销售副总张丛的高度关注。李明研究生毕业后进入公司，全身心投入公司事业，先是在市场部从事市场调研工作，一年以后被任命为销售渠道监测组组长。后来进入销售部，从销售员开始干起，由于工作出色、业绩突出，四年的时间就被提拔为西南分公司的总经理。可以说，李明既具有扎实的理论基础，又有很丰富的实践经验，工作热情又高，无疑是重振华北分公司的最佳人选。

在李明赴任之前，张丛作为他的直接领导，代表公司和李明谈话。在谈话中，张丛向李明介绍了华北分公司的相关情况以及他的任务，并且承诺：“你的能力和敬业精神，公司上下都知道。我给你充分的自由，你可以充分发挥你的优势。”

可能是张丛过于重视华北市场的复兴了，总是不自觉地、时不时地对李明的一些想法提出异议，对李明的一些决策进行干涉。开始时，李明认为，重振华北市场事关重大，张总对我多指导是应该的；但是，时间长了，李明越来越苦恼，也就有点“反感”了。说得好好的，让我做主，但是为什么总干涉我的决策？

终于有一天，李明再也忍不住了，给张丛发了一条短信：“张总，我‘自由’吗？”

从上面这个例子可以看出，张丛可能过于关注重振华北市场这项任务，从而对李明的工作进行了过多的干预。从本质上讲，这也是不信任下属的最直接体现。而且，任务越重要，这种“病”犯的也越厉害。即使受权者素质再强，能力再高，再敬业，也无济于事。上文提到，领导者对受权者的信任是一切授权的前提。在充分授权模式中，信任的作用体现得更为明显。如果没有真正的信任，领导者不可能给受权者充分的自由，受权者也没有充足的空间来发挥自己的才能。由此可见，在对下属充分授权时，领导者必须时刻提醒自己：要充分信任下属！领导者必须记住下面这张图（图10—4）：

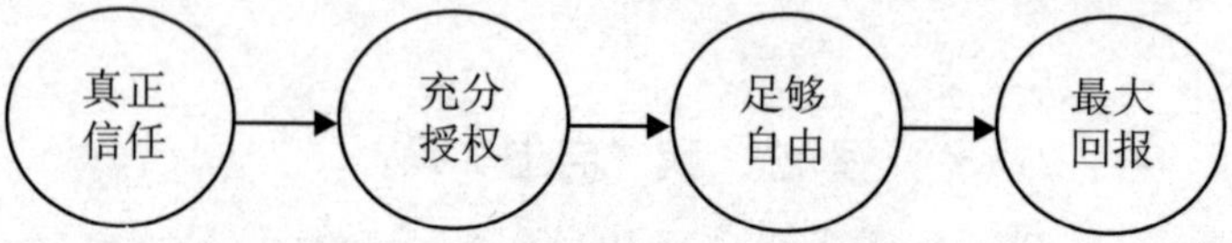

图10—4　充分授权逻辑关系图

在充分授权的同时，还必须注意加强监督。如果没有监督，权力就像断了线的风筝一样，会脱离领导者的控制，导致结果不可控。

【案例】

张瑞敏：充分授权与约束监督相结合

面对那些没有监督约束机制而导致的大量干部违法乱纪事例，张瑞敏深刻认识到：如果只授权，不监督，后果就是四分五裂。他多次告诫海尔的中层干部："必要的监督、制约制度对干部是一种真正的爱护和关心，因为道德的力量是软弱的，不能把干部的健康成长完全寄托在个人的修炼上。"与之相对应，张瑞敏在提出海尔要"权力分散化"的同时，还规定"在位要受控"，并建立了完善的监督机制，特别强调两条重要原则：一是干部要从思想上、心理上接受监督，培养自律意识，必须有严格的自我约束，增强免疫力；二是要有真正的控制体系，从多方位监督权力的运行过程。

很长时间以来，"用人不疑，疑人不用"都被视为领导用人的至理名言，也为众多领导干部不想被监督提供了"理论依据"。很多领导者有这样的疑虑：如果授权的同时，又给予过多的监督，岂不是怀疑受权者的能力，不信任受权者？究其根源，这些领导者混淆了信任和监督的关系。信任和监督不是一对反义词，两者是辩证统一的。正像张瑞敏说的那样，监督是"一种真正的爱护和关心"。在市场经济条件下，受攀比之风、对自己要求放松等各种因素的影响，一些领导干部很容易违法乱纪，走向腐败的深渊。领导者在充分授权的同时，对受权者保持理性的怀疑，加强制度监督，既是对受权者负责任，也是对国家、对社会负责任的重要体现。

2. 刚性授权

所谓刚性授权，指的是领导者在向下属布置任务时，不仅要明确说明任务的目标，而且对实现目标的途径和方法也进行了严格规定。在任务实施过程中，受权者必须按照相关要求来执行任务。也就是说，授权者以任务目标为圆心画了一个圆圈，受权者的行动不能超过这个圆圈。一般而言，刚性授权的适用对象是那些执行力较高，但是缺乏创造精神的下属。

刚性授权最大的优点是授权者可以让受权者不折不扣地执行自己的意图，而且可以利用这些标准对受权者进行严格控制；刚性授权最大的缺点是容易打击受权者的积极性，更不利于受权者开拓创新。

需要注意的是，刚性授权很容易导致领导者的“事必躬亲”。在面对重要任务的授权时，如果下属能力确实一般，领导者从最终结果考虑，谋划好策略、设计好实施途径，让下属去执行，是再正常不过的现象，也无可厚非。但是，如果把刚性授权泛化为一种常态，只让下属去“跑跑腿”，就值得商榷了。

3. 部分授权

部分授权指的是领导者在给下级布置任务时，只授予其部分权限，这适用于那些具有一定能力的下属。这种模式的最大优点是可以让领导者脱离具体的指导阶段，而把更多精力和时间投入到决策的思考和论证上。根据下属被赋予权限的大小，部分授权又可以分为以下几种情况：(1) 下属提出所有可能的任务实施方案，由领导者进行决策；(2) 下属根据实际情况，对任务实施方案进行筛选，提供最主要的几种，由领导者进行决策；(3) 下属采取行动前应向领导者进行汇报；(4) 下属采取行动后，将行动结果向领导者汇报。

可以看出，下属被赋予的权力越来越大，这与受权者的能力也是成正比的。到了“事后汇报”层次，基本已经成为“准充分授权”了。在实践中，领导者的绝大部分授权行为都属于部分授权模式，因此也必须进行深入研究。但是，需要注意的是，部分授权也是一种动态模式。下属的能力得到提高以后，领导者所授权限也应当相应增加。

4. 正式授权

正式授权是相对于非正式授权而言的概念，是按照授权程序这个标准进行区分的。采用正式授权模式，既能从组织制度上体现授权的严肃性，又能给予受权者更大的领导权威。对于事关组织前途和命运的任务，更是必须采用正式授权模式。

要想实现正式授权，必须注意以下两点：

第一，制定组织规则。一个成熟的组织必然对授权进行详细和严格的规定，这也是正式授权的制度基础。

授权主体——谁有资格作出授权决定？哪些事情可以通过授权解决和处理？

授权对象——什么人可以被授予权力？

授权客体——哪些事情可以通过授权解决和处理？

授权程序——授权决定应该如何作出？如果有意外情况，又该如何处置？

授权责任——如果授权不当，授权者应该承担什么样的责任？

第二，严肃实现形式。正式授权的关键是“正式”二字，因此必须采取庄重而严肃的形式，必须有严格的程序作为保证。这既是组织制度对授权的要求，也体现了组织对授予权力的重视程度和对受权者的尊重。正式授权主要由会议决策和书面文件两种形式构成。

会议决策——授权决策，必须经过集体会议讨论和研究作出。需要指出的是，“领导碰头会”只是集体会议召开前的一项准备工作，不能代表集体会议。只有采用集体会议的形式，才能保证授权的合法性和透明度，让授权双方都能够积极有效的参与授权决策。

书面文件——这也是正式授权的一个重要条件。按照中国文化，“口说无凭，立字为据”，即只有具备了书面文件，才能对授权双方产生真正的约束，才能明确受权者的地位和权威。

5. 非正式授权

一般而言，正式授权可以涵盖绝大部分需要授权完成的任务。但是，在领导实践中，由于事发突然，可能来不及履行正式授权所需要的各种手续；也可能由于任务不太重要，不需要正式授权。遇到这两种情况，领导者就需要采取非正式授权。需要注意的是，和正式授权相比，非正式授权虽然省略了一些环节，但并没有违背授权规则。也就是说，非正式授权只是针对特殊情况所进行的必要变通，其本质没有发生变化。非正式授权，只是形式上的“非正式”！也正因为非正式授权是对正式授权的变通，领导者在采用这种模式时更要非常慎重。因循守旧、僵化地追求形式，片面地夸大正式授权的作用，进而放弃非正式授权，导致丧失机会，当然不值得提倡；但是，不遵守授权规则，不讲条件、不加限制地进行非正式授权，同样会后患无穷，得不偿失。

大部分的突发事件都需要进行非正式授权，这是领导者需要给予高度关注的问题。

首先，授权者要承担更多责任。在遇到突发事件时，下属接受上级的非正式授权，可以说是临危受命，既没有过多的思想准备，也对任务本身缺乏足够的认识。从所承担风险角度看，他们所承担的风险显然要比正式授权的受权者大很多；如果不能圆满完成任务，他们的成长会受到很大的影响。甚至有时候，他们不想成为受权者，但是由于各种原因，他们没有选择余地，只能被“逼上梁山”。因此，授权者要多承担责任，这样才能体现事发突然的非正式授权的公平性。

其次，领导者要下授更多权力。处置突发事件的要求和一般工作有很大不同。在保证一定处置效果的前提下，必须保证足够的“快”。很明显，“快”要求必须进行果断决策，也要求受权者拥有较高权限。为了提高处置效果，领导者必须尽量授予下属更大的权力，为受权者果断决策、把握瞬间即逝的机会提供重要支撑。

再次，领导者要加强过程指导。在正式授权中，由于受权者进行了充分准备，往往会有自己的工作思路，过多的指导显然会对他们实施决策产生障碍。但是在非正式授权中，由于授权者没有充分准备，甚至压根儿就没有准备，经常会对事态发展进行错误判断，所做决策也会存在一定偏差。在这种情况下，作为授权者的领导者，就必须加强指导，能够积极参与到决策过程中，能够为受权者“雪中送炭”，从全局上帮助受权者把握好方向。从某种意义上，指导就是控制。但是，这种控制是必不可少的。如果领导者把权力授予下属之后，就“大撒把”，不但对受权者不负责任，对自己不负责任，更对组织的发展不负责任，甚至有可能成为“不可饶恕的历史罪人”。

总之，授权是领导者的一种自觉。在领导活动中，领导者必须时刻培养授权自觉。没有这种自觉，领导绩效不可能得到质的提高，领导者也不可能成为优秀的领导者，更不可能成长为更高级别的领导者。

授权就像放风筝。

会放风筝者，善于借助风力让风筝飞的更高、更平稳；

会放风筝者，会根据场地大小、风速等情况选择大小不同的风筝；

会放风筝者，会有效地利用手中的长线，既让风筝飞得高、飞得好，又不会让风筝脱离自己的控制；

…………

合理授权，做一名“会放风筝”的领导者。

第十一章 高效沟通[①]

卡耐基说："沟通的最高境界是，说要说到别人很愿意听，听要听到别人很愿意说。"这就是高效沟通。掌握高效沟通的方法与技巧，处理好复杂的人际关系，这是对各级各类领导者的基本要求。

一、沟通加深理解，理解促进和谐

【案例】

墨子批评学生

《墨子·耕柱第四十六》中记载了墨子与他的学生耕柱的一段故事：

"子墨子怒耕柱子。耕柱子曰：'我毋俞于人乎?'子墨子曰：'我将上大行，驾骥与牛，子将谁驱?'耕柱子曰：'将驱骥也。'子墨子曰：'何故驱骥也?'耕柱子曰：'骥足以责。'子墨子曰：'我亦以子为足以责。'"这段故事用现代文来说就是这样的意思：

墨子经常批评他的学生耕柱。时间一长，耕柱有些不高兴了。这一天，他问老师墨子："我难道就没有比别人好的地方吗？您为何总是批评我?"

墨子反问他说："如果我要上太行山，用一匹良马和一头牛来驾车，你准备鞭策良马还是鞭策牛?"耕柱回答说："我当然是要鞭策良马啦!"

墨子又问："你为什么要鞭策良马?"耕柱回答道："因为良马足以担当重任，值得鞭策。"墨子说："我也认为你足以担当重任，值得鞭策，所以总是批评你。"耕柱恍然大悟。

从师生二人的对话中，我们可以看出：耕柱的不高兴，源于他没有了解老师的心思。不了解，当然也就谈不上理解了。墨子让耕柱不高兴，源于他没有把自己的想法传递给耕柱，以便让耕柱理解。自己的想法没有传递出去，别人当然也就无从理解了。

这段故事可以引申出这样一段话：缺乏沟通，形成误解，关系不谐；实

---

① 本章作者：刘玉瑛（撰写第一、二、三、四部分）、刘树信（撰写第五部分）。

施沟通，误解化解，关系和谐。

由此让我们进一步认识到沟通的重要性和必要性："高效沟通加深理解，理解促进关系和谐。"具体而言，高效沟通对于领导工作具有以下的意义与作用：

首先，统一思想、聚心凝力需要高效沟通。在领导活动中，领导者与被领导者是一对永恒的矛盾体。这对矛盾体由于角色、地位的差异，难免在认知、观念等方面发生冲突。这种冲突如果不能有效地解决，势必影响组织的和谐，制约领导目标的实现。

古人云："上下同欲者胜。"领导者必须寻求有效的路径来避免上下级之间冲突的发生，消除同一组织内部的各种"杂音"，统一思想，凝心聚力。而高效沟通，就是一种必要的路径。

其次，化解矛盾、增强团结依赖高效沟通。陈云同志讲："只有通气，才能团结。""通气"，就是沟通。

没有高效沟通，正确的信息得不到传递，错误的信息则会愈加强化，久而久之，矛盾逐步增大，从而影响团结，造成内耗，最终影响领导使命的完成。

有人曾经就"造成管理失误最主要的原因是什么"这个问题向世界五百强的一些高层主管做过调查。调查结果显示，95%以上的高层主管认为，最主要的原因是缺乏高效沟通。

群体组织成员由于性格、认知、思想、需求等各方面的差异，不可避免地会出现各种各样的矛盾。这些矛盾极大地妨碍着组织成员之间的团结。

领导者必须运用正确而得当的方法来化解这些矛盾，"在共同点上把矛盾和各方统一起来"。而高效沟通就是"把矛盾和各方统一起来"的一种重要方法。

再次，正确决策，有效实施必须高效沟通。决策是领导者的主要职责。毛泽东就说过："领导的责任，归结起来，主要地是出主意、用干部两件事。"邓小平也讲："我的抓法就是抓头头，抓方针。"

"出主意"是决策；"抓方针"也是决策。两位伟人的话都明确了领导者的责任。

领导者要能履行好责任，担当起使命，就需要正确、科学决策，顺利、有效实施决策。

而决策是否正确、科学，决策的实施是否顺利、有效，与决策信息的收集、了解等有着密切的关系。

领导者只有掌握了全面而真实的决策信息，并在此基础上对决策信息做正确的分析，去伪存真，由表及里，透过现象看本质，才能作出正确而科学的决策；而决策信息的收集和了解，是离不开高效沟通的。可以说，沟通贯穿于决策制定的全过程。

沟通不仅贯穿于决策制定的全过程，还贯穿于决策的实施过程。实施者只有准确地理解决策方案，全面地了解决策的具体内容，才能使决策得到有效的实施。

二、消除沟通障碍，畅通沟通渠道

障碍，是阻挡前进的东西。由此而言，所谓沟通障碍，就是阻碍沟通顺利进行的各种因素。高效沟通，必须排除这些障碍因素。

阻碍高效沟通顺利进行的因素其实很多。既有信息发送者的因素，也有信息接收者的因素，还有信息传递渠道的因素。我们这里只讨论信息发送者的因素。

沟通，能否实现高效，信息发送者处于关键而重要的位置。一般而言，在沟通的过程中，信息发送者的沟通障碍主要有以下几种：

首先，语言障碍。语言是音义结合的词汇和语法的体系。使用语言进行沟通，首先必须遵守语言本身的运用规律。如果违背语言运用规律，如读音错误、误用词类、成分残缺、断句失误，等等，都会对沟通形成障碍。在口头沟通中尤其如此。

【案例】

“取得文凭的和尚、未取得文凭的干部”

某领导拿着由秘书代写的讲话稿发言。他把“已经取得文凭的和尚未取得文凭的干部”念成了“已经取得文凭的和尚、未取得文凭的干部”。台下顿时哄堂大笑。

领导很生气，训斥道：“你们笑什么？年轻人不好好学习可不是好事，现在连和尚也得有文凭，何况干部呢！”

这位领导的讲话就是因为断句错误，直接导致了信息的失真，给高效沟通带来了障碍。

其次，文化障碍。这里所说的文化障碍，是指因民族文化心理差异而产生的障碍。民族文化心理是一个民族长期以来形成的一种具有区别性特征的心理定势。

不同的民族有着不同的文化心理，这种民族文化心理在一定程度上会对高效沟通形成障碍。

【案例】

“粗菜薄酒”惹是非

有一年，我国的一个商务代表团到美国的俄亥俄州进行考察。代表团在考察期间，受到美国商界和华侨的一些人士的热情接待。考察结束后，代表团在该州设施最好的酒店举行宴会，以示谢意。席间，代表团团长致辞。没有想到，团长的致辞却带来了一场风波。下面是团长致辞中的一段话：

“我们非常感谢各位女士、各位先生对我们这次考察的帮助，为此，我们在这里略备粗菜薄酒，以表谢意……”

谁知，这段话却惹恼了酒店老板。他马上质问那位团长：“什么粗菜？什么薄酒？你为什么要诋毁我们的酒店，败坏我们的名声？”并声称要起诉。幸亏当地华侨团体负责人从中调解，才平息了这场风波。

要说这位团长诋毁那家酒店，的确比窦娥还冤。问题出在他没有了解美国人的文化心理。在中国，说自己招待宾客的饭菜酒水不好，是一种谦虚委婉的客套话，表达的是对客人的敬重；但这段话在美国人听来，则是说自己对客人招待不周，自己的酒菜质量差。

再次，心理障碍。沟通过程中，信息发送者所传递的信息质量，是受心理支配的。虚荣心理、自卑心理、自负心理、嫉妒心理等等，都会影响其质量的优劣。

比如一个人如果具有虚荣心理，就会说大话，说假话，其传递的信息，就是劣质甚至是虚假的信息。如果以这种劣质甚至虚假的信息来决策，来执行，必败无疑。

【案例】

亩产放卫星

在1958年的“大跃进”中，有些地方曾经放出了许多离谱的农作物高产“卫星”。其中，河南西平县和平农业社小麦高产7320斤，湖北麻城县建国农业一社早稻亩产36956斤，广西环江县红旗公社中稻亩产130434斤10两4钱。[①]

既然亩产万斤，就要按此数字征收公粮，结果，这些亩产万斤的地方一些农民因饥饿而亡。

---

① 罗平汉：《粮食“卫星”：中稻亩产13万斤》，《民主与法制时报》2009年8月14日。

"离谱的农作物高产'卫星'"的施放，是多种原因所导致的，但施放者与人"攀比"的虚荣心理不能说不是一个重要的原因。你早稻 36956 斤，我中稻就 130434 斤 10 两 4 钱，他晚稻就更高产。

这种假、大、空的信息，无疑是有害于高效沟通的。这种劣质的信息，信其真，则误国、害民。

领导者要实现高效沟通，必须要清除这些沟通的障碍因素。清除了这些沟通的障碍因素，沟通渠道才能畅通。畅通了沟通渠道，沟通才能有效、高效。

三、沟通需要尊重，尊重带来高效

高效沟通，不仅要清除沟通障碍，还要解决沟通的态度问题。信息发送者态度的好坏直接影响着沟通效果。

尊重沟通者，是高效沟通的最佳态度。可以说，没有尊重，就没有高效沟通。有尊重，才能平等待人；平等待人，才能心相通；心相通，是最高效的沟通。

首先，不要高看自己，也不要低看别人。沟通时，"高看自己，自己不一定高"，但"低看别人，自己却一定是低"。在道德上，他先输人一筹。一个道德高尚的人，绝不会"看自己是一朵花，看别人是豆腐渣"。

其实，一个人"高"不"高"，不在自己怎么看，而在别人怎么看。比如说，安徽省原副省长王怀忠，他在阜阳市主政期间，经常吹嘘"阜阳是我王家的天下"。

【案例】

"第一市的市委书记"

2000 年 6 月，阜阳在拆分成阜阳、亳州两个市之前，有 1300 多万人口。对此，王怀忠津津乐道。他经常自诩，阜阳的人口超过北京、上海，是"中国最大的市"，而他则是"第一市的市委书记"。

一次在酒桌上，他还把阜阳市人口与世界各国人口比较排名，还醉醺醺地说自己是"世界第 58 国总统"。

王怀忠把自己看得很高，但人民群众怎么看他？王怀忠在被绳之以法之前，阜阳就流传着这样一句顺口溜："只要反腐不放松，定能抓住王怀忠。"阜阳人还给他取了个外号，叫"王坏种"。

正因为王怀忠把自己看得很高，所以他面对群众总是趾高气扬，盛气凌人。这样的心态怎么能与人民群众实现高效沟通呢？他又怎么能尊重人民群众呢？当然，人民群众也不会愿意跟一个“坏种”沟通交流的。

其次，要有傲骨，但别有傲气。“傲气”与“傲骨”虽然只有一字之差，但其内涵却有着本质的不同。“傲气”，是自高自大的作风习气；“傲骨”，是自尊不屈的气度。

有傲骨，无傲气，方能“保持一颗平常心”，与他人进行高效沟通；如果有傲气，无傲骨，就会对下像泰森，对上像和珅。原河北省国税局局长李真就是一个对下像泰森，对上像和珅之流。

【案例】

李真“对下像泰森，对上像和珅”

李真在位时，他的汽车在马路上行驶，从来没有红绿灯的概念。年纪大的警察都认识李真的车，见他闯红灯，也只能装作没看见，任其扬长而去。

一次，有位新警察刚刚上岗。他看见有一辆小轿车闯红灯，便上前示意停车，想纠正违章。

李真把车窗玻璃摇了下来，随口吐了这个警察一脸唾沫，然后驾车扬长而去。这个警察知道了李真的背景之后，敢怒而不敢言。

李真在人民群众面前傲气十足，但在程维高面前，甚至在程维高的儿子程慕阳的面前，都是唯唯诺诺，奴态十足。

与人沟通，千万不能有傲气，无傲骨。傲气十足，谁也不会愿意与他沟通；无傲骨，奴颜婢膝，也同样会受人鄙视，难能实现高效沟通。

再次，捍卫他人说话的权利。某地曾经规定了领导忌语，下面是其中的一些忌语：“我就是一言堂，你想一言堂还没人听呢!”“是我说了算，还是你说了算?”“只要我在这里，你就休想出头!”“研究什么，就按我说的办!”“我就这态度，你去告吧!”“你别不知天高地厚，治不了你我就换个姓!”“你敢和我顶嘴！不想干说一声!”“我不同意，看你能办成?”

这些“忌语”是禁止领导者说的话。我们想一想，如果领导者不说这一类的话，有必要出台这样一个规定吗?

很显然，这些话都是不尊重他人说话权利的表现。如此之不尊重，谈何高效沟通?

法国著名思想家伏尔泰说：“我不同意你的观点，但我誓死捍卫你说话的权利。”我国有一位名人也说过这样一段话：“无论我是否同意你的观点，我都将尊重你，给予你说出的权利，并且以你的观点去理解它，同时将我的观点更有效地与你交换。”这些话都是告诉人们，要捍卫他人说话的权利。捍卫了他人说话的权利，才能听到不同的意见，才能交流思想，才能实现真正意义上的高效沟通。

四、沟通要讲方法，方法决定成败

拿破仑说：“任何出色的战争，都是讲究方法的战争。”套用拿破仑的话讲：“任何高效的沟通，都是讲究方法的沟通。”方法对于沟通，就好像是过河的船和桥一样的重要。

不同的沟通对象有着不同的沟通方法。所谓“一把钥匙开一把锁”。尽管不同的沟通对象有着不同的沟通方法，但也有其共有的规律。这些共有的规律能够指导我们跟不同沟通对象进行高效的沟通。

首先，原则性与灵活性相结合。原则，是指沟通时信息传递所依据的法则或标准。作为领导者，在沟通时，应具有的原则是：坚持党的路线方针政策，一切以党和国家、人民的利益为重。也就是说，一个领导者，不论其职位高低，在沟通中，必须遵循党的各项方针政策和国家法律，应在一定的原则限度内去阐述、说明、表现其思想意识。不能以自己的意志为转移，不能超越这些原则限度去随意评价某些人、某些事。用感情代政策，以人言代法律，不能为求一团和气而丧失原则立场。因为当一个人以领导者身份出现在群众面前时，他代表的就是党和政府的形象，他就是党和政府的代言人。如果违背上述原则，就会给党的事业造成损失，给人民群众的利益带来危害，有时这种损失和危害甚至是相当严重的。

【案例】

好心劝得老太喝毒药

在某个居民区里，有一位老人，她年轻时守寡，含辛茹苦养大了一个女儿，原指望女儿能让她安度晚年，为她养老送终。没承想，当她将要丧失劳动能力时，竟开始遭受女儿、女婿的虐待，不是不给饭吃，就是谩骂训斥，老人非常伤心痛苦。恰巧老人的邻居有一位是街道办事处主任，老人无奈，便向她哭诉自己的不幸遭遇，希望这位主任能给她帮忙解决问题。

谁知，该主任竟然忘了自己是政府基层组织负责人的身份，她不是按照老年人权益保护法的精神为老人撑腰，帮老人得到应享的权利，而是为了少给自己找麻烦，不得罪老人的女儿，劝说老人忍让，息事宁人。这位主任对老人说：“你也别闹了，别找了，谁家过日子都有勺子碰锅沿的时候，忍一忍就过去了。找也没用，没有人愿意管这事。清官难断家务事，我也没办法。再说，真把关系搞僵了，她不养你，看你怎么办?”

因为老人没有文化，不懂法，以为这位主任所讲的就是“最高指示”，所以非常绝望，悲哀，最后竟想不开服毒自杀，虽被救活，但在老人的心灵上留下了难以愈合的创伤。

我们强调沟通的原则性，并非是要求领导者把它当作僵死的教条来使用。因为在实际沟通中，领导者要面对着不同的人、不同的事、不同的活动内容、不同的活动方式。这种种不同，要求领导者能在坚持原则的基础上，具体问题具体分析，灵活实施沟通。

这就是说，领导者在与他人进行沟通中，要在不违背原则的条件下，根据各种实际情况，选择使用恰当的信息内容和沟通技巧，让原则性与灵活性有机地结合起来。这样，既能适应复杂多变的问题，又能实现高效沟通。

【案例】

周恩来的沟通艺术

1972 年，尼克松访华之前，白宫发言人齐格勒随黑格专程来北京谈判，希望中国政府提供通讯卫星，以方便随行记者播发电视、图片、电讯。熊向晖受周总理委派作中方主谈。

因为当时中国还没有通信卫星，所以，熊向晖按总理指示，请美方帮助租用一个卫星。

齐格勒估计租金可能需要 100 万美元，就建议中国政府不要花钱租，而由美国负担费用，中国只在北京、上海、杭州修建地面站就行。

熊向晖觉得没花钱就办了事，很不错，便向周恩来总理汇报齐格勒的建议。

周恩来总理听了汇报之后，对熊向晖说：“不要一听 100 万美元就想缩头。这不是花多少钱的问题，这是涉及我国主权的问题，不能有丝毫含糊。”

接着，周恩来总理让熊向晖告诉齐格勒：第一，请他负责为中国政府租用一颗通讯卫星，租用期是北京时间 1972 年 2 月 21 日凌晨 1 时至 2 月 28 日 24 时；第二，在租用期间，这颗卫星的所有权属于中国政府，美国方面必须事先向中国政府申请使用权，中国将予同意，中国向使用者收取使用费；第三，租用费和使用费都要合理，不做冤大头。

当熊向晖把周恩来总理的意见给齐格勒谈了之后，齐格勒非常惊讶。他说：“我第一次遇到这样既精明又自重的谈判对手。我完全接受中国政府提出的前两点办法。租用费一定很合理。可以设想，这两项费用之间会画个‘等号’。我很佩服周恩来的精明，我更佩服周恩来处处注意维护中华人民共和国尊严的精神。”①

其次，说理性与通俗性相结合。与人沟通，就是要把信息传递给对方，让对方理解信息，接受其观点。因此，沟通许多时候都是在说理。说理要想让人接受，需要理解。而要让人理解，通俗是必需的。通俗的道理生动、明了、易懂，让人乐于接受。毛泽东与人沟通时，就非常善于将说理性与通俗性有机地结合在一起，所以沟通总是高效。

【案例】

毛泽东的《一个极其重要的政策》

1941年，由于日寇的猖狂进攻和国民党的封锁，我抗日根据地不断缩小，在物质上遇到了很大的困难，而与此同时，根据地却依然存在着庞大的组织机构。

为了克服物质困难，中共中央于1941年10月提出了精兵简政的政策。要求精简机关，充实连队，加强基层，提高效能，节约人力物力。

该政策提出之后，大多数根据地的党组织都依照中央的指示，抓紧进行这项工作，但还有若干根据地对此认识不足，“没有把精兵简政当作一个极其重要的政策看待”。

针对这种情况，毛泽东发表了《一个极其重要的政策》的文章，来论述这一问题。

为了把道理说明说透，毛泽东列举气候变化，衣服也要随着变化的生活常识来说明精兵简政的意义。他说：“气候变化了，衣服必须随着变化。每年的春夏之交，夏秋之交，秋冬之交和冬春之交，各要变换一次衣服。但是人们往往在那‘之交’不会变换衣服，要闹出些毛病来，这就是由于习惯的力量。目前根据地的情况已经要求我们褪去冬衣，穿起夏服，以便轻轻快快地同敌人作斗争，我们却还是一身臃肿，头重脚轻，很不适于作战。”

天热了要换夏服，天凉了要加秋装，如果大热天仍然捂着棉衣，准得闹病。这是生活常识，谁都明白。可是根据变化了的战争情况而实行精兵简政的意义，却不是人人都懂得的。如何说明这一意义呢？毛泽东选取了这生活

① 熊向晖：《于细微处见精神——记周总理对我的几次批评》，《中国青年网》2010年4月21日。

中的常例，通过这常例，反映出了要说的道理。可以说是既通俗又道理深刻。

再次，直率与委婉相结合。直率，就是有话直说，实话实说，不拐弯抹角，不闪烁其词。

【案例】

邓小平舌战舒尔茨

1983年2月，美国国务卿舒尔茨来我国进行访问，邓小平会见了他。

会谈中，当谈到湖广铁路债券案时，邓小平指出："所谓湖广铁路债券案纠纷，不过是某些人荷包里装着的东西，随时可以拿出来在中美关系上制造麻烦。美国政府应该制止这种行为。"

舒尔茨辩解说："美国的司法制度是独立的，政府无权过问。起诉的几个美国人，无非是索取一些赔偿，并非制造事端。"

邓小平当即驳斥说："如此说来，美国实际上有三个政府——国会、内阁、法院。叫人家究竟同你们哪一个政府打交道才好？如果说，美国人有权向我们索取赔偿，那么我们中国人民一百年来遭受帝国主义的侵略压迫，蒙受了那么大的损失，难道不可以判你们都来赔偿吗？如果你们一见面就提出这个问题，还谈得上发展关系吗？"①

邓小平这一番直率的话语，驳得舒尔茨张口结舌。

委婉与直率相对，它不是直截了当地把想传递的信息传递出来，而是用含蓄的信息把自己的意思曲折地表达出来。高效沟通，该直率时要直率，该委婉时也要委婉。

【案例】

毛泽东一语双关：平和好

1949年4月，毛泽东在国共谈判期间，接见了国民党政府代表刘斐先生。此时的刘斐对和谈的前途存在疑虑，但又不便直问，便采取了委婉含蓄的提问法，问毛泽东："你会打麻将吗？"

毛泽东答道："晓得些，晓得些。"

刘斐接着问："你爱打清一色呢，还是喜欢打平和？"

毛泽东听出了刘斐的弦外之音，也一语双关地说："平和，平和，清一色难和，平和容易，还是平和好。"

---

① 周二中：《邓小平的高超反击》，《党政论坛（干部文摘）》2011年第1期。

在当时，和谈的前途的确是一个非常敏感的问题，刘斐深知这一点，对这敏感的问题毛泽东是如何考虑的，更是刘斐想知道的。但从他的身份来说，开门见山提问，显然有所不妥，于是，聪明的刘斐便借打麻将的话题，委婉含蓄地道出了他的疑问，使严肃的话题变得轻松、随意。

古代著名思想家荀况说过："人力不如牛，走不如马，而牛马为用，何也？曰：人能群，彼不能群。"

所谓"能群"？就是人与人之间围绕某一目标主动进行社会交往，而社会交往的主要手段就是沟通。沟通就要掌握一定的方式方法，否则也会沟而不通。

五、沟通要选载体，载体影响效果

沟通通常有三种载体，即好口语、体语、界域语。载体不同，沟通效果不同。

口语，即口头语言。这是在人际沟通中使用最多的语言方式，也是领导干部贯彻党的方针政策、密切干群关系使用最多的语言方式。俗话说"言为心声"，领导干部在开会、谈话时，要有真情实感，不矫揉造作，不装腔作势，使听者闻其言、知其人、见其心，要用亲切通俗的语言去教育群众、宣传群众，增加亲和力，增强凝聚力。

【案例】

指导员的70：3

某连队曾有部分战士老是认为自己当3年兵，为别人站3年岗，觉得"当兵吃亏"，工作上经常闹点个人情绪，影响了连队的稳定和建设。为了解决这一思想认识偏差，指导员搞教育时，一开始便在黑板上写下了一个简单的对比数字：70：3。战士被吸引住了，个个竖起耳朵听指导员往下讲。指导员接着解释说：如果我们一个人平均活70岁，那么你为别人站3年岗，而别人却要为你站67年岗。70：3，大家想一想，谁亏呢？简单的数字一比，胜过千言万语，道理不讲自明。指导员的一席话引起了大家的积极讨论，从而消除了"当兵吃亏"的错误认识。

南朝文学理论批评家刘勰说："一人之辩，重于九鼎之宝；三寸之舌，强于百万之师。"这描述了口头语言的力量。但口头语言真要具有这种力量，至少必须具备以下三个条件：

第一，语言要简洁明快。莎士比亚有一句名言：简洁是智慧的灵魂，冗长是肤浅的藻饰。话要说到点子上，说到人心里，要言简意赅、通俗易懂，意义深刻、余味无穷，“言不要多，达意则灵”。

有人曾经问墨子：“话是说得多好，还是说得少好?”墨子说：“说个最简单的故事道理你就明白了。你仔细想想田里的青蛙，整天叫个不停，却没有人理会它，甚至令人厌烦，而公鸡每天只在天快要亮的时候，才叫上几声，但人们都很注意和重视它的鸣啼。由此可见，会说并不在于话多，而在于怎么去说，说得是否有用。”

第二，语言要优美。一场成功的演讲，不仅要使听者得到理论上的启迪、知识上的丰富、思想上的开阔，还要使听者获得感情上的愉悦，使听者愿意听、听得进、记得住。

第三，语言要富有真情。这里特指与人民群众的讲话、谈话、对话。著名演讲家李燕杰说：“在演讲和一切艺术活动中，唯真情，才能使人怒；唯真情，才能使人怜；唯真情，才能使人笑；唯真情，才能使人服。”

体语，即体态语言。这是靠领导者的动作、表情和服饰来传递信息的一种无声语言，可分为动态语言和静态语言两种。动态语言是通过举手投足，如点头、摇头、鞠躬、招手、摆手、捶胸、耸肩以及对视、微笑等动作来传情达意。静态语言是指领导者的服饰、姿势。人的服饰同人的行为举止一样，它传递着领导者情感的“非语言信息”。不同的场合要有不同的打扮，款式既要有时代感，又要适合身份，色彩要协调入时。随着人们的生活水平和文明程度的提高，领导干部应是衣（着装）、形（体）、神（气质）三者的和谐统一。就面部表情而言，国外一项心理学的研究认为：领导者信息的总效果＝7％的书面语＋38％的音调＋55％的面部表情。领导干部的微笑、眼神都传递着对人民群众的真情，举手投足都体现着自己的修养，要谦虚而不傲慢，在群众中树立良好的形象。

界域语，即领导者在与群众打交道时，通过所处的距离、位置来传递信息的一种无声语言。在日常生活及人际交往过程中，界域语作为一种静态的体态语言起着重要作用，它不仅是人际关系的象征符号，更是社会交往中人际关系的风向标。正确运用界域语，能迅速拉近与群众的距离，增强群众的信赖感和亲近感。

【案例】

身体距离会说话

某领导干部到基层检查工作，在田间地头与群众交谈，群众坐在地上，他却坐在垫子上，这虽然不能说这个干部就犯了什么错误，但却拉大了和群体的距离，引起了群众的反感。群众评价这个干部："来自基层，脱离群众。"相反，习近平从农村大队书记成长为中共中央总书记，他在群众中口碑一直都很好，其实很多群众并没有见到过他本人，但从电视中看到他每下基层，总是或站在群众中间，或坐在农民的炕头上攀谈，或与士兵坐在一起吃自助餐，这就于无声中传递出对农民和士兵的情感和关怀，增强了领导者的亲和力和人格魅力。

第十二章　有效激励

激励是组织高效运转、企业长盛不衰的法宝。人的能力如同火花，它既可以熄灭，也可以燃烧起来，而使它燃烧成熊熊大火的方法，就是激励。激励使人看清自己的优势，获得自信，激励发掘人的潜力，激发更大活力。领导干部的有效激励，能够收到良好的效果，取得卓越的绩效。

一、激励从尊重对方开始

每一个人都有被别人尊重的欲望，尊重是对一个人的品格、行为、能力的一种肯定和信任。领导应该始终把下级当作自己工作的伙伴，给予关心、尊重、理解、信任，并平等相待。

在实际工作中，有些领导因为工作压力大，把下级当“撒气筒”，随便发脾气，使性子；有些领导为了更好地完成任务，不顾下级的感受，把下级当“工具”，不重视倾听他们的意见和呼声，稍有不满意，就斥责、谩骂，使上下级关系紧张。

【案例】

行政秘书的怒火

张彦是某单位的行政秘书，工作性质及环境都令他非常满意，每天都非常勤奋地工作。唯一让张彦感觉不悦的是，领导总喜欢斥责人，且不分场合，不管是通电话，还是在单位，甚至是当着他人的面，丝毫不给下级留情面。张彦在描述领导斥责下级时说：领导火气很大，声音高亢，表情丰富，被训斥的中层干部往往一脸沮丧，低头不语，其他下级更是噤若寒蝉。有时“那些污言秽语从他的嘴巴里出来，让下级无地自容”，只要下级工作一有差错，就免不了一顿“暴风骤雨”。有一次张彦终于领教了此领导的骂人功夫。

一天，张彦正埋头工作，领导突然走到他面前，他还没弄清是怎么一回事，领导已经开始怒骂上了，责备他把一个文件放错了位置，害他找了大半天。张彦忍无可忍，怒火中烧，因为文件明明是他一早亲自交到领导手上的，如果有乱摆乱放，也是领导自己的行为。于是双方剑拔弩张，“战争”一触即发。

在现代文明社会，一个人，不管他的出身是尊贵的还是卑微的，不管他是德高望重的好人，还是杀人如麻的强盗，他的人格尊严理应受到全社会的尊重。在工作中，领导者往往居于主动、支配的地位，而被领导者，往往居于从属、被动的地位，作为领导者，应该尊重下级，从而激发和调动他们的积极性。

1. 充满感情，彰显尊重

感情上的和谐是引导和调动下级积极性的重要环节，如果领导者只会用手中的权力命令下级干工作，那是不明智的，也未必能够取得理想效果。

【案例】

南风法则

有一则寓言：北风和南风比试，看谁能把一个行路人的大衣吹掉。北风呼呼猛刮，行路人紧紧裹住大衣，北风无奈于他。南风徐徐吹动，风和日丽，行路人解开衣扣，脱衣而行，南风获胜。人的情感就像这个寓言里的南风，虽不如行政手段果断、强硬，但内化于心的力量却更为柔韧、有力。

情感之所以具有内在的力量，是因为任何外在事物要内化为人的思想、道德等意识形态，都必须经过情感这个中介，人的情感往往决定人的态度取向和心理强度。因此，领导者应该有意识地把自己的情感渗透到工作中，渗透到与下级接触的言谈举止里，才能以自己的强烈情感感染并激励下级。

其实，在我们的现实生活中，有时领导并没有给下级任何物质好处，仅仅是因为尊重了下级的人格，就焕发出了下级极大的工作热情和干劲。如在下级生病住院时，领导来到病榻前给以关心慰问；当下级工作中出现了错误，领导给予善意的批评和真诚的帮助；出差回来汇报情况时，领导端上一杯热茶，都会使下级倍感滋润，积极性提高。

2. 关心下级，赢得忠诚

领导者以平等、友好、坦诚、直率的心态与下级和睦相处，关心下级，竭力帮助下级解决工作和学习中的实际困难，有利于调动下级的积极性，完成任务，赢得威望。

【案例】

马歇尔的温情电话

1944年马歇尔巡察欧洲战场时曾去探望驻意大利第五集团军的军长——利斯·克里顿伯格中将。他回到美国后，亲自打电话给克里顿伯格的夫人说："我打电话是想告诉你，我在意大利见到你的丈夫了，他身体健康，生活愉快。"他给他所见到的所有高级指挥官夫人都打了电话。美国陆军部部长史汀生将军评论马歇尔说："无论驻扎在什么地方的美国军官，甚至那些在前线赢得了成功的军官，都像忠于自己的领袖一样忠于他……"

3. 从谏如流，尊重下级

领导不但要听取不同意见，而且还要鼓励下级敢于提出不同意见。这有利于调动下级积极性。乐于、善于听取下级意见，下级才乐于、敢于去建言献策，领导不能指望大多数人顶着领导的压力，冒着被领导穿小鞋的风险去建言献策。从下级的角度来看，他们不仅仅希望得到领导者的关心，更希望能得到领导者的尊重，而倾听和接纳他们的意见和建议，就是对他们最好的尊重。

二、了解需求，提高激励的针对性

马克思曾指出：人们奋斗所争取的一切，都同他们的利益直接相关。因此，需要是激励的逻辑起点，找准了需要，激励的前提和基础也就找到了。一些领导不能掌握下级的需求，有时花钱不少，效果不佳。

【案例】

给兔子啃骨头

领导：今天大家加个班，我给你们发补助，晚上请大家好好吃一顿！

张震：哎呀，领导，我和女朋友说好了，要陪她一起去看电影啊！

领导：得！得！多给你一倍的加班费，行了吧！和你女朋友说说，这笔生意着急啊！

张震：领导，这不是钱的问题，我挣得也不少了，够花就行了呗，主要是享受生活不是吗？老工作不成机器了！

领导哑口无言！

人的需求在不同的时期，是不一样的。马斯洛需求层次理论告诉我们，人的基本需求由低级到高级分为五个层次，只有根据不同时期不同的需要以及本人的性格、特点进行激励，才有针对性，才能收到良好的效果。

1. 满足人的多样化需求

需要的满足因一个人的工作、年龄以及文化背景等因素的不同而各有差异。因此，领导者在激励下级时，不仅要一般地了解其不同的需要，而且特别要了解和掌握其在某个时期的优势需要以及优势需要的动态变化，以使激励更有针对性。

一个人在饥饿时不会对其他任何事物感兴趣，他的主要动力来自食物。领导者应该明白，他们只关心收入，是为报酬而工作，领导者就应该利用增加工资、改善劳动条件、给予更多的业余时间和工间休息、提高福利待遇等来激励下级。当一个人最基本的生理需求满足后，安全、稳定以及有医疗保险、失业保险和退休福利就成为人们首要关心的问题，领导者就应该强调规章制度、职业保障、福利待遇。当上述需求得到满足后，社交需求就会突出出来，领导者应适时开展有组织的体育比赛和集体聚会等活动，并且遵从集体行为规范。当然，对下级成就、名声、地位和晋升机会的关心是较高层次的激励。当他们得到这些时，不仅赢得了人们的尊重，同时就其内心因对自己价值的肯定而充满自信。人在自我实现的创造性过程中，会产生出一种所谓的“高峰体验”的情感，领导要帮助其实现理想、抱负、发挥他们的聪明才智，这是人的需要层次中最高层次的需要。

2. 了解激励对象的能力、气质和性格

众所周知，人的能力、气质和性格是存在差异的。从能力上看，既有一般能力差异，又有特殊能力差异。如果领导者不能人尽其才，才尽其用，不仅会给工作带来影响，更严重的是对人才的浪费。

从气质和性格上看，人的气质是不一样的，多血质的人充满自信、有较强的活动能力，喜欢体验和锻炼，这类人适合于做营销和公关工作。抑郁质的人遇事不是单凭聪明去处理事情，而是把自己所掌握的工作内容在头脑中组合、计算，确定方针，然后在这个范围内一个一个地去做，把问题处理好，这类人员适合做财务，他们办事认真细致、安静、沉稳、善于忍耐。胆汁质的人相信实实在在的实业，不相信虚的东西，对四周发生的事冷静观察，以旁观者的态度对待，这类人员比较适宜做记者、作家、图案设计师等。黏液质的人聪明，有较强的能力，处世精明，有出类拔萃的情报搜集能力，他们既适合做学术、教育，也适合做外交官、商人、律师等。

实践证明，当一个人所具有的气质特点符合工作要求时，这个人就比较容易适应，工作起来也比较轻松，反之则不适应，工作任务很难完成。

3. 激励方式多样化

激励方式要因人而异、灵活多样，适应不同年龄、不同爱好、不同部门、不同职务人们的需要和追求，这是调动人们积极性的有效途径。

一是采取不同的奖励方式。领导者要根据人与人之间优势需要的相似性和差异性，以不同的奖励方式，使每种奖励都能适合不同人的优势需要，提高激励的效果。

二是激励方式要灵活多样。可以根据本单位的特点采用不同的激励机制。如运用工作激励，尽量把员工放在他所适合的位置上，并在可能的条件下轮换一下工作以增加员工的新奇感，从而赋予工作以更大的挑战性，培养职工对工作的热情和积极性；如运用参与激励，形成职工的归属感、认同感，进一步满足自尊和自我实现的需要，激发出职工的积极性和创造性。

三是要把物质激励与精神激励有机地结合起来。物质激励能调动下级的积极性，精神激励能使激励效果产生强化的作用，两者结合，能使激励效果更持久、更有力。

三、真诚赞美，激活内在动力

在工作中，下级最容易得到满足和欣慰的是得到上级的肯定和认可。认可是一个领导者最容易办到、最能取得立竿见影效果的激励手段之一。通常情况下，下级都渴望自身的才华能够得到施展，自身的价值能够得到体现，工作成果得到上级的肯定。对此，一个高明的领导者应善于因势利导，挖掘下级的这种积极因素，点燃下级的智慧和激情之火，激起下级积极向上的工作热情。

【案例】

餐厅服务员的感动与行动

餐厅服务员刘丽利索地完成了上菜工作，客人很满意。最后上水果时，脚下一滑，连人带盘子摔在地上，偌大的餐厅霎时鸦雀无声。此时，值班经理走过来，扶起吓坏的刘丽，说：今天客人多，你累坏了。前面的菜上得很顺利，快去休息吧！经理从容地给最后一批客人上完西瓜，拿起扫帚把西瓜、盘子碎片打扫干净，并向客人致歉，刘丽感动地流下了眼泪，客人们也为之鼓掌喝彩。这位经理一句话，包含了领导对下级工作的肯定和关心，使这位无意中出差错的服务员摆脱了尴尬。这家餐厅没有因为这一意外事故影响它在人们心目中的声誉和地位，反而因其高超的领导艺术而备受人们的赞扬。可以说，这位经理在特殊情况下的一句看似平淡的赞扬，在刘丽心中远远胜过所有的奖金。刘丽在以后的工作中会更加兢兢业业、爱岗敬业。

“锦上添花”诚然可贵，“雪中送炭”效果更佳。通常，最需要赞扬的不是早已美名天下扬、功成名就的人，而是那些自卑感很强、被当成“丑小鸭”的“白天鹅”，是那些因被埋没而产生自卑感或身处逆境的人。他们平时很难听到一声赞扬，一旦被人真诚地赞美，就有可能尊严复苏，自尊心、自信心倍增，精神面貌焕然一新，从而振作精神，大展宏图。

真诚赞美，要取得好的效果，必须把握好分寸。

1. 赞美要自然，不能端架子

虽然人人都喜欢听赞美的话，但并非所有赞美都能激励下级，能引起下级好感的只能是那些基于事实、发自内心的赞美。赞美的言辞通常亲切自然，表情和悦真挚，不端架子，不虚情假意。如果领导者一副高高在上、神圣不可侵犯的姿态，赞美的话就不可能是自然的，也不可能引起下级的心灵共鸣。聪明的领导会把自己事实上的职务优势最大限度地隐藏起来，以谦虚、虔诚的姿态，明察秋毫，善于发现下级的成绩和优点并及时地予以赞美。

2. 赞美要具体，不要太抽象

领导就某个具体的事件对下级进行赞赏，会让他印象深刻而受鼓舞和感激，也会认为你是真诚地赞赏他。如果含糊其辞，不仅达不到一定的效果，可能还会引起误会，而具体的赞美会让人听起来更加真诚友好。只有真正关爱下级的领导者，才会注意下级的一言一行、一举一动，才会把下级的每一点成绩都看在眼里、记在心里，不断进行鼓励，并为下级的点滴进步而由衷地高兴，而不是对其努力熟视无睹。

【案例】

“你扫的地真干净”

韩国某大型公司的一个清洁工，本来是一个被人忽视和看不起的角色，但在一天晚上公司保险箱被窃时，他却与小偷进行了殊死搏斗。事后有人问他为什么会不顾自己的生死去保护公司的财产时，他说：公司老板从他身旁经过时，总是不时地赞美他“你扫的地真干净”。就这么一句简简单单的话，就使这个下级受到了感动，认同了公司。

当然赞赏下级不能添枝加叶、任意拔高，把平常说成“伟大”，把小事说成“丰碑”，更不能无中生有。同时，还要切忌大事化小，小事化了，有目共睹的功劳，如果蜻蜓点水，甚至抹杀，就易使下级难辨是非，无所适从，失去责任感。赞美既要实事求是，又要恰如其分，客观、公正、全面。

3. 赞美要因人、因时而异

人的素质有高低之分，年龄有长幼之别，因人而异，突出个性，有特点的赞美比一般化的赞美能收到更好的效果。老年人总希望别人不忘记他“想当年”的丰功伟绩与雄风，同他们交谈时，可以多称赞他引以自豪的过去；对年轻人不妨语气稍为夸张地赞扬他的创造才能和开拓精神，并举出实例证明他前程似锦；对于经商的人，可称赞他头脑灵活，生财有道；对于有地位的干部，可称赞他为国为民，廉洁清正；对于知识分子，可称赞他知识渊博、宁静淡泊。当然这一切要依据事实，切不可虚夸。

赞美的效果取决于见机行事、适可而止，真正做到“美酒饮到微醉后，好花看到半开时”。当别人计划做一件有意义的事时，开头的赞美能激励他下决心做出成绩，中间的赞美有益于对方再接再厉，结尾的赞美则可以肯定成绩，并指出进一步的努力方向，从而达到“赞美一个，激励一批”的效果。

4. 赞美要公开进行

领导称赞下级，从很大程度上是手段而不是目的。当着大家的面称赞下级，“扬善于公庭”一是为了鼓励被称赞的下级，让他意识到领导对他的肯定和赞赏；二是为了给其他人树立榜样，鞭策其他人努力工作，干出成绩。

但是，如果当众称赞某一位下级的成绩和优点不恰当，就可能引起其他人的不满和嫉妒，不仅对称赞的下级造成坏的影响，还会损害领导的威信和形象，激化内部矛盾。所以当众称赞一位下级必须慎重，必须考虑你的赞赏是否会引起其他人的嫉妒心理；当众称赞下级要有理有据，使人心服口服，要给每个人以均等的机会，要对事不对人，谁有了成绩，符合要求，达到标准就当众赞美，而不能此一时彼一时，忽冷忽然。

此外，赞美并不一定总用一些固定的词语，见人便说“好”“加油”“再接再厉”这几个笼统的词。有时，投以赞许的目光、做一个夸奖的手势、送一个友好的微笑、拍拍下级的肩膀、写张简短的感谢纸条，都能收到意想不到的效果；发一封邮件，打一个私人电话祝贺下级取得的成绩，或在公众面前跟他握手并表达对他的赏识，这类看似简单的非正式的认可与鼓励，甚至比一年一度召开盛大的表扬大会，效果可能更好。

四、善意批评，激励昂扬斗志

人在本能上对批评有一种抵触心理，领导者应对这一心理现象有清醒的认识，当然如果批评合理，能起到化消极因素为积极因素的神奇作用，既教育本人，也启发群体。

【案例】

陶行知教育学生

我国著名教育家陶行知先生任育才小学校长时，发生过这样一件事情：一天，陶行知先生无意中看到学生王友用泥块砸同学，就迅速将其制止，并要求他放学后到校长办公室一趟。放学后，陶先生处理完手边的事情后赶到办公室时，看到王友早就等候在门口。陶先生把他领进屋，很客气地让他坐下，没有立即批评他，却出人意料地从口袋里掏出一块糖递给他："这是奖励你的，因为你遵守时间并且比我先到。"接着又掏出一块糖给他："这也是奖励你的，我不让你打同学，你立即住手，说明你很尊重我，并且也听师长的话，是个好学生。"待王友迟疑地接过糖，陶先生又说："你是个有正义感的孩子，你打同学也不是无缘无故的，是因为他们欺负女同学，你看不过去，才出手打人。"说完陶先生又给了他第三块糖。王友再也忍不住了，边哭边说："校长，我错了，你批评我吧，我不该打同学，我不能接受你的奖励。"陶先生笑了，又拿出第四块糖："你已经承认了错误，再奖励一块。我们的谈话结束了，你可以走了。"

看完伟大教育家们陶行知的教育案例，我们不难发现，同样是批评，可以更加人性化，更好地让人接受。做到这一点，才能使批评在老师与学生的心灵产生良好互动。苏霍姆林斯基说过："我一千次地相信没有一股有诗意的感情和美的清泉，就不可能有学生的发展和进步。"批评是一项难以运用的工作方法，犹如是在别人身上动手术，出了差错，就容易伤人。所以，一定要慎重，掌握批评的技巧，传递批评的善意，取得批评的效果。

1. 把握批评的时机

时机掌握得好不好，直接影响到批评的效果。一切事物都是以时间、地点、条件为转移的。

对于那些问题已经发生，性质已经明确，后果已经明了的人和事，必须进行及时性的批评；对那些具有明显的劣性倾向，不及时制止和纠正就会产生连锁反应的问题，批评要及时，要趁热打铁。下级发生错误要立即指出，不能拖得太久，如果不及时，事过境迁，情况发展了，变化了，即使加上十倍的力量，也无济于事。

实施及时批评，还要按照客观规律办事。领导者既要有批评的坚决性和果断性，又要有分析判断问题的细致性和准确性，如果不根据客观情况，一味趁热打铁地批评，会使批评陷入盲目性，不可能收到良好的效果。

如果批评下级的缺点或错误的条件还不成熟，要有时间缓冲，等待水到渠成的时机，再进行批评。因为一个人的信仰、观念和立场的改变，往往需要一个体验过程，如果采取强加于人式的批评，常常会使矛盾激化，上下之间隔阂加深，产生不良的后果，而采用拖延性的批评，则可以使问题的解决比较自然和顺畅。

拖延式批评不是搁置不管，更不是大事化小，小事化了，不了了之，而是要认真观察仔细思考，捕捉有利的时机，争取最好的效果。

2. 注意批评的场合

批评要注意场合，主要把握好两个问题：

一是批评的范围。如果是需要全体人员注意的问题，必须在大范围内进行批评；如果问题正在萌生中，只需要领导和骨干掌握的，就可以在较小的范围内批评；对于那些不适宜公开的问题，不适宜在公众场合批评的问题，则需要更小乃至个别的范围进行处理。

二是批评的氛围。对于同一性质同一程度的问题，在群众觉悟比较高、风气比较正的单位，领导者可以尽情发挥原则性的威力，毫无保留地触及受批评的人和事，以达到批评的目的。与此相反，在群众基础比较差、心理承受能力比较低的单位进行批评，则要注重动之以情，晓之以理，循循善诱，耐心启发，使受批评者受到教育。

3. 尽量私下批评

对于个人的影响到工作的缺点与不足，最好私下单独谈，“规劝于密室”。现在各单位新招的职工有许多是独生子女，从小受宠，自尊心强，到单位也受不了一点委屈，因此，对他们的管理方法要讲技巧。下级有缺点，影响团结、影响工作了，如果当众批评指责，因为面子问题，逆反心理强，不仅心里不接受，而且容易口头上反驳，顶撞上级，这就把上级置于一个非常尴尬的境地，是大人不计小人过不予计较，还是放下身段与下级争吵？无论怎样，都达不到预期的效果。如果将批评放在私下进行，照顾了下级的面子，更有利于下级心平气和地考虑问题，也能充分地与上级交换意见并接受批评，效果比较好。

五、激情燃烧，激发青春活力

我们的事业要推向前进，需要一大批充满激情的领导及其团队倾心投入。激情不是与生俱来的。激情来自坚定的理想信念，来自崇高的历史使命感和强烈的政治责任感，来自对事业的无限热爱，来自对人民的忠诚和炽热情怀。

【案例】

巴顿的激情讲演

好莱坞影片《巴顿将军》可以说是征服了全球军迷的经典之作，特别是片首那场巴顿在巨幅星条旗下的激情讲演，更是经典中的经典。

弟兄们：你们今天到这里来，有三个原因：第一，你们来这里，是为了保卫家乡的父老乡亲；第二，你们来这里，是为了荣誉，因为此时没有其他更好的地方可去；第三，你们来这里，是因为你们是真正的男子汉，真正的男子汉要血洒疆场……

战争，是不甘屈服的男子汉最能表现自我竞争的机会。战争会逼出伟大，剔除弱小。美国人素以成为雄中之雄而倍感自豪，而且他们自己也是雄中之雄。大家要记住：敌人和你们一样害怕，很可能比你们更怕。他们并非刀枪不入。

…………

我们有世界上最好的给养、最好的武器装备、最旺盛的斗志和最棒的战士。

…………

凯旋回家后，今天在座的弟兄们都会获得一种值得夸耀的资格。20年后，你会庆幸自己参加了这次世界大战。到那时，当你坐在壁炉边，孙子坐在你的膝盖问："爷爷，你在伟大的第二次世界大战时干了什么？"你不用尴尬地干咳一声，把孙子从一个膝盖移到另一个上，吞吞吐吐地说："啊……爷爷当时正在……"

与此相反，弟兄们，你可以直盯着他的眼睛，理直气壮地说："孙子，爷爷我当时在第三集团军和巴顿将军在一起并肩作战。"

在严酷的战争年代，需要激情；在火热的建设年代，需要激情。而今天，在激流奔涌的改革时代，同样需要激情。每个人的激情燃烧，才会有整个组织的活力四射。

1. 让下级激情燃烧，领导首先要有激情

一个没有激情可言的领导者不可能带出来富有激情的下属。一位激情洋溢的领导，会感染一大批下属，进而激发一个单位、一个地方的工作活力。这样的领导，往往走到哪里，哪里的气氛就活跃；到哪个岗位，哪个岗位的工作就有起色；接触到谁，谁就会被激起干事创业的强烈欲望。

【案例】

"激情分子"杰克·韦尔奇

自称是"激情分子"的杰克·韦尔奇登上通用电气总裁宝座时说："我很激情，通过我的激情来感染我的团队，让我的团队也充满激情，这才是我真正的激情所在。"杰克·韦尔奇为把自己的激情传递给他的团队，凡是出差到分公司，无论时间再紧张，身体再疲劳，他也要抽出时间，给分公司所有员工讲话，除了专业知识以外，他还告诉员工如何对待自己的职业生涯，应具备什么样的态度，如何使自己准备好，如何提升自己的信心。杰克·韦尔奇的每一次演讲总能让听者热血沸腾、备受鼓舞。

作为领导者，只要你激情飞扬，一些低成本甚至零成本的激励方法就会在你的创造性发挥中应运而生，你的下级将会在你的激励之下，爆发出巨大的力量，下级将因你的激励而优秀，你将因下级的优秀而成功！

2. 确定清晰的目标，增加下级的责任

人的行为都是由动机引发的，并且都是指向一定的目标的。这种目标是行为的一种诱因，是行动的内驱力，对人的活动起着强烈的激励作用。领导者要通过设置适当的目标，有效诱发、引导和激励下级的行为，调动其积极性。

领导者既要为下级设定一个目标，并向他们提出工作挑战，又要向他们描绘远景，要让下级了解工作计划的全貌及他们自己的努力在实现组织目标中的关联性，这种关联性越强，下属的责任感越强，出色完成工作的欲望越强。

责任感是人对某一具体事物的积极关注和心理投入，它往往外化为对某一任务的积极行为。下级有没有责任感，常常与领导有没有给他们提出具体要求有关。因此，应该明确哪些事情是由领导做，哪些事情由领导引导下级一起做，哪些事情则必须由下级自己做。对应当由下级做的事必须给下级提出明确要求，不要包办代替。

3. 不断调整工作环境，制造新鲜感觉

领导者要善于打破原有的、常规的、陈旧的工作模式，激活下级对新生事物的新鲜感和求知欲。可以适当安排下级参加一些突击性的工作，或从事与自己岗位职责有差异的工作。在不影响正常工作秩序的情况下，适时对下级进行岗位轮换，以此来激励下级掌握新知识、学习新本领，使其在新的岗位获得新鲜感，增强其迎接新挑战的勇气和能力。这种做法不仅有利于激发下级新的工作激情，还能够提高下级的综合素质。

第十三章　舆论引导

根据国家工业和信息化部公布的《互联网行业“十二五”发展规划》，到2015年，中国网民数量将超过8亿，这意味着届时中国将有超过一半的人是网民。互联网作为最具有革命性和不可逆转的技术力量，已经成为党和政府执政的基本环境，而网络化也已经成为社会最基本和重要的特征之一。在网络社会中，如何转变执政思维与执政方式，是摆在党和政府面前的重要课题，如何提高舆论引导能力是摆在领导干部面前的重要考验，也是其提升领导力的基本要求。

一、网络时代到来，提高舆论引导能力迫在眉睫

互联网改变了公众的生活，改变了国家意识形态的格局。网络时代，舆论宣传与舆论引导工作出现许多新问题、新情况，对领导活动产生了极其深刻的影响，领导干部勇于面对、深刻认识，才能不断提高舆论引导能力。

（一）两个舆论场之间的隔膜

今天的中国，官方的和民间的两个舆论场并存。所谓“官方舆论场”是指在传统宣传部门统一口径之下，自上而下形成的意识形态化的舆论场，以官方各级、各类媒体为代表发出的主流媒体的声音；而“民间舆论场”则是指网民通过各种层出不穷的网络新媒体应用，与都市类媒体同频共振，自下而上形成的非主流舆论场，以论坛、博客、微博等平台为代表。两个舆论场之间相互隔膜，后者日渐成为主要议程设置者和热点聚集者，前者在掌握话语主动权方面反而经常陷入被动局面。

产生这种断裂的根本原因在于，网络社会开始呈现出扁平化结构，而我们的执政方式与思路仍然是垂直结构，简而言之，我们仍然在以垂直化的方式去治理一个已经日渐扁平化的社会，两者之间不相适应。

【案例】

2011年网络热点谁先爆料?

根据上海交通大学舆情研究实验室主编的《中国社会舆情与危机管

理报告（2012）》，在 2011 年发生的全部 471 个网络热点事件中，由新媒体首先曝光的有 307 起，占 65.2%，其中由微博首先曝光的更是占到了 22%；由传统媒体曝光的有 145 起，占到 30.8%。报纸、网络新闻和微博成为社会舆情热点事件的三大主要曝光渠道。[①]（图 13—1）

网络越来越成为中国公众信息来源的首要渠道，而微博已经上升成为中国社会第一信息源。对于政府及其官员来说，当网络成为社会信息的第一出口时，就意味着以往通过传统媒体来设置议程、引导舆论的模式不再适用，而是需要争取打通两个舆论场，在新媒体平台上尽快发出自己的声音，实现政声与民声的共鸣，而不是与之对立起来。

图 13—1

（二）传统媒体时代“媒体管理——意识形态建构——政治中枢神经传输”的三根链条面临失效的连锁反应

1. 传统媒体时代的媒体管理与意识形态建构

在传统媒体时代，媒体管理体制也建立在相应的媒体技术与传播特点之上，具体表现为分级管理、分类管理、内容管理和属地管理的四重管理体制。

——传统媒体的运作方式具有“金字塔”般的结构，层层把关、层层报批，因而具有分级管理的可能性。

——传统媒体的形态具有单一性和相对分割、独立的特点，因而具有分类管理的可能性。

——传统媒体对于信息的传播具有滞后性，可以预先进行审查把关，因而具有内容管理的可能性。

---

① 谢耕耘主编：《中国社会舆情与危机管理报告（2012）》，社会科学文献出版社 2012 年版，第 29 页。

——传统媒体是集中的专业实体机构，因而具有属地管理的可能性。

通过四重管理体制，党和政府对信息传播的内容、速度、广度、角度等都可以计划安排，从而实现对媒体议程的有效设置，也可以最大限度地实现对舆论的影响，这也是中国媒介管理语境中“舆论引导”的特殊含义。

通过以“分级管理——分类管理——内容管理——属地管理”为核心的媒体管理体制，信息传播和话语权就牢牢掌握在党和政府的手中。通过对新闻事件的内容、角度和评价的选择性传播，逐渐形成了国家在提倡什么、批评什么、反对什么的一整套社会的核心价值体系，一条有效的意识形态链条也因此建构起来。与此同时，这也是一条有效的政治中枢神经传输的主动脉。党和政府的声音通过这根链条传往千家万户，并在此基础上进行社会组织和动员，同时建立起国家共识与价值认同，起到有效的统一思想、稳定人心、凝聚人心的作用。

随着互联网技术的普遍应用，不仅在信息传播和媒体领域发生深刻的革命性变化，更重要的是对于中国超稳定的政治与社会结构而言，它所带来的将是一连串的连锁反应与更深层次的影响。

2. 互联网的传播特点与三根链条的失效.

互联网首先影响到的是在传统媒体基础上形成的一整套媒介管理体制。

——互联网 P2P、SNS 等技术的去中心化结构、病毒式信息传播等特点，打破了分级管理的可能性。

——终端融合的技术趋势，打破了分类管理的可能性。

——信息传播的主要形态由文字变成图像，扰乱了预先过滤审查的内容管理。

——信息传播的“随时随地、随心随意”，打破了属地管理的可能性。

互联网的这些技术特点使传统的媒体管理体制失效，也使原有的媒介管理体制——意识形态建构通道——政治中枢传输神经的三合一链条面临失效与断裂的连锁反应。

【案例】

“贾君鹏事件”的病毒式传播奇迹

2009 年 7 月 16 日，在百度贴吧的“魔兽世界吧”里出现了一条标题为“贾君鹏，你妈喊你回家吃饭”的帖子，而帖子的内容只有一个并不完全的 IP 地址和 RT 两个英文字母缩写（意思是“如题”）。随后短短 6 小时内有 781 万网友点击，截至 2009 年 8 月 26 日 18：10，回复已经有 324961 条，达到了回复的上限。随后新浪、猫扑、网易、凤凰、QQ 新闻及多家网站与论坛发表了关于此帖的新闻，被网友称为“网络奇迹”。

不过这还不算是结束，随后商家借用这个网络热点进行了一系列的商业炒作，包括“贾君鹏你妈妈喊你回美域度假”“贾君鹏你妈妈喊你回家玩”“贾君鹏，开发商喊你回来买房”“台湾，祖国叫你回家吃饭”和“贾君鹏你妈妈叫你来献血”等广告标语。网上还派生出以贾君鹏命名的系列人物 ID：“贾君鹏妈妈”“贾君鹏姥爷”“贾君鹏二姨妈”“贾君鹏姑妈”等，形成异常庞大的“贾君鹏家庭”。同时还产生了一系列网络歌曲和文学作品，如《贾君鹏之歌》、《我不是贾君鹏》、《史记·贾君鹏列传》，以及相关的商业嫁接，例如“贾君鹏你妈妈喊你回家吃饭”字样的 T 恤，价格为 35～80 元，还有 100 多件网购产品，都用上了“贾君鹏温情推荐”等词语。

就在人们纷纷猜测到底是谁创造了这个奇迹时，有几家网络广告公司纷纷跳出来承认自己是幕后推手，说这是自己的营销策略。相关的专家学者也开始分析这一现象背后的文化心理因素或是营销特点。但无论这件事本身是如何莫名其妙或者无厘头、无意义，它让人们共同见识了互联网的“病毒式”传播所能够聚集起来的巨大力量。

二、把握中国互联网政治生态的特点，为提高舆论引导能力打牢基础

在中国，由于社会转型期快速发展的同时急剧积聚了大量矛盾，而民主发展不充分，民众对于国家各项事务的知情权、参与权、表达权、监督权落实不到位，互联网承载了比西方发达国家更多的功能。

（一）互联网成为民众政治表达的首选与主要渠道

表达权是一切权利中最基础的权利，但由于现阶段民主发展不充分，民众表达的机会少、渠道不畅通，因此，“上访”不如“上网”已经成为共识，越来越多的中国网民通过互联网参与各方面的社会与公共事务，互联网成为公共表达与参与的重要平台。

【案例】

有事情向谁举报？

2009 年《中国青年报》委托腾讯网所做的一项调查——“网民采取何种举报方式”，结果显示：选择网络曝光的网民比率达到了 35.8%，选择传统媒体曝光的达到了 31.3%，这两项加在一起，选择通过媒体曝光的总量达到了约 67%之多。而传统或正规的举报渠道，如向纪委、公安

检察机关及上级机关举报的加在一起只有不到33%。[①]

（二）网络舆论成为衡量民意的重要参考指标

之前很多人对网络舆论是否能够代表民意存在质疑。的确，在相当长的时间内，中国的网络普及率低，上网还是少数人的事，并且网民结构也不均衡。以2000年为例，网民中出生于“80后”的网民占61%，其余70前、70后和90后网民的比例分别为6.8%、15.6%和16.7%[②]，三者加起来与80后网民相比仍然少很多。

但是，现在中国共有5.38亿网民、2亿多微博用户、每天上千万条原创微博，已经进入“全民织网”的时代，网络普及率已经超过40%，覆盖了总人口的近一半。[③]从网民结构上看，70前、70后、80后和90后的网民分别占18.2%、22.8%、28.1%和31.0%，已经非常均衡，基本上实现了“全民互联”。[④]

在这种情况下，如果仍然否认网络舆论是衡量民意的重要指标就非常牵强甚至自欺欺人了。

（三）中国网络的舆论功能非常突出，“自媒体”特征明显

在欧美大部分主要国家中，网络的电子商务、政务功能比较突出，而在中国，更为突出的则是网络舆论功能。这和现阶段的中国公众渴望表达、社会各方面矛盾相对集中与突出等因素有密切关系。特别是随着博客、微博等新媒体技术的兴起，很多网民在公共突发事件中充当起现场目击者和“公民记者”的角色，通过新媒体对事件进行直播和现场报道，“人人皆媒体”“自媒体”（We Media）特征十分明显。

【案例】

2009年元宵节央视北配楼火灾的公民报道与全民传播

2009年2月9日晚，中央电视台新址CCTV（文化中心，又称北配楼，高159米）发生严重火灾，大火从楼顶烧到楼底，扑救达6小时之

---

① 引自《人民网：2009年中国互联网舆情分析报告》，http：//yq.people.com.cn/htmlArt/Art392.htm.

② 引自艾瑞咨询CEO杨伟庆，《互联网光芒十年，展望未来风采》，2011年8月，艾瑞咨询集团网站：www.iresearch.com.cn.

③ 引自中国互联网络信息中心（CNNIC）2012年6月发布的第30次《中国互联网络发展状况统计报告》。

④ 引自艾瑞咨询CEO杨伟庆，《互联网光芒十年，展望未来风采》，2011年8月，艾瑞咨询集团网站：www.iresearch.com.cn.

久。从火灾发生的那一刻起，公众就利用手机、互联网等手段报道火灾过程，随后围绕火灾原因、火灾损失、火灾责任在互联网上展开评论，至少到 2 月 12 日的三天内，始终是民众最关注的事件。尽管传统新闻媒体对这场火灾的报道进行了“淡化”处理，但民众却借助互联网和手机实现了一次规模空前的“公民报道”与全民传播。

最早报道这场火灾的，是一位名叫“加盐的手磨咖啡”的网民。当晚 8 点 20 分的时候，她发现 CCTV 楼顶起火，当即用带摄影功能的手机拍下照片并很快上传至天涯社区，由于帖子一时没有通过，延迟至 9 点 04 分才得以发布。她后来在博客中写道，即使被天涯延迟了发布，但也是最快的报道了。此帖子在发布后 12 小时内，这批照片的访问量超过 37 万次，跟帖 1700 多个。

当晚，一位名为“wonitata”的博客站点刊发的一组图片，也引起网友的频频点击。这位网友显然更具新闻报道的意识，她称收到一条“中央电视台着火了”的短信后，拉开窗帘一看，发现央视新址浓烟滚滚，于是立刻拍照，上网，20 点 41 分发布《突发事件直播：CCTV 新大楼北副楼着火了（cctv fire）》的报道。这组连续刊发的 9 张照片有一个显著特点，就是准确注明了时间，记录了火灾全过程。如到 22∶00，已经“烧到底了”；到 22∶49，“最后留下一缕青烟”。这组照片当晚亦被网民、网站广泛转发。

特别值得注意的是身处湖南省宁乡县的“80 后”青年周曙光，他因 2007 年到重庆报道“钉子户事件”而出名，现以“公民记者”第一人自诩，多次前往突发事件现场进行报道。2 月 9 日 21∶04，他通过 Gtalk 和手机短信收到网友报告的：“中央电视台烧了!!! 新楼”的信息后，新闻敏感促使他立刻行动起来，利用 google docs 制作了一个《元宵节 CCTV 大火新闻专题报导》页面，于 21∶10 在网上发布。他后来说：“我相信我维护制作的这个文档是最早最全最详细的央视大火的报道。”“我从当天晚上九点开始，一直在编辑这个文档，增加图片，更改排版布局，添加新内容，浏览各大论坛，寻找相关信息，一直到第二天早上九点才睡觉，中午十二点又爬起来更新。”

22 点之后，网友用手机拍摄的视频，陆续上传至优酷、土豆网等视频分享网站，以及搜狐等门户网站的视频或播客频道，甚至上传到 YouTube 和 CNN iReport。

在这场火灾的报道中，可以毫不夸张地说，网民 PK 掉了传统媒体。《环球时报》记者通过环球网在 21∶44 才进行简短报道，而新华网直到 22∶07 才发出快讯。不少新闻媒体的最初报道不仅在时效性、信息丰富性、形式多样性上比不过公民报道，甚至在火灾发生的时间、地点上，也存在模糊、不准的缺陷。①

（四）网络关注的重点明显聚焦社会热点

从2009年到2011年的情况看，网民关注最多的列在前五位的词分别为：2009年是“争议、官员、最牛、死亡、言论”；2010年为“局长、警方、死亡、领导、拆迁”；2011年为“事故、死亡、争议、微博、审判”②。从这些变化中可以看出，虽然每年发生的具体热点事件的领域有所不同，但网民的关切，大都聚焦在民生、社会安全、官民关系、公众知情权和公开透明、公平公正等领域，都属于社会热点领域。这些问题既是舆情“重灾区”，也是党和政府要下大力气解决问题的领域。

三、善待媒体、善用媒体、善管媒体，提高舆论引导能力

（一）正确认识媒体

媒体是党委、政府与民众沟通、联系的桥梁。党委、政府及领导干部正确定位媒体角色经历了一个过程，即从“喉舌”到“对手”再到“价值载体与执政平台”。

计划经济时代的媒体，其最主要的功能就是充当党和政府的喉舌。在这种情况下，党和政府对于媒体的基本定位，是要围绕和配合党和政府的中心工作做好“宣传”工作。

当媒体产业和技术已经发生大的变革时，很多领导干部却对此认识不足，习惯性地希望或者要求媒体仅仅配合党和政府做好宣传工作，甚至于简单地“听话”。一旦不能如己所愿，被媒体或网络批评、曝光，就心生敌意和怨恨，把媒体和互联网当作“对手”“敌人”或“麻烦制造者”，结果招致更大的对立，带来工作的被动。

2010年5月，《人民论坛》在人民论坛网等网站做了一项关于“当代中国官员的‘网络恐惧’”的问卷调查：70%的受访人认可“官员网络恐惧”这种说法，有60%的受调查者表示“恐网”的原因是“担心工作疏漏等不良现象被曝光，影响前途”。

因此，领导干部从根本上转变观念，已经成为比学习与媒体记者、与网络打交道的“技巧”更为根本和急迫的任务。

---

① 摘编转引自《闵大洪的博客》，“央视新址火灾的公民报道与全民传播”，http://blog.voc.com.cn/blog.php?do=showone&type=blog&uid=1938&itemid=547014.

② 喻国明主编，《中国社会舆情年度报告（2012）》，人民日报出版社2012年版，第24页。

领导干部需要面对新的形势，正确定位媒体角色，理性、客观地调整自己对于现代传媒的态度与期待，从而重新定位自身与媒体之间的关系。

首先，要学习和了解现代传媒的基本规律与特点，认识到对于传媒要“听话”的期待和定位，已经不符合时代与社会发展的规律，更不符合党和政府转变执政理念与方式的需要；

其次，要转变对于媒体的畏惧和怨恨心理，把现代传媒真正当成党和政府更好地治国理政的平台与基础。要深刻地认识到，现代传媒既不是“下属和跟班”，也不是“对手与敌人”。媒体无所谓好与坏，只是一个平台与工具，谁用它、用得好，它就为谁服务；谁不用、用不好，它就有可能成为其障碍和麻烦。因此，我党特别强调要“善待媒体、善用媒体、善管媒体”①，要按照其自身的产业、技术和专业规律，将媒体纳入党和政府执政的有机环节和组成部分，使之成为党和政府良好的价值载体与执政平台。

（二）将媒体应对与舆论引导纳入执政范畴

在新的媒体和舆论环境中重新定位党政、媒体、公众三者之间的关系，就要从根本上转变执政的理念和方式，遵循信息时代的执政特点，努力做到党政主导、相互依存、力量平衡、共生共赢，形成三者之间关系的动态平衡和共生共赢的局面，而不是非此即彼的简单关系。

根据不同情况，党委、政府与媒体、公众之间关系模式主要有三种。

模式一：搭好平台，主动驾驭（图 13—2）。

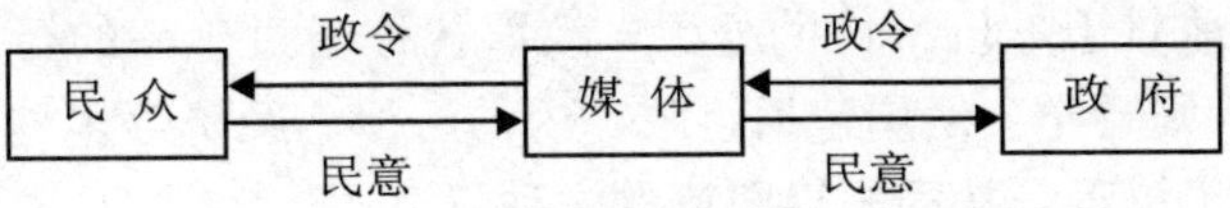

图 13—2

在关系模式转变中，最大的变化就是要把媒体和公众参与纳入政府工作过程，把党和政府与媒体和公众打交道常态化、常规化，而不是只在危机来临或遭到批评的时候，才被动地加以应对。这就要发挥好媒体通达民意、减压阀、瞭望塔等多重功能，以媒体搭建平台，让公众充分地参与到公共事务中。

模式二：趋利避害，有效应对（图 13—3）。

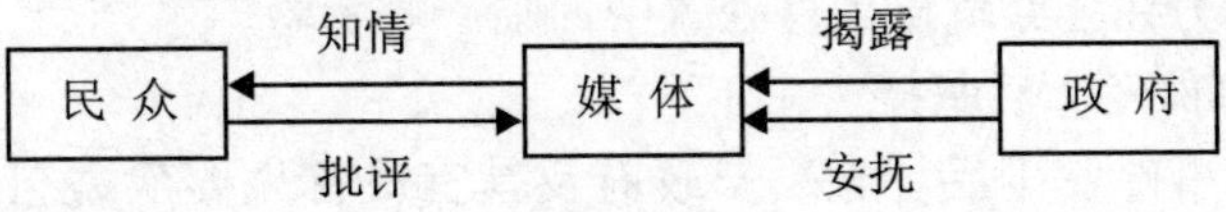

图 13—3

① 李长春：党委要善待媒体善用媒体善管媒体，《广州日报》2010 年 1 月 5 日。

这种模式描述了在一种理想状态下，媒体在大众民主中所起到的良性作用：媒体作为中介，在政府和公众间既起到传达和沟通双方意愿的作用，又起到监督政府，实现公民的知情权，同时利用舆论压力促进政府行为改进的作用。不过，这种模式强化了媒体的公共责任意识，而忽视了媒体的商业属性所带来的立场和态度的复杂性。因此，在当前情况下，既要做好在媒体与公众监督和批评下执政的思想准备，提高心理承受能力，并通过监督不断改善和提高自身的执政能力，建立好危机处置的应急机制，提高各级领导干部的媒介素养，又要通过加快立法、加强管理、媒体自律等方式，使媒体与公众的批评在法律的框架之内规范、有效地进行，防止网络暴力对政府公信力的损害。

模式三：多种手段，积极引导（图 13—4）。

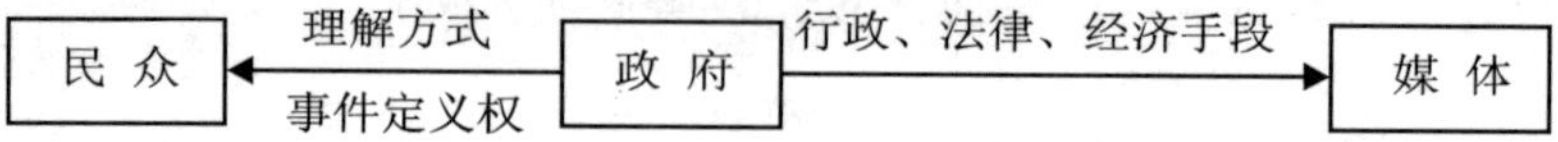

图 13—4

无论是常态下的以媒体作为平台，还是危机处置中正确的媒体策略，党委、政府与媒体、公众的关系都变得复杂而微妙，也意味着舆论引导思路与方式的转变：从前政府往往把精力花在如何防止信息扩散与传播，而在互联网时代，政府要致力于如何及时、恰当地发出自己的声音，取得事情的“第一定义权”，以影响媒体报道事件的角度，从而进一步影响公众看待事件的角度。同理，从前对于危机事件的处置，政府往往通过单一的行政手段来“灭火”，而现在，则要学会使用包括行政在内的法律、经济等多种手段，来设置媒体与公众舆论议程，从而赢得舆论的主动权。

（三）提高公共危机事件处置中的舆论引导能力

引导舆论实质是引导公众，引导公众实质是理顺公共情绪，实现党委、政府与民众的良性互动，提高领导活动绩效。引导舆论要求提供事实、解析真相、专业辨析、引领思想。

公共危机事件的处置对领导活动正效应或负效应都起着放大作用。干部的舆论引导能力在公共危机事件处置中面临严峻考验。

1. 危机事件发生后坚持“三不”

公共危机事件发生后，党委、政府及其官员首先要从姿态上要做好三个“不”：不回避、不拖延、不包庇。

回顾和分析历次网络热炒的公共热点事件，不难发现，其之所以成为热点，除了事件本身的性质引起人们的关注之外，还有一些共同的特点，就是相关部门在处置过程中存在相似的如下问题：

一是反应慢，处置拖沓。当网民和目击者已经把事件现场情况拍摄下来，将文字、图片和视频等上传到微博、论坛、博客进行同步直播的时候，相关政府部门还在想方设法封堵消息，不予以正面回应，或是含糊其辞，顾左右而言他。对现代传媒与互联网危机事件所发生的特点知之甚少，运用现代传媒的能力与网民极不对等。

二是处置失当，司法界定不准确。大多数日常的刑事案件并未引起舆论的关注，在少数引爆舆论的案件中，有一部分是由于相关部门对案件情况的公布含混不清，甚至于前后不一、反复修改所导致的。

三是处理避重就轻，企图为违法违纪的官员开脱。在很多与政府官员有关的热点事件的处置中，相关政府部门在舆论压力下，不得已出来公布情况时，往往敷衍了事，轻描淡写或者编造一些理由为相关的官员开脱。结果这些开脱之词更加引起公众不满甚至愤怒。

针对以往政府部门常见的失误，对于网络热点舆论事件的处置应当做到四个“第一”：即，对于公众的第一期待要亮明态度；第一处置要公正；第一波情绪要化解；第一姿态要表达关切。

对于公众心理来说，维护公平公正的原则是一条不可触碰的底线。因此，当涉及政府官员的事件或者案情发生时，公众除了关注和讨论事件本身，最关注或者期待的就是要看相关部门的处置是否公正，究竟是站在法律、规则的一边，还是维护和包庇相关官员，为其辩护或者开脱。面对这种情况，只要党政部门处理得及时公正、态度清楚明确，坚决依法依纪严格查处，绝不姑息，那么公众对于事件本身的愤怒、不满等第一波情绪很快就会平息下来，从而避免了事态和舆论的进一步升级。反之，如果相关党政部门迟迟不表态或态度暧昧含混，或者以或明或暗、或高明或蹩脚的方式予以开脱，那么公众对事件本身的不满情绪会迅速叠加上处置不公、官官相护等第二波负面情绪，甚至于激烈到一定程度，会一跃而质变成为群体性事件。如果到了这个程度再予以解决，就会非常被动或困难了。因此，对于由网络酝酿而成的群体性事件，切忌就事论事地解决和处理，一定要将预防的关口前移，将处理好网络舆论的问题作为预防和解决突发事件的晴雨表和第一道关口。

2. 建立事件处置的“双处置”＋“双进入”机制

所谓“双处置”，是指从前对于危机事件只需要处置事件本身，但在互联网时代，对于公共危机事件需要对事件和舆论同时处置。从机制上说，就是要同时成立“事件处置小组”和“临时新闻中心”。但这两个机构之间并非各行其是，互无关联，而是要相互进入：事件处置小组针对事件所采取的每一步措施都要通报临时新闻中心，以方便新闻中心及时对外发布准确的官方消息，从而占领舆论的主动权；反之，临时新闻中心对外公布每条消息之前，都要经过事件处置小组的授权和认可，以保证对外发布的是经过核实的、口径一致的准确消息。这种相互协作、相互负责的关系就叫做“双进入”。有了这样一种“双处置”＋“双进入”的处理机制，就能在事件处理和舆论引导之间相互协调，并且把舆论作为整个危机处置中的有机组成部分来对待，而不是一个外在的要应对的累赘，甚至是绊脚石，或者单单把舆论看作是由宣传部门来“搞定”或“灭火”的麻烦。

根据国际惯例，如果针对一个事件前来采访的记者超过8～10人的时候，就有必要成立临时新闻中心。临时新闻中心的主要职能是做好媒体采访的组织和服务工作，让采访有序、规范地进行，并及时通过媒体的中介和平台，达成与公众良好沟通与互动、有效设置媒体与公众舆论议程的目的。

从分工角度来看，通常一个临时新闻中心由以下小组构成：

“后勤接待小组”。安排好前来采访记者的吃、住、行；提供好相关的专业服务，使采访高效、有序地进行。

“新闻报道小组”。包括建立稿件撰写人与审核制度、主动设置新闻议程以及安排好媒体每天的采访日程等。这个小组的总原则和目的，就是要让官方主渠道的消息成为“第一消息来源”，从而避免小道消息或者谣言的产生。这个小组还有一个重要职能，就是派专人加强舆情监测，完善媒体服务工作机制。重大突发事件发生后，要格外重视对境内外媒体报道及网络舆情的监测，每天做好舆情专报，为“事件处置小组”和“临时新闻中心”的下一步工作提供准确的舆情依据。

“现场警戒小组”。在一些灾难救援类的公共事件中，为了保障救援工作有序进行，有必要在现场拉警戒线或者设立安全区，这样做既有利于保护记者人身安全，防止采访活动影响事故现场处置，同时也是一种合法限制性措施，帮助实现管理意图。

3. 掌握新闻发布技巧

当危机事件发生时，第一次对外发布消息是非常关键的，它决定了党和政府发出的第一声音，通常也奠定了党和政府对事件的认识、态度和措施的基调。

首先，要变“结案式发布”为“滚动式发布”。传统观念和传媒体制之下的新闻发布方式通常是：危机事件发生后，先对外封锁消息，内部机构予以调查处理，等事件全部处置完毕之后，再根据情况通过媒体对外通报和公布简要情况。这种发布信息的方式也叫做“结案式发布”，顾名思义，等事件结束后一次性地对外公布消息。但是在互联网时代，这种做法显然无法适应需要。一旦危机事件发生，要尽可能在搞清基本事实的前提下，尽快在第一时间发布信息，掌握对于事件的“定义权”，并且要高频度地对公众和媒体滚动发布关于事件调查和处置的最新进展，最密集的时候甚至于每小时发布一次，这种发布方式叫做“滚动式发布”。

其次，变“结论式发布”为“情节式发布”。目前很多党政部门基本可以做到迅速、滚动发布消息，相对来说，在怎么发布方面可能更为欠缺一些。我们习惯了对事件进行抽象化、概念化总结，相对缺乏细节和情节，不太容易打动人、说服人。通常，我们对事件喜欢定性，喜欢下结论，却不擅长讲故事、讲情节，但是在电视图像与网络视频占据优势的时代，把自己的故事讲得最好的一方才能够赢得关键优势。

通常来说，对于公共危机事件的新闻发布，要围绕四个方面来进行：事件是什么、情节怎么样、性质怎样定、影响有多大。这四个方面基本上涵盖了公众和媒体对一件事情希望了解的核心信息。在围绕这几个方面发布信息的时候，也存在一些规律：定性要普遍化不要特殊化；对象要限定化不要扩大化；描述要具体化不要抽象化；诉求要人情化不要政治化。

4. 正确对待新闻发布会和媒体采访

（1）面对媒体采访，要有备而来。一是要事先准备好两到三个核心信息。所谓“核心信息”，就是指在一场发布会或者一次采访当中，党政部门希望传达给公众和媒体最重要的信息。“核心信息”是新闻发布会的灵魂，是通过信息发布有效引导舆论的关键环节。这样可以促使整个采访或者新闻发布始终围绕中心在进行，而重点多于三个对于观众来说都属于过度分散，反而令人无法抓住重点。

二是要围绕核心信息精心准备材料。要总结至少三种说法能够取代“无可奉告”，但又能传达“无可奉告”的意思；要事先写下有可能被问到的问题以及合适的回答，包括：可能被问到的最有争议的问题是什么？最敏感的话题、最难回答的是什么？然后针对这些问题如何回答进行训练并进行模拟练习。

三是要准备一到两句看似不经意间说出的“点睛妙语”。这样的语言能够给记者留下深刻印象，也很容易被记者用到自己报道中的标题或者导语之中，其原则是“易懂、明快、有力”。

事先准备是必要的、必需的，但准备的是一个准确的意思，而不是准确的语言，更不是背稿子。

此外，还要准备态度。这次采访或者新闻发布会当中，最基本的姿态基调是什么？是道歉认错，是安定人心，鼓舞士气，还是表现政府的坚定与权威？对于当事干部来说，态度决定一切。

（2）使用“桥梁法”回答记者提问。回答记者提出的问题，既不是回答数学题，也不是进行法庭辩护。

很多官员在回答记者提问时容易陷入两个极端之中：要么躲闪回避，甚至说谎；要么就问什么答什么，没有丝毫策略，被记者的提问牵着鼻子走。面对公众和媒体一定要讲实话，但这并不代表实话就可以不加选择地随便讲。要保证自己所说的每一句话都是实话，与此同时，真话要有选择、有策略地说。这就决定了回答记者提问不能像回答数学题一样，怎么问就怎么答，直来直去。要成为新闻“发言人”而不是“回答人”，也就是说，要“回应”问题，而不是一定要“回答”问题。

另外一个很重要的方面就是不能把回答记者的提问变成被告在法庭上进行的自我辩护。很多政府部门的新闻发言人或者官员在回答记者提问时，最常采用的姿态就是为自己辩护：为什么在危机事件中本部门不应当承担责任，为什么这不属于本部门的职能范围等，说得头头是道。但这样做的同时也意味着把自己的部门放到了被告席上，自我审判、自我开脱。而且在危机事件发生的时刻，公众心理在处于震惊、悲伤或恐惧的状态下，这种不断说服公众本部门没有责任、置身事外的姿态显得很“小人”，反而容易激起公众的反感和愤怒，反过来被公众挑刺。在这种时刻，勇于承担责任和公开道歉永远比自我辩护更能化解公众的负面情绪，获得更好的效果。

那么，如何回答记者提问才能不陷入回答数学题和自我辩护的尴尬与被动之中呢？这就需要掌握面对媒体提问时常用的一种方式——桥梁法。

“桥梁法”，也叫做“ABC 模板”，用它来回答媒体提问的基本模式是三部曲：

回答（Answer）＋过渡（Bridge）＋结论（Conclusion）

先回应记者的提问，然后用“桥梁语”或者说过渡性语言把话题引到核心信息上来，并列举事实，最后告诉记者这些事实意味着什么，以此来作为回答的结论部分。

【案例】

如何使用“桥梁法”回答记者的假设性问题？

记者常常会提出一些假设性问题，比如：“如果您是受难者家属，请问您此时心情会如何？”对这类问题千万不要像做数学题一样按部就班地回答“如果我是受难者家属，此时的心情一定非常悲痛”之类的，否则记者一定会趁机继续追问，让回答者最终陷入一个远离主题的尴尬情境中。对这类问题可以用“桥梁法”来回答，如“我们对受难者家属致以最诚挚的慰问，对于目前的灾难，我们正在采取的措施是……”这样就可以将话题转到政府的行动和措施上来。另一类常见的假设性提问就是让发言人或者被访者预测事态的前景或最终结果，比如："请您预测一下这场洪灾最终有可能造成多少人员的伤亡？"对这类提问，可以直接回答说："谁也无法预料最终的结果，但我会保证政府会尽最大努力降低人民的生命和财产损失"。对于无法预料的结果，话不要说得太满，更不要冒失地加以预测，要给自己留有余地。

使用"桥梁法"回答记者提问，可以在有限的时间内不被记者的提问牵着鼻子走，而是将发布会的主动权牢牢把握在自己手中，只说自己准备好、有把握的真话，并且能不断强化自己的重点，起到很好的发布消息、明确立场和有效沟通的作用。

在媒体高度发达和"人人皆记者、人人皆媒体"的网络时代，掌握与媒体打交道的技巧、提高舆论引导能力越来越成为对所有领导干部的基本能力要求，值得每一个领导干部高度重视。

第十四章　危机管理

危机，自人类社会产生以来，它就以各种形式向人们昭示着它的存在，犹如历史长河中的暗礁险滩，给人类社会带来许多意想不到的灾难。它不仅会造成人们生命财产的损失，对经济和社会的基础设施造成破坏，也会引起社会环境的恶化，阻碍社会的可持续发展，甚至可能会导致社会和政治的不稳定。人类文明的发展过程可以说是不断回应各种危机风险挑战的过程。

一、危机管理的基点是认识危机

认识的高度决定工作的力度，领导者只有对危机的本质有一个清醒的认识，才可能产生危机管理的行动力。

无数事实表明，危机的发生发展及其表现形态千变万化，其指代对象亦繁杂多样，这就使得“危机”的定义众说纷纭。吸纳各家之言，概括地说，危机是因突发事件而引起的一种非均衡状态，发生的时间和空间具有高度的不确定性，信息的准确性、有效性以及全面性均难以保证，事件的演变异常迅速，其影响极易扩散和放大，其冲击力和破坏力以及发展走向很难预料，决策者必须快速反应，化解危机，消弭影响，这是典型的非常规决策。

这里，我们是从公共管理角度研究危机即公共危机，所指向的是那些影响和涉及的主体具有公共性，即对公共利益、公共安全、公共环境、公共秩序造成或者可能造成严重威胁的危险局势。有时人们还将之表述为突发公共事件。

根据突发公共事件的发生过程、性质和机理不同，2005 年 1 月 26 日国务院第 79 次常务会议讨论通过的《国家突发公共事件总体应急预案》，将突发公共事件主要分为以下四类：（1）自然灾害。主要包括水旱灾害、气象灾害、地震灾害、地质灾害、海洋灾害、生物灾害和森林草原火灾等。（2）事故灾难。主要包括工矿商贸等企业的各类安全事故、交通运输事故、公共设施和设备事故、环境污染和生态破坏事件等。（3）公共卫生事件。主要包括传染病疫情、群体性不明原因疾病、食品安全和职业危害、动物疫情以及其他严重影响公众健康和生命安全的事件。（4）社会安全事件。主要包括重大刑事案件、恐怖袭击事件、经济安全事件和涉外突发事件以及规模较大的群体性突发事件等。

这四类问题有时相互关联，一个类别的事件可能会引发其他类别的事件，或者引发次生灾害和衍生事件。可见危机种类繁多，这也警示人们危机防范与应对措施是以针对性、有效性和系统性为前提的。

二、危机四伏是现实社会的常态

当今的中国，由于传统的和非传统的、自然的和社会的等各种因素的交互作用，进入了社会发展的高风险期。各种天灾人祸，种类繁多，无孔不入，防不胜防，再加上信息的透明化和经济的全球化，更使危机的个性得到前所未有的张扬。

【案例】

不能不信的数字

翻阅国家统计局2007—2011年每年发布的《国民经济和社会发展统计公报》，我们在看到国家发展、社会进步、民生改善的可喜成就的同时，也看到了另一组令人震撼的数字：2007年各类自然灾害造成直接经济损失2363亿元，生产安全事故死亡101480人，全年报告甲、乙类传染病发病人数358.1万例，报告死亡12954人；2008年各类自然灾害造成直接经济损失11752亿元，生产安全事故死亡91172人，全年甲、乙类法定报告传染病发病人数354.1万例，报告死亡12433人；2009年各类自然灾害造成直接经济损失2524亿元，生产安全事故死亡83196人，全年甲、乙类法定报告传染病发病人数377.6万例，报告死亡15105人；2010年各类自然灾害造成直接经济损失5340亿元，各类生产安全事故共死亡79552人，全年甲、乙类法定报告传染病发病人数341.4万例，报告死亡15950人；2011年各类自然灾害造成直接经济损失3096亿元，各类生产安全事故共死亡75572人，全年甲、乙类法定报告传染病发病人数323.8万例，报告死亡15264人。一连串的数字，触目惊心！严峻的现实，无法回避。

今日之中国，一是自然灾害种类多，发生频率高，影响地域广，损失严重，它已经成为中国经济发展的重要制约因素，也是打乱正常经济秩序和社会秩序的主要冲击因素。二是安全生产形势严峻，安全事故总量居高不下。屡屡发生的重大和特大事故，更具有突发性、灾难性和社会危害性。遏制事故和灾难频发高发势头，成为摆在各级党委政府和领导干部面前一道艰巨而紧迫的课题。三是公共卫生安全事件爆发频仍，食源性疾病、严重职业病危害对健康的威胁呈现上升趋势，环境问题、食品卫生、职业卫生等公共卫生形势依然严峻。尤其是食品安全问题不断突破公众的想象力，近年来发生的诸如“红心鸭蛋”“多宝鱼污染”非法添加“苏丹红”、阜阳劣质奶粉、三鹿奶粉事件、“瘦肉精”、“地沟油”、“毒馒头”等等，持续成为当下中国民生焦点，成为“爆炸性”的公众话题。四是社会安全问题不能小觑。按照世界发展进程的规律，当一个国家或地区的人均 GDP 处于 1000 美元至 3000 美元的发展阶段，往往是经济容易失调、社会容易失序、心理容易失衡、社会伦理需要重建的关键时刻，也是社会冲突的频发期。而我国正处于这样一个特殊历史时期。

改革开放以来，中国社会由传统社会向现代社会过渡的转型呈现多向度的特征：从计划经济向市场经济转变，从农村社会向城市社会转变，从工业社会向信息社会转变，从贫困社会向富裕社会转变。这是一场以市场经济为取向的涉及社会各领域的全方位改革，毫无疑问是对改革开放之前原有社会结构的重构，一方面工业化、城市化、市场化、国际化发展迅速，另一方面新情况、新问题层出不穷，不仅使原来的各种矛盾暴露而集中，同时也滋生着新的矛盾与冲突。胡锦涛在庆祝中国共产党成立 90 周年大会上的讲话一语中的：“当代中国正经历着空前广泛的社会变革。这种变革在给我国发展进步带来巨大活力的同时，也必然带来这样那样的矛盾和问题。”

在这样的变革过程中，由于社会结构和经济关系发生较大的变动，现代化因素在结构与功能上必然要取代和置换旧的传统因素，传统社会相对的平稳与和谐会被打破，社会处于极为复杂多变的状态之中，诸多不稳定的因素酝酿其中，贫富差距悬殊、腐败现象、能源的短缺、环境的恶化等等，都会成为威胁国家安全的风险要素。其中，社会安全类的突发事件就是各种社会矛盾和问题的集中爆发的反映。此外，国际政治经济格局的深刻变化，来自国际上的不稳定因素对我国的影响不能忽视。尤其是随着经济的全球化，现代各种通信传播技术的进步，各国人民交往日益增多，社会的开放性导致了公共危机易于传播和扩展，一种风险可能迅速扩展为影响全局的公共危机，而一国发生的危机可能造成全球性的经济和政治方面的危机。

回首以往，从“5·12”汶川大地震到舟曲泥石流，从 2003 年的重庆开县井喷事故到 2012 年陕西延安“8·26”特大交通事故，从 SARS 病毒到禽流感肆虐，从松花江水污染事件到各种食品药品安全事件，从瓮安事件到乌坎事件等等，一次又一次验证了危机无处不在的严峻现实，危机发生领域的多元化、危机事件的频繁化、危机事件的常态化已经成为当今中国的基本特点。它给国家、社会、公众生活会带来巨大的危害，一旦处理不好就可能导致社会偏离正常轨道，同时也使政府的公信力下降，造成公众对政府不信任和社会恐慌，从而威胁着国家政权的稳定。严峻的现实，警钟长鸣。如何迎接挑战，化解危机，需要全社会力量的整合，更需要领导者的勇气和智慧。

三、常怀警醒之心，才能处乱不惊、防患未然

危机管理理论告诉我们，不管是何种类型的公共危机，从生成到化解都有一个生命周期，即酝酿期、突发期、持续期和恢复期四个阶段。危机生命周期划分的意义在于告诫人们在危机发展的不同阶段，需要采取不同的应对策略。对应于这四个阶段，危机管理也包括四个方面的工作：危机前的预防、危机前的准备、危机爆发期的应对、危机结束期的恢复，这四个阶段通常简称为 PPRR，即指预防（Prevention）、准备（Preparation）、反应（Response）和恢复（Recovery）。现代社会中危机事件是客观存在的，而预防危机却体现了主观能动性，预防危机、常怀警醒之心，是构筑牢固的危机防御堤坝的基础。

1. 安而不忘危

危机并不可怕，可怕的是人们对危机的茫然无知，这种无知所带来的后果就是面对危机手足无措，慌乱失序，很可能会造成损失的扩大化。

【案例】

开县井喷事故

2003 年 12 月 23 日 21 时 55 分，重庆市开县高桥镇罗家寨发生了国内乃至世界气井井喷史上罕见的特大井喷事故，失控的有毒气体（硫化氢）随空气迅速扩散，9.3 万余人受灾，6.5 万余人被迫疏散转移，243 位无辜人员遇难。井喷现象在石油天然气开采过程中十分常见，而一次性造成的人员巨大伤亡却令人震惊。

违规操作和疏于管理是这起事故的直接原因。而事前危机防范意识的缺失，各项防范性措施不到位，是导致一个常见的事故演变为一场难以逆转的大灾难。

(1) 高风险井钻井选址应远离人口集中居住地，或应将居民移居至安全距离外，而该井选址在有居民集中居住的低洼地点，却未将居民移到安全地点。

(2) 应急机制缺失使事故早期未得到有效处置。高危行业必须制定健全的安全生产、事故和职工健康保护预案，紧急情况的报告、井漏、井涌、井喷等现场应急报警、应急和现场急救等一系列应急措施与程序，而事实上却是种种应急机制的制度缺失。制度的缺失，使井喷发生后未

能及时点火，使有害气体持续排放了18个小时；制度的缺失，使井喷后未能及时发出预警……

(3) 缺少与地方政府危机救援的合作机制。高危作业行业必须事先与地方政府和有关单位建立便捷的通信渠道，一旦有紧急情况，可立即通知对方，使之迅速启动应急预案，采取紧急措施，最大化地减少损失。而这次井喷发生后，晚上11点25分左右开县政府才接到钻井队的报告电话，离井喷时间已过一个半小时，而受害最深的高桥镇却一直没有接到钻井队的电话。

(4) 缺乏对居民进行必要的安全和逃生教育，周围的居民对其潜在的危害和必要的防备知识一无所知。以至于当灾难来临时，许多居民未能选择正确的逃生、自救和互救措施，有的甚至疏散后又返回灾区，从而造成巨大伤亡。

所有这些问题的根源，就在于风险防御几近空白。

我国自古就有居安思危的思想，“居安思危，思则有备，有备无患”“安而不忘危，存而不忘亡，治而不忘乱”“生于忧患，死于安乐”“防微杜渐、未雨绸缪”等等，这些都是我们的祖先关于预防危机思想的经典概括。危机意识是无形的，而有形的危机预警机制的构建，却依赖于无形的危机意识，它是危机预警的基点。这种危机防范意识内包含着对客观事物发展变化的科学预见和积极建构，危机事件随时可能发生，只有始终保持清醒的头脑去预防才是最佳选择。

这就需要领导者具有敏锐的感知力。“蛙死于温水”的现象道出了缺少危机感的危害性，说明了在渐变的环境中，如果不能保持清醒的头脑和敏锐的感知力，不能对变化做出快速的反应，那么很可能会将自身陷入万劫不复的深渊。所以尽管引起危机事件的导火索可能是外在的、偶然的、随机的，而其内在的、必然的、确定的因素则潜藏在事件的深处，使人很难发现。而确立危机防范意识，就要对所处环境保持高度敏感，牢记“勿轻小事，小隙沉舟”，同时，要完善各项管理制度，避免制度漏洞，并提高制度的执行力。

2. 评估潜在风险

危机意识体现在对潜在风险的评估。从事物发展变化的规律来看，总体上说，突发事件往往是事物的内在矛盾由量的逐渐积蓄发展到质的飞跃的过程，是主客观矛盾相互作用的产物。表面看来，似乎无规律可言，有很大的随机性。但事实上，其中多数在发生前都有各种迹象或蛛丝马迹，从酝酿到发生都有一个过程，有各种的苗头和征兆。问题的关键是人们能不能事先有效评估潜在风险，防患于未然。

“十二五”规划纲要提出，我国要“建立重大工程项目建设和重大政策制定的社会稳定风险评估机制”。“社会稳定风险评估”将社会稳定作为风险管理的对象，以科学的方法和手段对某项决策的实施将给社会稳定带来的影响进行评估，通过评估确定风险概率的大小，为党委、政府决策提供重要参考和依据，从而最大限度地预防和减少因决策不当引发的矛盾纠纷。这是加强和创新社会管理的一项重要制度措施。

【案例】

社会稳定风险评估

2005 年初，四川省遂宁市在全国率先建立了重大工程社会稳定风险评估制度。至 2010 年底，遂宁共对 496 件重大决策进行了社会稳定风险评估，其中 25 项决策经评估被否决，其中包括高耗能、高污染等外来投资项目，不合法的土地征用项目。2005 年以来，遂宁通过风险评估，共预防和消除涉稳隐患 527 起，经评估实施的重大事项均未发生群体性事件。

目前，全国各地各部门结合实际，制定了实施意见或办法，积极开展对重大工程项目建设、重大政策制定等事项的社会稳定风险评估，努力从源头上预防、控制可能发生的社会稳定风险。河北省 2010 年从全省筛选出 422 个重大工程项目进行社会稳定风险评估，其中，暂缓或不予实施的 34 个；安徽省自 2010 年 4 月以来，各市各有关部门对 1073 件重大事项，开展了社会稳定风险评估。通过评估，准许实施的 921 件，暂缓实施的 90 件，有重大风险不准实施的 62 件；2009 年以来，辽宁省对重大决策和项目建设进行稳定风险评估，其中 15%的项目被叫停或者暂缓。从而有效减少了因决策失误可能造成的不稳定隐患。

在当前社会矛盾触点增多、燃点降低，维护社会稳定难度加大、任务繁重的情况下，建立和完善社会稳定风险评估机制，对于进一步提高各级党委和政府依法决策、科学决策、民主决策水平，正确处理人民内部矛盾，从源头上预防和减少不稳定因素，把各种矛盾纠纷化解在基层、解决在萌芽状态，具有极其重要的作用。当然，这些机制在实践中还需要不断进行调整和完善。

经验告诉我们，任何事物都存在着可能发生的情况，这些情况可以分为两大类。一类是“已知的未知”，即由组织机构本身的性质决定而可能发生的事，如核电站可能发生放射物泄漏等，人们知道此类事件可能会发生，但不知道究竟会不会真的发生、何时发生。另一类是“未知的未知”，指无法预见的突发性灾害，它可以是人为的，如暴乱，也可以是非人为的，如地震。不管哪类事件，都有一个由量变到质变的过程。因而虽然是“突发”事件，却在一定意义上可以被人们所认知。据此，领导者采取预防性措施，即假定“危机”不可避免地随时存在，假设各种危机到来时的应对策略，并将分析结果印制成册，报送领导机关和有关部门，最好是发给全体员工。这样，即利于预防减灾，又利于灾难发生时协同处理。一旦危机来临，就会临危不乱，力求减少损失，保持组织利益和树立新形象。

故此，领导者要有敏锐的洞察力和分析力，具备“防火”意识，对潜在的风险要评估，力争能够预见到将要发生的重大事件，而不至于在事件突然出现时手足无措。

3. 构建危机预警机制

《未来的冲击》的作者阿尔文·托夫勒曾指出，由于不去预先考虑未来的问题和机会，我们就会从危机走向危机。的确，社会经济发展中充满着无数个“已知的未知”和“未知的未知”需要我们去面对，我们不能低估“未知”的因素对整个社会发展与稳定的影响，重大的危机事件随时都有可能发生。因此，预测预警需要不断强化和完善。“凡事预则立，不预则废”，增强预见力，才能从容应对危机，化腐朽为神奇，变不利为有利。危机预警机制是指在突发公共事件演变的不同阶段中，对可能引起危机的各种要素及其所呈现出来的危机信号和危机征兆进行严密监测，对其发展趋势、可能发生的危机类型及其危害程度作出合理科学的估计，并向有关部门发出危机警报的一套运行体系。

无论危机事件属于什么类型，具有什么特点，最成功的危机管理都要求各级政府和领导者采取超前的行动，及早发现引发危机的线索和因素，预测出可能发生的问题以及事情发生后的可能走向和程度，从而制定多种可供选择的应变计划，对一切有显露的问题要积极采取措施，及早做出处理，将危机消灭在萌芽状态，从而避免危机爆发带来的损失；或采取预防措施将难以避免的危机事件所造成的损失减少到最低限度。鉴于出现危机事件既有人为因素也有非人为因素（包括不可抗拒的自然因素），我们要为危机出现做好各方面的准备。

四、积极面对，泰山压顶也从容

零风险的社会是不存在的，人类文明的发展过程便是不断回应各种风险挑战的过程。如何有效化解危机、正确处理各种突发公共事件是检验领导者执政能力的重要方面。面对突发事件不慌张、处理紧急事件不浮躁、处变不惊重权变、每临大事有静气、泰山崩于顶而不变色的内定力，是领导者应有的胆识和智慧。

1. 珍惜生命，以人为本

突发公共事件一旦爆发，治理千头万绪，核心是以人为本，救人是第一要务。

【案例】

汶川抗震救灾“以人为本，生命至上”

2008 年 5 月 12 日 14 时 28 分，蜀地崩裂，巴山动摇，岷江横流，汶川、北川、青川……顷刻间满目疮痍、废墟片片。中国历史上规模最大的抗震救灾行动在第一时间展开。抗震救灾千头万绪，核心是以人为本，救人是第一位的任务。以胡锦涛为总书记的党中央果断决策，紧急号令。“人民生命高于一切”，“只要有一线希望，就要尽百倍的努力”。胡锦涛总书记、温家宝总理冒着危险，亲临灾区指挥救灾；人民解放军和武警部队投入十余万兵力，奋战在抗震救灾第一线；救援人员不顾个人安危，不怕任何困难，不惜一切代价，竭尽全力，连续作战；医务工作者夜以继日地奋战在救援现场和手术台前。抗震救灾中的一切工作都以生命为中心。

对人民生命的珍惜，必将赢得人民的尊重，极大地凝聚起人民的力量和民族精神，体现了立党为公、执政为民的执政理念。2008 年 5 月 19 日，鲜艳的五星红旗第一次为在自然灾害中遇难的中国公民低垂。13 亿人一同低首，为地震遇难同胞默哀。这同样体现了以人为本的价值观，把人民的利益、愿望和要求，尤其是人的生命看得高于一切、重于一切、大于一切和先于一切。此次灾难发生后能迅速指挥组织救援，正是“以人为本，生命至上”执政理念的彰显。

把“人”置于危机管理的核心地位，从社会公众的需要出发进行危机管理，即在危机发生时把保障公民生命安全作为应急处理的首要任务。一是要求在危机发生时要以保护人民的生命安全和财产安全为首要任务；二是要求在危机发生时，通过应急处理行动，最大限度地保护、挽救人民的生命安全，即使这样的处理行动要付出巨大的成本也在所不惜。对生命的珍惜，必将赢得人民的尊重。

2. 兵贵神速，当机立断

危机处置就像一场特殊的战斗，突发事件一旦发生，其破坏性能量就会迅速释放，其蔓延速度非常之快，破坏性、危害性和负面影响的程度难以估计，化解问题机遇稍纵即逝，不容许有太多的犹豫和迟缓。

犹豫会贻误时机，或致使主动变被动，或致使被动变得不可收拾；果断则能变被动为主动。所以，危机决策的首要指向是针对表象要害问题，先治“标”，以求得“立竿见影”之功效，做到快速发现、快速报告、快速出动、快速到位、快速展开、快速介入，以便抓住先机，争取主动，尽快控制事态发展。“时间就是生命”“时间就是一切”。继之在治“标”基础上，谋求治“本”之道。因此，各级政府和领导者要具有快速反应的应变能力和高效率的社会动员能力，在第一时间对事发现场采取一系列的紧急处置手段，快速控制危机事态的发展，这是公共危机管理的主要原则之一。

【案例】

汶川抗震的快速反应与“三鹿”问题的拖瞒不报

在2008年汶川大地震之后的抗震救灾中，我国政府和领导人快速反应，临危不乱、指挥得力、科学调度，尽显我国政府和领导人的应急能力和执政水平——从分析收集受灾情况到上报中央并启动应急预案，只用了一个多小时；从下达命令部署到部队出动，仅仅2小时！单日空运万人入川，全实况的新闻输送，通信恢复的速度与能力，医疗措施的跟进，这是人类历史上最大规模和最为迅速的救援行动。相反，同是2008年，中国食品界一个曾经值得信赖的民族品牌轰然倒下——三鹿集团于8月2日下午才向石家庄市政府报告了问题奶粉的有关情况，而在此前的5个月中，该公司一直对此事瞒而不报。这5个月一拖，问题就拖得非常严重。

可见，能否首先控制住事态，是处理危机的重中之重。因此，在基本判明事发地点和类型之后，应立即部署处置力量，做好先期的稳控工作，使其不扩大、不升级、不蔓延，由热变冷、由大变小。

3. 沉着冷静，周密思考

领导者的行为态度对民众的心理影响是不能忽略的。心理学研究表明，任何一个人都有从众心理。越是在自己心理波动不稳、价值取向不定的情况下，越易产生从众心理。无论何种突发事件的发生，都会对相应的群众产生冲击和压力，使许多人情绪不稳、思维混乱、不知所措，强烈的冲动、焦躁或恐惧会环绕人们周围，处理不好，人们的心理及其行为很可能不利于事件的妥善处理。而这个时候，领导人的态度和行为会有一种比平常更大的感染力。

危机面前，领导者应首先控制自己的情绪，冷静沉着，以“静”制“动”，这样组织成员及社会公众心理压力也会大大减轻，情绪易在领导者的引导下恢复理智，有利于突发事件迅捷而妥善地解决。领导者切不可惊恐急躁，乱了方寸。当然要做到遇事不慌，除了自身能力素质历练，还要做到：一方面要建立统一指挥、分级负责、反应及时、规范有序、决策科学、保障有力、区域为主、社会救援相结合的突发公共事件应急体系，制定应急预案；另一方面要加强日常信息网络建设，确保信息畅通，迅速判断，拿出对策。

此外，对突发公共事件的处置，事关大局，来不得半点马虎，也不能就事论事，还需要领导者统观全局，周密思考，准确研判。既要考虑社会影响，又要顾及经济损失；既要拿起法律武器，又要思虑当地群众的情感和风俗习惯；既要采取得力的措施，又要顾及社会的承受程度；既要考虑当下事件的处置效果，又要考虑其后续影响。在整个危机治理过程中，领导者必须克服“慌”的情绪，临阵不乱，进退有据，沉着冷静地应对。沉着，则方寸不乱，六神有主；冷静，则应对有方。

4. 临危担责，迎难而上

公共危机因突发事件而导致，突发事件作为一种质的突变，是通过一定的契机诱发的。而这种契机是以什么方式出现，什么时候出现，存在一定的偶然性，有时不是人们所能完全把握的。这就决定了突发事件发生的具体时间、实际规模、具体态势和影响深度是难以完全预测的，具有很大的随机性。而信息不全面，前途扑朔迷离，任何莫衷一是的决策分歧都可能会产生严重的后果。因此，对于突发事件的处理，需要上下兼顾、左右共进、胆识并举，需要高度负责的责任感，需要在有高度负责的责任感和丰富知识的基础上的厚积薄发；需要原则性和灵活性的统一；需要强制性的统一指挥和力量凝聚；需要一定的冒险精神和选择稳妥的阶段性控制的决策方案的结合。

无数事实证明，越是面对突发事件，越是面对急难险重的任务，领导者越是要勇敢站出来，振臂一呼，带领和指挥应对突发事件。优柔寡断会让事件延误处理，临阵脱逃会让事件雪上加霜，必须敢于拍板，敢决断，敢担责。表现在具体部署上：一是必须在第一时间赶赴现场，理智冷静分析，沉着果断指挥；二是要在处理突发事件的过程中，及时充分授权，明确部门职责，协调统领与突发事件有关的各部门共同行动，避免各职能部门推诿扯皮。

5. 前事不忘，后事之师

汉语中对“危机”的解释是“危险＋机会”，暗示危机的出现有危险也有机会。《危机管理》的作者诺曼·奥古斯丁认为，几乎每一次危机的本身既包含导致失败的根源，也孕育着成功的种子。发现、培育以便收获这个潜在的成功机会就是危机管理的精髓。所谓“成功的种子”，一是在危机爆发前就将“危机因子”控制住、解决掉；二是在危机爆发后，以最快速、最有效的方法，化腐朽为神奇，转危为安；三是要深刻反思，总结经验教训，剔除旧观念，改革旧体制，建立新秩序，减少危机发生的概率；四是社会动员，团结合作，提高对环境的适应性和从实践中学习的能力等。

【案例】

“非典”之痛定思痛

2003年“非典”爆发之初，由于我国政府没有相应的预防、预警机制，危机应对机制也是零散的、非系统的，配套的支持系统更是缺乏。所以我们最初看到危机的应对一片混乱，政府官员不能正确定位自己的权力和职责，不同的政府部门之间不能有效沟通、协作，救助行为缺乏有力的统一领导。

2003年4月20日卫生部召开的新闻发布会承认政府“工作中也确实存在一些缺陷和薄弱环节”，“卫生部对北京市的防治工作指导检查也不够有力”。之后政府采取了强有力的措施，挽回了危机初期在社会上和国际上造成的不良影响，使疫情迅速得到控制。

“非典”给我们的教训是深刻的，它对我国的影响不仅仅是逝去的生命和经济损失，更重要的是它引发了深刻的反思浪潮——包括对于“人的安全”的反思、进而引发了人们对于此前的社会发展观的反思，对政府体制以及政府责任问题的反思等等。在此基础上，总结经验教训，剔除旧观念，改革旧体制，建立新秩序——官员问责制开始启动，政府新闻发布会制度推出，还推动了政府保密制度的改革。2003年5月，中国政府颁布了《突发公共卫生事件应急条例》，我国由此建立了突发公共卫生事件的应急体系。所有这些变化，都是非常宝贵的，特别是突发公共事件应急机制的确立，更是中国从分散、临时性应对灾难事故走向制度化应对的开端。从2003年至今，我国逐渐完成了“一案三制”建设。

前事不忘，后事之师。做好善后、总结教训、杜绝重演，是危机治理过程中的最后一环。亡羊补牢，犹未为晚。在现实生活中，一些重大突发事件连连发生，一些悲剧屡屡上演，一些同样的、同类的事故再三出现，让人心痛，更让人惊醒，必须引起高度重视。领导者要深刻分析事件发生的内因，有针对性地提早介入，解决一件、预防一批、杜绝一类，不能让同样的事故重复出现。具体而言，一方面坚持以人为本、尊重生命、关爱民生。主动承担应承担的责任，减少抱怨，正视现实。另一方面要痛定思痛，深刻反思工作中的失误，认真查找事故隐患，完善各项规章制度，落实整改措施，制订应急计划，增强对突发事件的抵御能力，将突发事件的预警作为领导危机管理的一项重要职能，切实抓紧抓好。

从灾难中学习，是一种特殊的但又极具价值的学习途径。正如恩格斯所说，一个聪明的民族，在灾难和错误中学到的东西会比平时多得多。

评估学习机制的构建是危机管理中不可或缺的一环，它包括评估和学习两个方面的内容。当公共危机发生时，主要侧重于评估，即研究分析危机产生的原因、可能发展的方向、造成的危害等，从而为有效地开展及时的处置作好准备。这也是事后学习、吸取经验教训的基础。

根据以往的经验，一般来说，在着手应对和处置突发公共事件的同时，要组建一支由管理人员和技术专家等组成的调查小组介入公共危机管理。调查小组人数不在多少，关键在于独立、精干、敬业、负责，组成人员与事件各方没有任何利益关系。除了对事件的起因、责任、损失进行调查研究之外，还要对事件的应对和公共危机管理的措施和效果进行评估，包括评估危机产生后果，评估中要把握危机衰落曲线、转瞬即逝的机会和事件演变的走向，以便获得化解危机的有益启示，为今后的目标选择提供重要的参考。当然，这种评估有必要把一定的公开和有利于社会稳定的隐蔽有机结合起来。

五、透明度决定公信度，话语权决定主动权

危机的发生最能牵动人心、激发本能，因为危机与人自身的生命或财产权益息息相关。危机一旦发生，媒体和公众都迫切地想知道发生了什么事情和当前的情况如何，公众对危机信息几近渴求的地步。此时，能否得到这种信息或者得到信息的可靠程度将成为公众采取相应行动的指针。只有信息透明，才能消除公众的各种疑虑、猜测和恐慌；也只有第一时间发布准确消息，才能最迅速地抢占舆论引导的制高点，起到心理疏导、安抚情绪、缓和矛盾和对公众的行为取向的引导作用，从而有助于领导机关迅速、妥善地处理突发公共事件，化险为夷。信息的透明，包括事件发生、发展过程的透明，还包括事件应对办法、处理措施等方面的透明。

1. 前所未有的新闻开放，令人惊讶的秩序井然

【案例】

汶川抗震救灾之公开透明

汶川大地震抗震救灾是在前所未有的公开透明中进行的。地震发生不到半小时，震情得到了公开报道；几小时内，国家和地方数次召开新闻发布会披露最新震情统计数据，地震伤亡人数在互联网上适时更新；相关地方政府迅速通过手机短信发出上百万条安民信息；国务院新闻办公室、受灾地区政府的发布会天天举行。及时准确公开透明的信息传播，安定了人心，稳定了局面，凝聚了力量。赢得了公众对政府的信任，也

赢得了国际社会的信誉。在中国历史上，从来没有什么时候，信息可以这样广泛流通，媒体可以这样广泛追问。这次抗震救灾中，政府对于信息和新闻的传播几乎没有任何限制。不仅允许中央和地方媒体积极投入前方报道，甚至对境外和西方媒体赴灾情现场也不设任何限制。……世界看到的，是一个开放、自信的大国形象，中国政府表现出极强的执政能力。

事实充分证明，危机中的舆论尤其是第一时间形成的舆论，对公众的行为取向具有重大的导向作用。第一时间资讯透明、信息公开、舆论引导是决定能否有效治理危机的关键要素之一。

2. 最大的恐惧是对恐惧的恐惧

在危机状态下，社会容易失序，人们心理更容易失衡，承受能力比平时要脆弱得多，思维上更容易受到干扰，对事态臆想成分大大增加，对问题的判断更易受到外界传闻影响而发生扭曲，在行为上就很容易出现不理智举动。人们对“危机的现状、发展趋势、有何危害、对我有何影响、有关方面的措施、如何防范”等方面信息的期盼，可谓是如饥似渴。如果此时信息不明，不知自己身处何种处境时所造成的恐慌不可避免。民间有这样一句谚语，最大的恐惧是对恐惧的恐惧。如果无法满足公众对信息的渴求，不能及时实施正确有力的舆论引导，就难以抢占控制事态发展的主动权和主导权，就会降低公众对政府的信任和支持率。一旦生成谣言，就可能对公众形成误导乃至引发波及面较广的公共危机，这方面的教训是深刻的。

【案例】

吉化污染事件

2005 年 11 月 13 日位于吉林省吉林市的中国石油天然气集团公司吉林石化分公司双苯厂（101 厂）的苯胺车间发生爆炸，组织救援过程中，灭火用的灭火剂（含硝基苯）和冷却水以及被水冲刷出来的苯在没有进行任何处理的情况下被直接排入了松花江，造成严重水污染。污水流过了附近 10 余个县市，直逼拥有 900 万人口的哈尔滨。令人遗憾的是，无论是吉林还是黑龙江方面，都没有在第一时间将已经造成的污染及时向生活在本地区的居民公开，而是遮遮掩掩。直到 11 月 21 日，也就是爆炸发生 8 天后，哈尔滨市政府才发出公告，称由于要对市区供水管设施进行检修，故从 22 日起停水 4 天。而此时谣言四起，恐慌一片，以至于出现抢水、逃亡风潮……22 日政府终于公布事实真相，给市民“吃了定心丸”。

现代社会传播渠道十分发达，媒体的触角深入到社会各个角落、各个方面，封锁消息只能是封而不锁。相反，由于传播主渠道的滞障，势必造成非主渠道的发达，各种小道消息通过层层加工，势必造成信息的扭曲和失真。藏着、捂着“危机信息”，只是为“危机信息”做了最好的义务广告，人们会作出最坏的猜想，即使以后政府公布了准确信息，第一次接受的信息也很难完全消除。更严重的是，“捂盖子”现象大大影响了政府的公信力，损害了政府的形象，这不是在短期内就能够恢复的。

当然，危机时刻领导机关发布信息的行为不只是简单的信息传递与媒体沟通，还是一种双向的交流。一方面要力求让公众百分之百理解讯息，另一方面要实现思想与感情的共鸣共振。这样才能最大限度降低危机可能带来的社会动荡，才能化“危”为“机”，才能获得公众对于政府的认同。

3. 善借媒体良性代言

在信息网络发达的今天，“民可使由之，不可使知之”的时代早已一去不复返，采取“捂盖子”“封锁消息”的做法是不明智的。以积极透明的姿态面对社会、面对公众，有助于提高政府的公信力，有助于遏制谣言、安定人心，有助于危机的缓解和化解，有助于公众的理解和支持。上述正反两个方面的实践可以说明，在危机时刻，对信息源采取的不同管理方法，会产生截然不同的社会效果。因此，在危机管理过程中，领导者要善于借助媒体的力量，第一时间向公众客观公正、及时准确、滚动报道事件发生的真实情况，充分发挥媒体的社会协调和聚合社会力量的作用。让人们了解进程和威胁，了解有关方面采取危机治理的举措，满足受众知情权，使大众及时作出预防决策，并减轻心理负担。当然，对公开披露的信息要把好关、把好度，不能危及国家安全、公共安全、经济安全和社会稳定。

同时，领导者要坦诚面对媒体，以良好形象①面对社会媒体。今天媒体不再是传统观念上的“宣传工具”，更是一种信息传播的载体，一个互相交流的平台，也是政府和民众之间最有效的沟通媒介。通过这个平台，民众可以了解政府的决策，并向政府反馈自己的意见和建议，从而做到政府、新闻媒体和民众的良性互动。领导者的媒体表现，可显示其一项工作能力、一份责任担当、一种品格修养。领导者在媒体中的表现，将会影响公众对政府以及领导群体的评价。因此，传媒政治时代给领导者设定的潜规则是，领导者不仅要有过硬的内在品质和领导力，还得有出色的传媒素养与媒体表现。

---

① 领导者在媒体中的良好形象主要指：公正负责、沉稳理智、准确客观、平等坦诚、得体大方、胸有成竹；不失语、不乱语、不搪塞、不推诿、不争辩；讲原则、讲事实、讲策略、讲智慧、讲分寸。

第十五章　绩效考核

绩效是指构成主体职位的任务被完成的程度。领导绩效是指各级领导班子和领导干部，在一个特定的时间与条件下，领导完成某一或简单、或复杂的任务所取得的成果、效率和效益。领导绩效考核即绩效管理，是指考评部门对领导班子与领导干部绩效考评活动，包括领导绩效考核应该考核什么、谁来考核、何时考核、怎么考核、考核结果怎么使用等问题。它是引领一个组织、一个地方发展的“指挥棒”、彰显民意的“风向标”和工作落实的“助推器”。

一、准确定位考核功能

领导干部不可能单打独斗，必须在领导班子中发挥领导作用。领导班子的绩效考核与领导干部绩效考核是密不可分的，但在本章中，更侧重领导干部的绩效考核。

领导干部绩效考核最突出的功能是：识别与开发。

2009 年 6 月 29 日中共中央政治局召开会议，审议并通过《关于建立促进科学发展的党政领导班子和领导干部考核评价机制的意见》。政治局会议强调，领导干部的工作绩效是其自身各项素质的综合体现，也是个人素质与其所处环境交互作用的结果。绩效考核必须有明确的、正确的功能定位。要建立促进科学发展的干部考核评价机制，将立足“选干部、配班子、建队伍、聚人才”，着力形成有利于科学发展的用人导向。要坚持服务科学发展、促进科学发展，坚持德才兼备、以德为先，坚持注重实绩、群众公认，坚持客观公正、简便易行，建立有机联系、相互配套并有效运用的干部考核评价机制，全面加强对党政领导班子和领导干部的考核工作。

会议要求，各级党委（党组）要把建立促进科学发展的干部考核评价机制摆上重要位置，注意各种考核方式的衔接，力戒形式主义，不断提高干部考核工作水平，推动各级领导班子建设。

考核是建立在人职匹配理论基础上的，任何的职位都有明确的职责要求。考核就是要了解领导在自己的职责岗位上干得怎么样，评价其是否胜任自己的工作，并以此为基础进行领导人才资源的利用开发，即被考核者以后还能胜任哪些工作。其实，现实中的领导绩效考核还有着更为广泛的实际价值，具体可以概括为以下几项：

1. 控制功能

领导绩效考核作为一项管理系统是建立在职务分析说明基础之上的，它使被考核者时时记住自己的工作职责，各项工作都按计划进行。工作过程也会保持在合理的数量、质量、进度和协作关系上，对提高领导按规章制度行事的自觉性，具有明显的控制作用。

2. 标准功能

考核前必定要明确考核内容，形成考核的标准体系，一个成功的考核能为组织的人事管理提供一套公平而客观的判断标准，考核的结果也经常被用作人员调配、升迁、奖惩的依据，这种以客观标准衡量人才素质和功过是非的方式有利于组织人事管理的标准化，以及摆脱权力本位和主观主义的不良风气。

3. 激励功能

通过对领导绩效的考核，依据客观的考核结果给予奖勤罚懒、赏优汰劣，把领导在工作中的成果和对组织的贡献与他们的切身利益有机地结合起来，让能者体验成功的满足和对成就被认同后的自豪感，把干与不干、干多干少、干好干坏加以区分，树立正确的人事管理导向，直接调动领导的积极性与创造性。

4. 发展功能

发展功能主要表现在两方面：从个人角度来说考核能使领导发现自己的长处短处、优点缺点，从而扬长避短，并有效地解决好自我学习、锻炼、提高的问题。从组织的角度来说可以根据考核结果制定正确的培训计划，更加科学规范和有针对性地实施领导人才的培养和开发。

5. 沟通功能

获得考核结果后，必须有一个反馈环节。上级部门与被考核者要进行面对面的交流，向其说明考核结果，提出改进意见，听取被考核者的申诉与说明。这就为上下级之间的沟通提供了机会，增进了相互之间的了解。

6. 检查功能

领导绩效考核使领导阶层更透彻地了解自身内部的情况，能发现领导中潜在的和现实的不称职者、违法乱纪者、腐败堕落和祸国殃民者，以及违法犯罪分子。这有利于组织及时地纯洁队伍，确保领导能自觉地克己奉公、廉洁自律、勤政为民和以民为本。

二、正确把握考核要求

绩效考核的真实性与科学性是绩效考核的生命线。这要求绩效考核中必须创造必要条件、把握基本原则。

（一）绩效考核的条件

领导绩效考核应具备环境条件、精神条件、制度条件、技术条件、人员条件和物质条件等六个重要条件。

1. 环境条件

指领导绩效考核直接发生影响的时事、形势、制度、政策、组织需要和压力等客观存在的外在因素。它从客观的角度决定着考核能否开展。

2. 精神条件

指对考核的态度、动机、愿望、观念、共识等构成的主观动力性因素，它从个体内环境的层面决定着考核能否顺利进行。

3. 制度条件

这是由政治体制、领导体制、管理体制、组织人事体制等构成的社会性条件，对考核起着规范和制约作用。因为领导绩效考核关系到国家的核心竞争力，因而必须受到制度的调节制约，同时因其重要性，也应当作为制度的一部分，被确定下来，不能可有可无。

4. 技术条件

领导绩效考核综合了多门学科知识和专业技术，如领导学、管理学、统计学、测量学、量表技术，评估技术等等，这是进行考核的基本条件，关系到考核的科学性与可信度。

5. 人员条件

既然考核工作涉及到这么多的专业技术知识，就必须要有专门人员或经过严格训练的人员进行操作，不是谁都可以做得了的。

6. 物质条件

考核的每个阶段都会有具体的物质消耗，必须保证考核的资金、用品、材料来源。

上述几个条件必须同时具备，才能确保考核工作顺利有效地进行。

（二）绩效考核的基本原则

领导绩效考核工作是对客观存在的领导绩效的主观反映和认识，考核者与被考核者之间是认识与被认识的关系。要做到得出的结论与认识对象本质相一致，那就必须要“实事求是”，这是考核工作的总原则和总要求。

领导绩效考核活动既复杂又困难，这是因为领导活动虽然有其常规性的一面，但还更多地含有大量的创造性因素。领导绩效是领导综合素质与主客观环境相互作用的结果。即便如此，我们仍要尽可能全面而准确地认识领导绩效。在“实事求是”这个总原则指导下，我们还需根据具体情况，坚持以下几项原则：

1. 规范性原则

领导绩效的考核涉及到众多指标、维度，实施的对象也不止一个，它关系到对领导积极性的调动和整个领导活动的成败，因而必须认真严格地进行，坚持规范性原则。

一是要建立统一规范的考核标准。在职务分析的基础上尽快形成一套统一明确的考核指标和标准，并形成科学合理而具有可操作性的考核指标体系。一套好的指标体系对于被考核者来说，能为其明确了努力方向和成长目标，利于被考核者参照提高，而对于考核者来说也只有做到了然于胸才能把握好考核的尺度，避免出现这样那样的主观错误。

二是要建立统一规范的考核制度。在考核正式实施之前必拟定详细的考核计划，其中包含准则、目的、时限、范围、对象、程序等考核制度。制度形成后必须得到严格执行，按章办事，凡符合考核条件的一律参加考核，不得以任何理由推脱。

三是要选择严谨规范的考核方法。根据不同的考核目的和环境条件选用适合的考核方法，做到科学化、规范化、程序化。

2. 公正性原则

作为社会性的人一切活动都免不了要受不同方式的考核评价，人们不会反对公正的考评。当结果能反映自身实际情况时，被考核者就会产生公平感，从而调动工作干劲，并进而对考核者或上级组织部门产生尊重感；而当考核结果不符合自身实际时被考核者就会产生不公平感，进而对考核者和上级组织部门产生不信任、甚至轻蔑感，这会严重影响下次考核的顺利进行。

产生不公正的原因有很多，一方面可能是与指标、方法选择得不合实际有关，这使考核结果不能全面反映被考核者的工作实际；另一方面也可能是考核者下结论时的主观成分过高或在分析过程中出现差错等，使得出的结果与实际绩效出入较大，令人难以接受。因此坚持公正性原则必须确保以下三点：

（1）考核者自身素质过硬。包括人格素质和技术素养。要作风正派，不抱偏见、成见，为人正直，不主观臆断，清正廉洁，不徇私枉法。

（2）收集的考核资料要准确、可靠、完整。考核结果来源于对所收集考核信息资料的定性、定量技术分析，资料的特性直接影响到结论的特性，任何的一个结论得出都必须建立在可靠、准确、完整的信息资料基础上。

（3）标准统一，过程公平。对于同级而从事不同工作内容的领导考核要尽量把他们工作中的关键性同质指标抽取出来，制定统一标准，同时还要注意在考核中须尽量剔除领导不能控制却干扰领导绩效的因素影响。

3. 开放性原则

所谓开放性原则就是指与被考核领导有联系的上级、同级、下属及一般员工或群众都有机会以不同的方式参与和监督考核工作。结果来自于过程，考核的程序与方式对结果的影响很大，要确保结果的客观公正和准确就必须坚持开放性原则。

4. 突出实绩原则

对领导绩效的考核集中在领导能力、工作态度、工作成果等几个方面，但这些考核内容中对工作成果的考核最为重要，必须要把对领导实绩的考核放在首位，坚持突出领导实绩的原则。坚持这一原则主要有以下几个现实意义：

(1) 能使考核工作更客观。领导工作实绩是客观存在的，它容易被量化和有针对性地搜集考核资料。用量化资料来说明领导对组织的贡献和绩效水平更直观、更明了、更易于比较，我们不但能清楚地看到领导做了多少，还能知道他做到了什么程度。从而对被考核者作出更为客观的评价。

(2) 能改变不良的工作作风。突出实绩的考核具有明显的导向功能，使领导有了目标，有了压力，改变了“干多干少、干好干坏一个样”“不求有功，但求无过”的工作作风，树立“无功即是过”的新观念，促使领导脚踏实地地从事领导活动，办实事，比实效，看实绩。

(3) 能优化领导人事体制。突出实绩的考核能通过一系列规范化的操作程序，将领导实绩、贡献清楚地界定出来，以此作为领导升降调任的依据。它有助于疏通干部“上”与“下”的渠道，一改以往领导“能上不能下，能进不能出”的体制弊端，体现选拔任用“公平竞争，优胜劣汰”的总要求。

三、严格遵循考核程序

领导绩效考评一般分为两种形式，即任期绩效考评和年度绩效考评。任期绩效考评主要是针对选任制领导干部的任期目标和责任，以及结合换届选举考察人选进行的考评工作；年度绩效考评主要是结合公务员年度考核，针对各级领导干部以绩效为重点的考评工作。

从建立和完善领导绩效考评制度的角度看，由于党政机关的绩效本质上是一种法定的责任绩效，其形式必然与干部的任期以及任期责任一致起来。因此，领导绩效考评应同组织绩效考评结合在一起进行，并且同干部的选拔考察和年度的全面考核相对分开，以保证绩效考评的公正客观，减少其他因素的干扰，真正做到评价绩效只对事不对人，不因人的其他表现随意扩大或缩小绩效指标和评价标准。

领导绩效考评主要是收集分析现实的投入信息、产出信息和评价信息的过程，而历史的信息只能作为参考，要确保这些信息的客观性、完整性和准确性，考评组织过程的公开化、程序化就至关重要。

具体而言，领导绩效考核过程随考核的类型、目的、要求等的不同而不同，但基本程序和过程却是相同的。

（一）基本步骤

1. 民主测评

各部门于每年年终组织召开民主测评会，由部门中层及以上干部参加（30人以下的部门全体人员参加），对领导班子自身建设与运行、选拔任用干部公信度等情况进行测评。

2. 民意调查

对与群众联系密切、直接接触较多的部门，围绕工作质量、办事效率、服务意识、敬业精神、勤俭节约、办事公开和接受监督等方面，通过问卷调查的方式实施民意调查。

3. 考核组检查

由上级部门派出考核组，通过明察暗访、实地察看、听取情况介绍和查阅书面档案资料等方式，对党政工作部门勤政廉政建设、干部任用、干部人才队伍建设、机关党组织建设等情况进行日常检查和集中检查。

4. 实绩分析

围绕党政工作部门履行业务职能、施政成本与效益、依法办事（行政）、党务（政务）公开等情况，由区考核办集中采集相关统计数据进行量化分析，综合采用类型分析、数据分析、比较分析、环境分析、历史分析等方法，客观公正地对领导班子推动科学发展的实绩作出评价。

5. 业务工作考核

对各单位处级领导干部依据职位说明书、岗位职责管理手册和工作任务书，按照领导班子实际分工，开展具体业务工作的有关情况进行考核。

6. 上级评价

主管领导及部门领导依据日常工作情况，对各部门工作和自身建设情况，按照“好”“较好”“一般”“差”四个等次进行综合评价；对于接受上级主管部门综合评议的部门，同级主管部门的综合评议将作为考评本部门工作成效的重要参考因素。

7. 考核等次确定

依据综合得分，按照“优秀”“达标”“未达标”三个等次，研究确定领导班子年度考核结果。对综合排名靠前、工作实绩和自身建设成效突出、群众满意度高的班子，确定为“优秀”。对出现因工作失误导致发生突发群体性事件和突发公共卫生事件、发生安全责任事故、计划生育工作未达标、班子成员违法违纪等“一票否决”情况的，取消评为“优秀”的资格。对综合排名靠后且存在下述问题之一的，确定为“未达标”。考核结果将及时向被考核领导班子反馈，以适当方式进行公示，并接受基层和群众监督。

（二）具体阶段

1. 准备阶段

（1）制订考核计划。在领导绩效考核工作一开始须制订一份详细的考核计划，明确考核的目的、考核人员、考核的实施对象，再根据目的、对象或不同组织单位提出的不同要求选择考核的重要内容，考核的时间与方法。

（2）职务分析。要对被考核者的职务说明与职务规范进行深入的分析，分清被考核者承担哪些工作任务，在实施了领导行为之后会产生哪些结果，各项任务实施的流程情况，承担哪些责任等。只有了解了这些内容，考核者才能分清哪些是重要任务，以便在下一步确定关键绩效。

（3）确定关键绩效指标。在职务分析的基础上要从被考核者的领导行为和领导结果中选出关键的几项能代表其实际行为优劣、结果好坏的指标来。如对于一个分管教育的市领导来说，我们可以选取适龄青少年在校比率作为一项对他考核的指标。

（4）制定绩效标准。上面指标的确定仅仅使我们知道从哪些方面去评定领导工作行为或成绩，还无法确知好坏优劣的程度，这就必须制定恰当的绩效标准。

2. 实施阶段

（1）收集信息资料。能否收集到准确、可靠的考核信息是保证考核是否可信和有效的前提条件。收集信息的方法和途径很多，如工作日记、生产报表、现场测量记录、事故报告、销售记录、各类调查记录等等。为了确保信息来源的全面性还可以从被考核者的上级、平级、部属甚至群众中获取信息。

（2）分析与评定。在对收集到的信息资料进行整理之后，就可以运用相关的专业知识进行深入细致的定性定量分析。由于不同的领导从事的是不同的工作，因而考核的重点肯定也是不一样的，可以根据特定的需要赋予不同的维度各不相同的权重，最后对被考核者给出一个综合性的评价。

3. 反馈阶段

（1）结果反馈。考核的结论一定要坚持与本人见面，这样做的好处就在于一是能产生正面的激励作用，二是使被考核者明确自身不足，三是能避免可能的误评，并增加考核工作的透明度。反馈的方式很多，可以张榜公布、会议通报，但用得最多的还是面谈。面谈必须要掌握一定的技巧，要开诚布公、循循善诱，切忌恶言中伤，只看成绩不谈问题。需要指出的是如果在被考核者认同了考核结果后，可以让其以签字的方式正式确认下来，这样考核结果在以后的使用中就具备了法定效力。

（2）复核纠正。绩效考核是一项很复杂的工作，难免会在某些环节上出现偏差。因而当对某些问题评价有争议时，应重视被考核者的意见，组织专人对考核材料进行更深入的调查分析，对初评中确实存在的不当之处应作出修正。如果维持原有结论，应向本人作充分的说明。

四、科学界定考核内容

考核什么，即考核的内容是我们在绩效考核时首先必须弄清的问题。考核中，必须突出实绩、贡献，因而领导活动的结果是考核的主要内容。然而影响领导行为和领导结果的因素很多，如领导干部工作能力、态度、作风等，这些因素也是我们须重点考核的对象。本质上说领导绩效考核就是在排除非可控和不可预见的外界干扰因素影响下，对领导行为、结果及影响行为、结果因素进行考核。

（一）绩效考核的主要指标

领导绩效考核一般从工作成绩、工作能力、工作态度三个方面进行的，按对每个方面不同的偏向可以分为三类。

1. 品质基础型

偏重考核的是个人的道德品质修养和个性特征，如忠诚、可靠、主动、服从上级、有创造性、有协作精神等，但这一类型的考核不易具体掌握，主观性强，且往往与工作行为和工作效果没有直接的关系。

2. 行为基础型

重点在于评价领导干部是如何完成工作的，即是怎么干的，关心的是行为本身和过程。对于那些不宜量化考核的项目，从工作行为的表现来进行考核不失为一条重要途径。因为这类考核不但对行为过程分了等级，而且每个等级都设计了标准的行为尺度供对照参评，有利于全面准确地评价领导干部。

3. 效果基础型

着眼于干出了什么，而不是干了什么，关心的是结果，这种评价操作性好，客观具体易量化。

欧盟公共部门中绩效考评的通用评价模型（CAF），把该考评指标分为领导作用指标与领导结果指标两大类。

1. 领导作用指标

指领导集体和个人为促进组织绩效，实现组织目标所投入的管理要素。具体包括领导职能、战略与规划、人力资源管理、发展协调公共关系、管理创新五项指标。

领导职能。指领导者如何明确组织发展方向，确定并积极实现组织的使命和远景目标，确立组织长远发展所需要的价值观，并能够根据实际需要不断完善和优化组织管理体系，以身作则，调动群众积极性，发展组织与社会各种相关组织的关系，为实现组织目标提供有力的资源保障，清除各种障碍。

战略与规划。依据组织职能，能够透彻地了解社会和公众近期与长远的公共需求，明确社会发展战略，确立、审查并贯彻组织的战略和规划，制定相关政策、计划和方案实现其使命和远景目标。

人才资源管理。根据组织战略和规划，规划、管理、改善人力资源，培养开发各类人才的知识和全部潜力，通过对话和授权提高人才的参与度，并对此进行合理规划，以便支持组织的政策和战略及人员的有效运转。

发展协调公共关系。为实现组织的使命，确立和设计组织在社会的良好形象，明确发展和维护重要的合作伙伴关系，以支持其政策和战略以及程序的有效运转；建立与社会组织及公民的沟通渠道，支持和动员社会的广泛参与和有效监督。

管理创新。改善管理方式和管理手段，优化组织结构，重组业务流程，发展电子政务，降低行政成本，完善财务和预算管理，提高管理效益。

2. 领导结果指标

指领导作用对组织绩效所产生的影响及效果。具体包括群众满意度、社会贡献度、主要绩效的成果、公共支出效果和组织与人员的发展效果五项指标。

群众满意度。指组织在满足服务对象和群众的需求与期望方面取得的结果。如公众对组织绩效的总体满意水平，办事的友好和公正度，反应灵敏度和积极的行动，处理个别情形的灵活度和能力，政务公开，服务承诺的效果，给群众生活质量带来的影响等。

社会贡献度。指组织在满足社会的整体需要和预期方面取得的结果以及所产生的影响。如维护社会和谐所作出的努力贡献，对公共危机的应对和处置结果，组织活动是否对公民造成侵扰和损害，确保公民生命财产的安全，对于群众的民主意识、维权行为和社会参与的支持度。

主要绩效结果。指领导班子和领导成员在完成组织计划、任务，实现任期主要目标，以及满足社会需求和社会发展方面取得的关键结果。如按职能提供公共产品和服务方面的实际效果，市场监管的能力，满足和平衡群众利益需求的能力，维护社会稳定的能力，依法行政的能力。

公共支出效果。包括遵守预算的程度，财务目标完成度，满足和平衡财务利益的能力，有效使用运转资金的能力，财务审计和检查的频率和结果，精打细算并强调风险意识的财务管理措施等。

组织与人员发展效果。改进与创新组织战略、组织结构、组织效能、思想作风方面的成绩，更好地使用信息技术，确定目前个人和组织在知识、技能和态度方面的能力状况，制定和宣传符合组织和个人需要的培训计划。如正确处理组织内部的平等机会和待遇公正问题，发扬民主，支持公务员参与决策的程度，参与绩效改进活动的程度，协商和对话机制。

上述两类主要指标体系，可视为一个通用管理考评指标体系，重点强调的是管理绩效和服务绩效，通过领导作用的有效发挥使组织目标顺利实现，并取得良好的组织效益。在各项标准中，根据组织的不同职能，可设定具体的二级指标，每项指标可视不同要求予以量化，但并不要求都必须量化，关键是指标描述的清晰化，质量标准的具体化。

中国人事科学院院长吴江教授认为，绩效考评系统的核心是考核指标体系和评价标准。一个设计良好的绩效考评指标体系是全面正确衡量党政领导机关和领导干部工作的尺度，它将清楚地表达领导工作的目的和目标，定义提供的产出和结果，并指定这些产出和结果所期望的质量等级。建立领导绩效考评指标体系，是一个评价事与评价人、评价组织与评价个人有机结合的综合评价系统。领导绩效应更加关注领导者的理性行为和主观能动作用，强调领导干部的创造性活动，以解放思想、开拓创新、带领群众实现既定目标为导向。

领导绩效考评的对象不同，指标设定也有很大差异。所以领导绩效相比组织绩效更富有弹性特点和应变特点。

因此，设计考评指标体系既要考虑领导履行组织职能的基本考评指标，又要有鼓励领导变革创新的动态考评指标；既要有规范领导的通用性考评指标，也要有反映领导角色差异的特殊性考评指标；既要有任免机关和业务主管部门规定的任期考核指标，也要有管理和服务对象的满意度指标；既要有定性考评指标，也要有定量考评指标。

综合以上各种因素，领导绩效考评指标设计应以通用性指标为基础，以管理职能为依据，以服务社会和服务群众为导向。

（二）绩效考核指标体系设计原则

考核指标是考核内容的具体化，简单化和可操作化。在确定了考核的内容之后就需要针对这些内容设计出能反映其本质特征的客观指标体系。把抽象的概念变得具体而可观测，把复杂的东西变得富有条理而简单化，使考核过程具有可操作性。

领导绩效考核指标体系的设计必须把握如下原则：

1. 精简性原则

指标体系的设计应做到精炼、简单，同时又能充分反映被考核者的绩效，获得尽可能多的被考核者的绩效信息。这样能在不影响考核效果的前提下，简化考评工作，减少工作量，提高效率、也易于理解，掌握和使用。

2. 明确性原则

每一个指标者必须有明确的定义，不要使用会令人误解或模棱两可的词语，避免考核目的与考核结果的不一致。

3. 针对性原则

对于从事不同类型工作的领导进行考核时，指标应有所不同，要针对工作性质、职务、工作要求等具体特点来设计指标。

4. 创新性原则

应立足现实和国情，吸取传统人事考评和国外考核实践精华，结合时代特点力求创新，体现新时期、新形势对领导提出的新要求。

5. 导向性原则

一个好的考核指标体系为领导提供了明确的量化或行为目标，具有明显的导向作用，能把领导的注意力和兴奋点集中到干事业、谋发展、出成绩、作贡献，争一流上来。

6. 公开性原则

领导绩效考核指标体系制定好后应该让被考核者知道，取得上下认可，以便于推行。做到公开化才能破除神秘色彩、暗箱操作，也便于群众的监督。

（三）绩效考核指标体系的设计步骤

绩效考核指标体系的设计通常由四步完成。

第一步，职务分析。包括对领导自身的分析和对所从事事务的分析两个方面。对领导自身的分析主要涉及的是其从事领导工作应当具备的道德素质、知识水平、领导经验、能力水平等；对具体事务方面的分析主要涉及到工作性质，领导流程及内容、领导环境及与相关工作的关系等。

对职务的分析能确立领导岗位对领导素质的要求，找到考核指标的现实依据，是体系设计过程的起点。

第二步，指标体系的初构。在职务分析的基础上已经获知了所需的领导素质要求及工作本身的要求，接下来要回到现实工作中，从被考核者的领导结果和领导行为中选出几项能代表其绩效水平的关键绩效指标来。一般来说可以从这样几个角度去考虑。

（1）数量。组织计划目标内的量化任务有没有完成，完成到什么程度，如销售额、绿化率、普及率、人均收入增长额等等，这可以从工作记录、统计资料及财务数据中获得有关信息。

（2）质量。在完成数量目标的基础上有没有达到规定的优劣标准程度，反映在产品合格率、错误百分比、准确程度、独特性、群众满意度等，这同样可以从工作记录、统计报表、上级评价和行为对象的评价上获得有关信息。

（3）成本。在考虑领导是否保质保量完成工作的同时，还必须考察消耗与所得的比率关系，这反映在投资回报率和单位产品成本上。

（4）时限。被考核者有没有在规定的时间内及时完成任务。

（5）行为。反映在具体的行为是否符合要求，是否胜任领导岗位，能否得到群众的普遍认可，达到目标的具体手段是否正当等要点上。

第三步，指标调查与评判。指标体系雏形形成后，可以请专业人员和专家进行调查论证和评判，使指标体系结构更加准确、完善，更具实用性和操作性。

第四步，试点修正。指标体系在优化后须形成与之相匹配的各项标准，在小范围内进行试点，重点注意所建指标体系能否真实反映被考核者素质状况和真实绩效。预试后应着重对各要素进行修订，或增减或合并，使整个体系更合理。

以上四步中，职务分析提供现实依据是起点，体系初构是关键，调查评判是优化，试点修正是实践检验和进一步优化，这四步循序渐进，环环相扣。

（四）确定基于考核指标体系的考核标准

确定了绩效考核指标体系，就明确了应该从哪些方面对领导绩效进行衡量和评估，也就是解决了我们应考评领导“什么”的问题。而考核对象在各个指标上分别应该达到何种程度，什么样的水平，即做得“怎样”，完成“多少”，就涉及到了考核标准的问题，即根据组织要求，用某种方式对领导行为和结果等因素的定量和定性，是衡量绩效的标尺。

1. 确定绩效考核标准的原则

（1）标准是基于领导工作，而非领导人。标准的制定是根据领导工作本身来进行，不管哪个领导从事这项领导工作，针对这项工作的考核标准只有一套，而不是针对不同的领导各定一套。

（2）标准是可达到的，通过努力，原定目标可以实现。

（3）标准是得到大家认可的。标准是考核者与被考核者共同商量、沟通的结果，这样才能使考核对象有公平合理感，能使考核对象产生认同，当达不到目标而受惩戒时也不会有诸多抱怨。

（4）标准应是具体而可以衡量测度的。

（5）标准是有时间限制的。主要是考核资料必须定期迅速地获得，保证时效性。

（6）标准是可变的，标准一旦确定就具有一定的稳定性，但如果原先制定标准时的各条件、环境等发生了变化，也可以对标准进行重新修订。

2. 考核标准的分类

（1）按手段来划分可分为定量标准和定性标准。定量标准就是用数量来描述考核绩效。如工作结果中的工作质量和工作数量等都可以采用分数来标度。定性标准的标度是一些评语或字符。如领导决策能力分为“上、中、下”三等，工作质量用“优、良、中、差”四等评语来评定。

（2）按性质来划分可以分为主观标准和客观标准，相对标准和绝对标准两大类。主观标准是考核主体根据主观感受或经验对考核对象作出评定，是从实际中抽象出来的标准，具有主观因素，把握不好会使结果失真；客观标准根据对考核对象行为与成果的观察和分析作出的事实描述性标度，具有较好的客观性，结果较真实。相对标准就是把不同考核对象的表现行为与成果进行相互比较，来确定工作的优劣，它只能了解和掌握考核对象的相对水平。绝对标准是通过对工作行为的分析研究建立考核对象的行为物质标度，对每个对象都进行考核，从而获得具体而明确的各项功能水平。

（3）按形式划分可分为行为特征标准、隶属度标准、评语式标准。行为特征标准是通过观察分析，选择一系列关键行为作为考评的标准。这种方法的特点是强调描述行为表现，而不是评价行为，因而能较好地避免主观因素的影响，但这种标准的编制难度大，花费大，有较高的技术要求。

隶属度标准就是以模糊数学中的隶属度函数为标度的考核标准，标度总范围在0～1之间。比如两位领导事业心都很强，但到底哪一位更强呢？用隶属度函数这一概念就能解决这一问题。主要是通过从指标分级中选择考核对象的可能性程度来评分（如用0.1的可能性、0.2的可能性、还是0.3的可能性函数），它的标准内容可以是积分评语式，也可以是期望式的。这种标准使难以精确定量的要求（特别是素质结构）得到了较为客观合理的评定（如表15—1）。

表 15—1　隶属度测评标准实例

结构	要素	等级				
		A	B	C	D	E
素质结构	事业心	工作、学习热情时高时低，缺乏上进心	在别人带动下能激起工作、学习的热情，但不能持久	有一定的工作学习热情，有提高自己业务水平和科学文化知识的愿望和行动	有一定的进取心，工作学习热情高，肯钻研，舍得下苦功	无论是在顺境或逆境下，始终保持明确的奋斗目标，刻苦钻研，积极进取，有开拓精神
隶属度函数		0.1～0.3	0.4～0.5	0.6～0.7	0.8～0.9	1.0

评语式标准就是运用文字描述每个要素的不同等级。大体又可归纳为积分评语标准和期望评语标准。积分评语标准就是将考核要素分解为若干个小指标，给每个小指标分派独立的分数，从各小指标中选择后得分相加就是对该要素的评价（如表 15—2）。期望评语标准就是把某领导岗位对领导人员的理想要求分为若干等级，再对每等级制定相应的评语（如表 15—3）。

表 15—2　等级积分评语标准实例

结　构	要素	分值（分）	测评标准
能力结构	用人授权能力	4	1. 掌握本部门各类人员的长处，并能合理安排工作，得1分 2. 能够注意培养人才，得1分 3. 能够识别人才，有选拔干部成功之例，得1分 4. 能够用人，正、副职领导之间相互尊重，共事较好，得1分

表 15—3　期望评语标准实例

结　构	要　素	测评标准
素质结构	责任心	坚持以责任为中心，热爱本职工作，不扯皮，不拖拉
智力结构	敏感性	主动正确吸取利用先进经验，对事物反应敏感
能力结构	处事能力	办事讲效率，充分利用时间，处事既有原则性，又有灵活性

3. 考核标准的制定

如果说把考核主体看作是“法官”的话，考核标准就是“法官”手中的“法律”，因而须做到客观、严密、准确。

首先，应该进行以下三个方面分析：

（1）历史分析或称纵向分析，收集本岗位前任领导绩效数据资料，认真分析研究，以便作为基础性参考；

（2）同类分析或称横向分析，收集同级或相同类型职务岗位的数据资料，进行联系比较；

（3）现实条件分析，历史的标准或同类职位的标准并不一定就适合现任，只能作为参考，还必须根据现任所处内外环境条件制定适合的标准。

其次，考核者与被考核者双方进行协商。要做到标准的具体、适度地被考核者认同接受，就必须进行双方协商，同时标准不能定得过高或过低，要让被考核者感觉经过努力是可以达到的。此外，赋值之间最好是等距的。

4. 考核标准的特点

（1）准确性。绩效考核内容的选取要力求全面准确地反映领导的工作成果，反映领导履行任期目标和岗位职责过程中提出的决策思路、采取的措施、发挥的作用，反映出被考核领导的能力，特别是取得的成效，避免考核内容出现含混重复。

（2）可操作性。选取的考核内容要便于分解，便于具体化、条理化，能顺利地把抽象的概念转化成可观测的量化指标体系，不能量化的可选取工作行为作为考核内容，注重工作行为细化标准的制定，提出明确具体的定性要求。

（3）概括性。考核内容不能面面俱到，必须根据考核需要选取那些综合性强、涵盖面广的指标，把本质的内容提取出来，不能仅是各方面情况的简单罗列。

除此之外，考核内容的选取还可以有意地突出工作中的薄弱环节和难点问题。因为这些内容领导往往不容易注意到或者不大肯花大力气，望而却步，但对全局又非常重要，通过将这些列入考核内容可以促进弱点、难点工作的落实。

（五）加强绩效考核系统管理

“绩效考核”要总结过去、立足现实、着眼未来。它不再是单纯独立的一环，我们应当把绩效考核当作一个系统来认识和管理。在这系统中不仅包含应用某种方法考核工作绩效，而且将组织文化、组织发展战略及人力资源政策对绩效考评的影响作用纳入其中，同时把绩效考核结果反馈这一环节与培训乃至人力资源开发利用紧密联系起来。

1. 实行全方位的绩效考核

领导活动处在上下左右的立体联系之中，他的工作能力、态度、成果、效率、品德等只有给予不同的参照，才能得到清楚全面的认识，因而，可以采取上下级考评、同级考评、自我考评和下级考评（群众考评）相结合的多层次、多渠道、多角度地考核。

由于上级领导处于“居高临下”的地位，可以看出被考核者如何处理局部与全局的关系及他对整个组织系统的贡献，还可以在与被考核者同级领导中进行比较，发现被考核者的突出特点，得出较全面的认识。同级之间由于具有密切协作关系和工作上的联系，了解的情况较多、较具体，而且所处的地位相同，这种同级间的对比，较为真实、深刻。最了解自己的莫过于自己，在考核中不妨让被考核者自己根据组织要求和考核标准进行自我考评，其结果可以作为考核参考。这种方式体现了对被考核者的信任与尊重。被考核领导的下属及与之有联系的群众往往是领导决策与意志的直接执行者，一个合格的领导应该生活在与下属和相关群众的不断联系沟通、监督中，因而下属和相关群众对领导的能力、素质、成绩、贡献及优缺点最了解，也最有发言权。实行下级考评既能增强领导的“公仆”观念和下属群众的责任感，还能改善领导与被领导关系。

2. 加强对考核工作的全方位监督

全方位监督体现在两个方面：其一是指监督主体，可以是上级、平级、下属，也可以是群众，特别要强调群众的监督作用。其二是指监督对象，它包括对考核主体或组织者，考核过程和考核结果的监督。由于考核涉及到对人的认识与评价，关系复杂、因素众多，不可避免地会存在一些主观成分，因而必须加强对考核工作的监督。

对考核主体的监督主要是看其是否正直、公正，是否具备考核能力与条件；对组织者的监督是看考核目的是否明确，是否只是为了过过场，做做表面文章等；对考核过程的监督是看是否认真严肃，标准的使用是否一视同仁，有无营私舞弊的现象等；对考核结果的监督主要看是否符合客观实际。只有实行全方面的监督，才能逐渐克服封闭式、神秘化的考核带来的种种弊端，避免主观随意性和片面化，保证结果的全面性和公正性。

3. 公开绩效考核结果

只有做到了考核结果的公开化才能有效地总结经验教训，改进领导方式方法，提高领导水平，密切干群关系，实现更高的领导绩效。同时也有助于下属和群众掌握实际情况，便于对领导活动和领导实施监督，并增强了考核的透明度。

此外，从领导绩效考核的战略角度来说，还必须注意以下环节上的结合。

（1）稳定与发展相结合。根据科学规范的程序得出的绩效考核结论反映了领导活动客观存在的相对确定状况，具有一定的稳定性，但领导能力、素质及工作环境等主客观条件，不可能只停留在一种状态上，是不断发展变化的。所得出的结论与发展着的实际总存在着或大或小的差距。这就要求我们要坚持稳定与发展相结合的原则，既尊重以前考核中得出的稳定结论，又要充分关注实际的发展变化。不能以一次考核结论把一个领导看死。

（2）整体与局部相结合。对每个领导所处的组织都有各自“局部”的利益要求，他所属的上一级组织也会有更高一级的整体利益要求。这两种利益有时在方向上一般是一致的，也有可能会产生矛盾。解决这一矛盾的基本原则是在服从整体利益的前提下兼顾局部利益。我们在对领导绩效考核时，必须从这两个角度去分析。有些领导高绩效的取得是建立在损害整体利益基础上的，对于这种行为我们必须坚持反对。

（3）主观努力与客观环境考察相结合。因体制因素、政策因素、组织文化氛围、地理环境等原有工作基础等的差异，不同领导所面对的客观条件也各不相同。因此我们在进行考核时不得不注意对客观条件的差异进行分析。一定要把工作确实努力但因客观条件差、短期内难以打开工作局面的领导同领导能力差、水平低、不求进取的干部区别开来。

（4）业务素质与品德素养相结合。领导人才应该符合德才兼备的标准，在我们进行考核时也应该体现这个标准。业务素质的具备只是完成领导工作的可能性条件，而是否肯干，干到什么程度，为谁干，用什么手段和方式去干，很大程度上是由品德素养决定的。

五、谨慎选择考核方法

绩效考核的方法多种多样，但每一种方法往往只能达到某一种特定的目的，且各有其优缺点，在具体实施时应根据实际需要和主客观条件选择使用，一般要结合运用几种考评方法。从性质上来讲，考核方法主要分为这样两大类：一是主观绩效考核法，即考核者依据一定的标准或设计好的维度对被考核者进行人际比较、排序或主观评价，从而得出领导工作相对优劣程度的绩效考核方法。二是客观绩效考核法，即考核者根据客观标准对被考核者的工作进行评价的方法。

考核方法不同，考核结果不同。从本质上说无论哪种考核方法都是以不同的方式、从不同角度去对照标准检查目标实现的程度，并寻求实现新目标的最佳途径。以下是领导绩效考核过程中常用的具体方法：

1. 目标管理法

目标管理法也叫关键绩效指标法，就是按领导活动中预定的目标项目指标，检查其完成状况，从而评定被考核者工作成效的方法，目标项目是提前定好的，是一个结果，易于测评。在实行时一般要遵循以下几个步骤。

（1）确定合理目标。使用目标管理法的前提条件就是各个组织不仅要制定规范、综合、全面的总体目标，还要为领导制定分项、分层目标，把总体目标分解为相互联系、相互制约、多层次和多样性的具体目标项目体系。无论是总体目标还是个人目标都必须是在上、下级共同协调讨论的基础上确定的，都既要有质的规定性，又要有量的规定性，都应围绕目标制定实施计划和所需达到的绩效水平以及衡量标准，并以书面形式确定下来。对于确实不宜量化的目标可以通过详细阐明其性质、特征以及完成期限和途径来提高其可考评程度。

（2）实施行动计划。对于上下级而言，一旦目标合理地确定后，就要参照执行，上级一方面充分放权，让下级发挥主动性和创造性，另一方面也要根据下级的具体情况进行适当的指导、帮助、鼓励。

（3）目标的调查与修订。在目标计划实施了一段时间后，不妨可以进行一次中期考核，评估一下目标的具体进展情况，并酌情根据环境的变化对原目标及评价标准，进行适时地调查与修订，使其更符合实际和组织需要。

（4）实施终期评定。经过修订和贯彻执行，到了规定的考评期就须对被考核领导实施终期考核，要对照既定目标，考察被考核对象的实际绩效，找出两者的差异。上下级或考核者与被考核者对考核结果要进行仔细的分析，成功的要总结经验，失败的要找出原因，并制定有针对性的改进措施。表14—4 中列出了六种考核情况的可能原因及对策，仅供参考。

（5）制定新目标。目标既是领导活动的起点，也是归宿，新目标的制定又是以原目标的实施为基础的。在每一期目标完成后要善于总结成败两方面的经验，并以此为依据适当地制定下一期目标项目体系。

目标管理首先要制定总目标，按照领导班子及其成员分工负责，将单位分解到各自工作职责当中，便于对照考核。具体程序和功能见下表：

表 15—4　六种考核情况

程 序	功 能 名 称	功 能 说 明
1	年初目标制定	每年初/每季度初，各单位/部门可制定工作目标，提供修改、删除、审核等功能
2	年初目标分解	可将单位目标分解到单位领导、科室领导，供有考核权限和管理权限的领导和部门查阅
3	制定年度《目标责任书》	自动导入下达或分解的工作目标，领导干部可添加、细化工作目标。供有考核权限和管理权限的领导和部门查阅。提供权重设置、审核、修改等功能
4	年度目标考核	有考核权限的单位和部门领导，可通过系统按预先设定的规则进行评分。也可结合平时考察和考核记录关键事件或点评
5	计算年度考核得分	年底考核时，系统能自动计算、分类显示年度考核得分
6	考核结果反馈	考核完毕后，可将考核结果进行公示，相关领导和部门可添加评语

2. 关键事件法

关键事件法就是评价者制作一份有关被考核对象积极和消极关键行为（事件）的书面记录，并以此为依据得到被考核者绩效水平的考核方法。需要指出的是，这里的关键事件必须是直接影响领导工作绩效优劣的，既有好事，也有坏事。必须是关键性的、较突出的，而不是一般的细碎的事。所记载的应该是具体的事件和行为，而不是对领导的品质评判，即关键事件记录本身不是评语，只是为以后作分析评判积累素材。

运用这种方法所获得的结果，由于是建立在事实基础上的，因而易于被接受，并能较容易地分析出低绩效的原因，利于今后的改进和提高。但记录工作负担重耗时多，且对关键事件定义不够明确，不同的人会有不同的理解。

3. 360 度考核法

360 度考核法也称全方位反馈评价或多源反馈评价法，就是考核者向与考核对象有密切关系的人员，包括上级、同事、自己、下属、客户及群众等征求评价意见并量化打分，最后综合确定绩效水平的考核方法。这种方法能通过广泛全面的信息来源，给领导一个较准确的评价，不仅是对其能力，还包括工作态度、努力程度、人际关系等多方面。

360 度考核方法的优点就在于综合性强，能集中多个角度的反馈信息，从多个人而非单个人处获得反馈信息，这可以减小偏见对考核结果的影响，还有利于发扬民主，推动全面质量管理。但是由于该方法参与的人员众多，所以花费较大。对多方信息的综合评价也是一件非常头痛的事。

在具体实施时应注意以下几个方面的问题：

（1）评价人员的选择。这种方法强调的是对领导全方面的、多角度的评价，当然是参加评价的人越多越好，但因为与考核对象的领导工作相关的人员是一定的，到底选择谁，选择多少就成了一个问题。由于受到信息、认知和情感等层面因素的影响，可能会导致所获评价的结果不准确、不公正。因而评价问卷的设计，一般来说，要尽量选择与被考核对象有密切工作关系、对其工作了解、又能做到客观公正、不抱偏见的人参加，以保证评价的可信度。同时被选择的人员并不是对考核对象哪个方面都要进行评价，应该尽量让对领导某方面最了解的人着重考评这一方面，力求获得深度信息。

（2）权重比例的分配。360 度考核涉及到多层面人员的评价，不可能所有参评人员的评价打分都是同等重要的，在最后的统计分析中就有一个权重分配的问题，权重应根据各组织的实际情况和此次考核的目的用途在事先确定。

（3）防止泄密。由于这种方法涉及到人际间的评价、打分，因而保密工作就显得尤为重要，可以在实施前向参评者说明收集和反馈的信息数据是保密的，不会让被考核者知道参评者的具体评价，同时还应采用匿名的方式进行。一旦保密工作做得不严密，会使考核结果失真，甚至引起相关人员的纠纷和人际冲突。

(4) 考核的内容可以是与被考评者工作情况相关的行为，也可以比较共性的行为，或者是两者的综合。从这种考核方法的方式上讲，一种是提供等级量表，选择相应的分值，另一种是让评价者写自己的评价意见。

4. 等级评定法

等级评定法就是首先给评价项目列出几种行为程度等级，如优秀、良好、可接受、需改进、不良等，然后针对每一个绩效指标按给定的等级进行评估，最后得出总的评价。为了使评价量化直观还可以给每个等级赋值，如优秀等于10分，良好等于8分，可接受等于6分，需改进等于4分，不良为2分，最后，根据不同权重就可以得出一个量化结果。

这种方法因适应性强，简单易操作，成本低，因而应用广泛。但这种方法也有一些缺点：如，由于操作上的简单易使评价者敷衍了事，做表面文章；由于对等级评价标准表述抽象、模糊会引起评估时的不统一。

为了克服这些缺点，可以让评定者作出等级评定后，给出一个简单的评语，列举一些事实说明被评估者的绩效水平。

5. 行为锚定法

行为锚定法是一种基于关键事件法的量化评定方法，结合了关键事件法与等级评定法两者的优点，主要是建立一个行为性的评定量表，对每一个等级运用关键事件进行行为描述。最后评定者运用行为锚定量表对被评者进行对照评定的方法。

行为锚定体系确定的具体步骤是：

(1) 确定绩效评估指标。选取需要考评的指标，对其内容进行明确的界定，并对每个指标规定各自的行为评定等级，具体参照前面等级评定法所述。

(2) 获取关键事件。通过对工作比较熟悉的人，如考核者、被考核者、有关专家提供一系列关键事件，关键事件必须包括好坏两个方面，并应尽可能多地获取。

(3) 分配关键事件。把关键事件分配到相对应的评价指标中去。

(4) 编排关键事件。确定每个绩效指标等级与关键事件的对应关系，并对关键事件进行审定，不适当的去除，再按等级顺序排列，完成等级与具体事件的锚定。

(5) 确立锚定体系。进一步审察分配到各个指标等级上的关键事件是否可以代表各自的绩效水平，并进行修订，确定并优化行为锚定体系。

这种方法使工作绩效的评价标准更加明确，每个行为等级都有其锚定的关键事件，避免了评价中的空泛说明，对绩效的计量更精确和具体化了，能为被考核者提供更具体的反馈。但它比一般化方法更复杂，评价体系的建立要花更多的时间，所列关键事件不能包括被考核者千变万化的表现。

考核方法不同，考核结果不同，干部管理使用结果不同，中国共产党领导科学发展的事业发展不同。唯一结论就是改进领导绩效考核的方法，使用适当的绩效考核方法，保证考核结果的准确、科学、公正。其主要特征如下：

（1）客观性。绩效是领导主体行为的结果，是目标的完成程度，因此它不是主观的东西，而是客观存在的。

（2）多因性。领导绩效的优劣并不是单一因素决定的，它是领导自身主客观因素及所处环境等外部因素相互作用的结果。

（3）多维性。领导绩效虽是工作成果的总称，但它表现在多个维度上。如对于一个县级领导工作绩效不但表现在他对下属各部门的协调指挥上，还表现在县年度的国民收入等各种经济指标上。因此，须从多种维度、多个方面去分析考核，才能得到有关绩效的真实评价。

（4）动态性。由于工作绩效只是一段时间内在一定条件下工作情况的反映，一旦时间推移，条件发生变化，绩效也会出现变化，应切忌用主观僵化的眼光来看待绩效。

六、合理使用考核结果

对领导干部绩效考核结果的运用，促进和持续改进工作，这是绩效考核的终极目标和价值所在。

2009 年 6 月 29 日中共中央政治局审议并通过《关于建立促进科学发展的党政领导班子和领导干部考核评价机制的意见》中强调指出，要“强化考核结果运用。坚持把考核结果作为干部选拔任用、培养教育、管理监督和激励约束的重要依据，加强考核结果的运用和反馈。对那些自觉坚持科学发展、善于领导科学发展、实绩突出、群众公认的优秀干部，给予表彰奖励、提拔重用”。

针对考核中出现的领导不能胜任现象，尤其是对不按照科学发展观要求办事，急功近利、搞形式主义和形象工程，以及完成约束性指标方面发生问题的，进行批评教育、诫勉谈话；对影响科学发展的突出问题，要及时进行整改。对群众意见较大、不胜任现职岗位的，要进行工作调整；对因工作失误、失职造成损失的，严格实行问责制，必要时进行组织处理。产生严重后果的，依法依纪处理。

考核结果要及时向领导班子和领导干部本人反馈。对领导绩效考核结果，除了用于对干部业绩、行为以及态度进行全方位的评价之外，还可以通过建立健全干部绩效档案，将考核结果延伸应用到后备干部队伍建设、选拔任用、干部教育、干部监督等干部管理工作的各个环节，为干部科学管理提供重要的参考依据。

1. 领导绩效考核结果作为对领导人才选、育、用、留、奖、惩的依据

根据对科学考核所获得数据信息的分析，可以把不同才能的领导干部区分开来，用人做到扬长避短，充分发挥每个人的优势，并有针对地对某些领导干部加以培养、提高，留住组织核心人才，并通过制定奖惩条例，使这些工作科学化。

2. 领导绩效考核结果用于确保“任人唯贤”

现代领导理论在用人问题上强调“功绩原则”，即个人在组织中的职、权、责、利等主要应与其绩效表现相挂钩，而不是看其个人身份、出身及社会背景。领导的选用在日益朝着知识化、年轻化、专业化和创新化的方向发展。但同时我们也应该看到“任人唯亲”的现象并未完全绝迹，凭主观印象，私人感情甚至裙带关系作为领导取舍的现象时有发生，要肃清这种不正之风，一个重要的途径就是要加强对领导绩效考核，用科学的方法，规范的操作和客观的标准对领导干部作出有效的鉴定，真正做到“任人唯贤，任人唯才”，开创“劣者下，庸者让，能者上”的用人新局面。

3. 领导绩效考核结果用于加强对领导干部的民主监督

随着我国民主法制的健全与完善，对领导的监督也日益加强，考核实际上也是对领导活动的监督，组织考核的上级部门可以及时了解被考核者工作的进程，有针对性地提供反馈意见。在考核过程中有时同样也需要下级部属或群众对领导有一个客观准确的评价。而这种评价是建立在对领导实践活动有所了解的基础上的，下属与群众的参与客观上发挥了对领导干部的监督作用。

4. 领导绩效考核结果用以推动领导活动向更高层次和更深程度发展

从整体上看，领导活动可以分为制定决策和执行决策两大部分，两大部分的完成即被视为一个领导活动周期的完成。决策是一个在占有信息基础上的认识过程，而实施是认识指导之下的实践活动，人的认识发展要循着“实践——认识——再实践——再认识”的途径，循环往复，螺旋上升，一次比一次丰富深刻。在领导活动的一个周期完成以后，会暴露出一些新问题、新矛盾、新情况，通过考核我们能对以前的工作进行总结反思，对原来的问题会有更清醒深刻的认识，在此基础上进行新的决策并贯彻执行，整个领导活动过渡到了下一个周期，可见考核是周期性演进中必不可少的环节，少了它领导活动就不完整，不能持续推进、深化、发展。

结束语　领导活动前瞻

不谋全局者不足以谋一域，不谋万世者不足以谋一时。这个世界一切都在变，只有变是不变的。把握变化的世界，必须立足于现实、面向未来。现实中，领导处于各种矛盾旋涡，任重而道远。未来，领导活动千差万别，共同的特点是处于核心地位的领导者个体起着关键的作用。领导者要引领追随者群体取得成功，必须对个体领导活动进行前瞻，这直接关系到每一个领导者在工作中能不能正确的“领”，把群众“领”上正确的道路；能不能正确的“导”，善于从群众中来，到群众中去。

一、前瞻性思维

前瞻性思维，首先要关注的是未来产生的变化，面向未来，赤橙黄绿青蓝紫，发展的方向是什么？在变化中相对稳定的东西是什么？

从历史把握未来。

19世纪，准确地把握现代社会变化趋势的伟人是马克思，他从工业时代错杂纷纭的现象中，梳理出社会变化的实质。准确地把握了社会向未来发展的趋势，以一种超前的预见性提出了共产主义理想和共产主义学说。领导者要把握未来发展的趋势，要向马克思学习，学习他从现象变化中把握未来变化的分析方法。

马克思是怎样对未来趋势进行分析的？他是从资本主义社会独有的商品交易进行考察，商品有使用价值和社会价值，例如，桌子可以放东西，椅子可以坐人，这是使用价值。商品的社会价值，例如，生产一张桌子或椅子需要多少材料即生产资料，要使用什么工具即生产工具，要投入多少劳动者的时间即劳动成本。扣除三者的价值后，商品卖出去后多出来的部分即是剩余价值。剩余价值归资本所有，决定资本主义社会的社会性质。这就是马克思主义的剩余价值学说的形象说法。

剩余价值归资本所有最致命的要害，在于真正创造价值的劳动者在社会中处于次要地位，这是不利于价值的创造和社会的发展。马克思对未来趋势的把握，就在于发现了资本主义致命弱点，深刻地把握了劳动者创造价值应该成为社会发展的主导趋势。形象地说，从长远的发展趋势看，应当逐步弱化资本获取价值的条件，逐步增加劳动创造价值的规则。

经过100多年的发展，历史已经证明了马克思的预见是正确的。社会主义国家的出现和发展，已是客观现实。从小的方面来说，举一个典型的例子，职业经理人有企业的产权、获取资源的分配形式已经是多种多样的了。由最初的只有钱才是资本，进入到多元资本，如技术是资本，技术是劳动创造价值；渠道是资本，渠道是人劳动建立的；策划是资本，策划是人脑力劳动的结晶；关系是资本，整合资源拥有者和整合利益相关者，为社会人创造更多价值和财富，等等。多元资本现已成为财富分配的一种新趋势。当然，其中一个最大的变化，是马克思看到了管理的价值，资源的整合、分工和协作的细化，像巫师呼唤魔鬼一样把财富从地下呼唤起来。从而管理和领导者也有劳动者的属性，他们的劳动收益与资本收益要区别开来。

进入到网络时代，一个最大的变化，是由整合手脚创造价值的工业社会，进入到整合头脑创造价值的网络时代。今天，工业社会的辉煌诗篇，即管理创造价值我们已经明确。正像彼得·德鲁克管理大师所说的那样，过去100多年生产力的迅速提高，科学家把它归功于科技的发展；经济学家把它归功于资本的运用和市场的拓展；只有少数人知道，功劳应该归功于把知识运用于工作中，近百年来发达国家就是由此被创造出来的。

所谓知识运用于工作，彼得·德鲁克这位大师所指的是泰勒制管理，它的价值是人所共见的。今天，西方发达国家的文官制度和中国的公务员制度，在很大程度上都借鉴了泰勒制的管理理念。

21世纪，社会财富的创造，已经和工业时代完全不同。在全球财富的比例份额中，第一产业、以制造业为主的第二产业，占有20%的份额；以金融和传播为龙头的第三产业，占有80%的份额。这种变化意味着什么？形象地说，是由整合手脚创造价值，进入到整合头脑创造价值的新时代，即网络时代。

网络时代，对领导者而言意味着一个革命性的变化，即是以控制为主的管理创造价值，进入到以引导为主的领导创造价值的新时代。

这两个时代有明显的区别，对于工业时代，我们有充分的认识，而网络时代，我们还处于摸索阶段。彼得·德鲁克曾说过，管理创造价值我们已经很成熟了，领导创造价值，我们还处在襁褓阶段。

前瞻性思维，从最基本的创造财富的经济活动变化来判断，任何一个领导者，都有一个根据时代的变化重新审视领导思维的任务。

审视自己的思维，无非是对经验进行反思，我们的实践经验中有很多是对未来很有价值的宝贵财富。历史的发展是连续的。工业时代的成功经验有很多对网络时代依然实用，经过历史证明的真理，虽然简单，但违反它则会受到惩罚。但不能完全照搬过去成功经验，要对经验的未来价值有一个准确的抉择。

历史上有个寓言，叫“守株待兔”。宋人有耕田者。田中有株，兔走触株，折颈而死。因释其耒而守株，冀复得兔。兔不可复得，而身为宋国笑。——《韩非子·五蠹》

这个故事虽然只是民间流传的一个笑话，但也折射出人们的思维桎梏。

面向未来，在不断变化的形式下，我们要更多地思考哪里才可以抓到兔子而不是一味地守株待兔。这就要求领导对未来时代变化的趋势，要有一个准确把握，方向对了，抓兔子成功的概率才能提高。

科学的发展，带来人类的进步，同时也促进领导思维的新变化。整合资源成为新时代领导创造价值的突出特点。我们谁能想到，苹果公司在短短的几年内成为全球市值最大的企业。苹果公司主要经营生产的是互联网手机，在过去10年内，要论互联网平台，做得最好的公司非“微软”莫属。要论做手机领域，摩托罗拉、诺基亚都曾是全球手机行业的翘楚。乔布斯这位“只有偏执狂才能生存”的杰出企业领导，他的杰出贡献就在于把握人性，把“互联网平台”和“手机”两者的功能巧妙地融在它小小的iPhone里，融入到一个平板电脑iPad里，从而引导了人们迈向网络时代的方向。乔布斯准确地把握了时代的大方向，了解市场的需求，适应变化了的市场，从而成为互联网手机领域的佼佼者，三星、摩托罗拉、微软都争先恐后进行效仿。

人类通过现代科技手段，能够迅速掌握自然规律，同时也为自身创造出更大的价值。由于有了“网络工具”的产生，网络时代的“民主”潮流有了一个质的飞跃。人肉搜索、微博政客这些“百度”上的热门词汇，影响着整个领导活动，同时也牵引着领导的每一根神经。网络工具，增加了领导活动的公开化和透明化，阳光政务逐步兴起，民主进程度进一步提高，今天无论哪个领导，都无法忽视网络对领导成败的影响。

中国革命的先行者孙中山先生曾说过：“世界潮流浩浩荡荡，顺之者昌，逆之者亡。”科学和民主是衡量社会文明、历史进步的两面旗帜。民生主题，在网络时代更是以一种不可阻挡的趋势呈现在各级领导的面前。从近期的现实社会中，我们就可以看到变化。面向未来领导者考核的指标由简单的GDP指数逐步地向民生指数、民生工程以及人民群众的幸福指数偏移。无论是民生还是幸福指数，关键在于，体验人民群众的需求，恰当地进行引导。

中国历史给中国领导留下对未来最有价值的宝贵经验主要有两个。一是实事求是，始终注意现实中的变化，从中预测和把握未来。二是为人民服务，领导只有给追随者带来价值，领导本身才能创造价值。

前瞻性思维的核心，是坚持实事求是，分析网络时代的变化，准确掌握未来的发展方向，坚持党的全心全意为人民服务宗旨以提升领导的价值。

二、前瞻性能力

领导活动要取得更好的绩效，领导者的前瞻能力必不可少。在现实中，不是每个领导者都是称职的，不是每个领导都有发展上升空间的。有关部门调查统计表明，最终因出类拔萃而走上高级领导岗位的人，普遍有一个特点，他们在日常工作中，不只是就事论事，更多的是勤于思考、总结、提升。他们习惯做任何事情之前，都做足准备工作，保证知己知彼、百战不殆，他们考虑事情会比一般人更为系统和长远。而这方面的能力，我们统称为前瞻性能力。

前瞻性能力可分为三部分：一是全局谋划能力，二是科学预测能力，三是有效学习能力。

1. 全局谋划能力

领导个体是在社会系统中活动，个体对社会系统全局的认知程度对领导活动的成败有重要的影响。

全局谋划能力的关键是实事求是中“求”的能力，实事是客观存在的一切事物，“是”是客观事物的本质和规律。能不能迅速发现“事”与“事”之间的联系、人与人之间的联系、人与事之间的联系，发现其中的规律，按客观规律办事，是领导谋划全局的关键。

谋划全局的能力的养成是一个渐进的过程。一个刚参加工作的应届毕业生，首先是要学会独立完成领导交办的具体事务。这时，眼睛可能只看到事情的本身，这也是需要用心的，扫个地能不能扫干净？泡个茶能不能泡出味道？有全局思考能力的人，能快速地融入圈子中，做好具体事，同时作出独立的判断，将事放到环境中进行全方位的权衡和比较，去思考怎么样才能把这件事做到成功？在做这件事时，上级会如何考虑，身边的同事会如何看待，有什么感觉？初步地把人和事结合起来了；这件事做了，以后对其他要做的事情有什么影响？别人做的事，对我有什么影响？外部发生的那些事，对我现在做的事有什么影响？这种做事时的进一步考虑是把握全局能力提升的开始。

提高全局谋划能力，要克服仅仅专注于眼前的工作，对身外之事漠不关心的弱点。一个具有战略眼光的领导不能像文弱书生一样，两耳不闻窗外事，一心只读圣贤书。这种“圣贤书”读得再多，最终，也是脱离实际。而是要在读书的同时，高度注意现实的变化，要善于发现发达国家、发达地区的一些新动态，以及新的动态对于未来发展局势的影响。同时要与实际相联系，将新的动态与领导的日常工作联系起来，把握领导活动的未来方向。

2. 科学预测能力

领导的前瞻性能力，就是你看得比别人更远，看到一般人看不到的东西。预测能力的提升，必须基于现实实践基础上。

现在，有些干部把预测能力建立在对中国传统文化依赖上，建立在传统文化中有一定思想和价值的点上。有的对儒释道文化采取迷信的态度，热衷于花巨款购得大年初一去寺庙烧头一炷香的权利；有的不断地请风水师对政府的大门进行指点、修改，折腾来，折腾去；有的完全根据面相、指纹、生辰、笔迹去对人的未来前途命运进行判断。应该说，中国传统文化对未来预测是有一定价值的，但是，如果这些东西能够准确预测未来，那么，我们就可以停止努力，坐等天上掉馅饼，中国就不会有被列强侵略的屈辱历史。

提高预测能力，基于对历史和现实的透彻了解。从这个意义上说“未来只在历史上增加一点点东西”。

改革应该怎么改？我们走一步看一步，从安徽凤阳小岗村农民在困顿中挣扎提出的联产承包责任制的逐步推广，一点一点地突破，走出了一条由计划经济体制向市场经济体制迈进的科学道路。

开放，我们也很难一开始就达到理想与现实的平衡。当初蛇口工业区刚开放时，有的领导到蛇口工业区发现出现了黄赌毒的现象，感叹道：“辛辛苦苦几十年，一夜回到解放前。”当时，邓小平高瞻远瞩地说了一句话：“就是资本主义也只五十平方公里。”

任何的前瞻都是有代价的，要想一个新事物一出生就一片光明、没有缺点是不可能的。婴儿的出生血迹斑斑、丑陋无比，而且给母亲带来巨大的痛苦，但他是生命的传承，人类面向未来的希望。这给我们在面向未来的过程中带来的最大启示就是，只要是面向未来、预示着未来趋势的东西，哪怕再有毛病、再有缺点、再弱小也是值得我们高度重视的，并且要认真地对待。因为领导就是要把群众引导到对未来有希望的所在，领导就是要撑起一片天，让生气勃勃的社会主义实践有面向未来的发展空间。

3. 有效学习能力

中国人有良好的学习传统，我们经常说一句话叫做开卷有益。可问题在于，进入知识爆炸的时代后我们开卷开的过来吗？

今天，网络时代可用三组数字来体现变化的差异。

(1) 知识以10的n次方的速度在爆炸。每年各种类型的计算机中增加的比特数（即信息的记录单位），比过去人类历史积累下来的知识更多。信息的膨胀与知识的爆炸，一瞬间在互联网上搜集到的信息量远远超过了过去10年里在图书馆、阅览室里获取的信息量。信息爆炸的时代，领导对于信息的收集与筛选能力尤为重要。

（2）每年财富以两位数变化。新世纪短短的12年，金融和信息风暴——股票市场瞬息万变的形势，让全民领略到财富暴增和暴跌的金融过山车，官员也在这场看不见的风暴中跌宕起伏周旋着。抓住变化趋势，并找到正确方向的区域、企业，其财富和实力以10的倍数增长，每年增加60%～70%是正常现象。反之，没有把握机会、没踩到实处的企业在一年中不知不觉财富贬值达到60%～70%。

（3）人的寿命增长快。最近统计局公布2010年的调查结果，2010年中国人口平均预期寿命比2000年平均提高了3.43岁。平均到每一年增长为小数点后0.34岁，相比较信息的增长和财富的变化，这个增长数字是十分有限的。

这三个数据给领导什么启示？从学习来说，简单的开卷有益已经远远满足不了人们的需求了。领导用有限的生命面对变化多端的世界时，要引领人民群众创造更大的价值，领导学习的效益提升就成为前瞻能力的基本要求。

学习，也要站在研究学习的巨人的肩膀上认识世界。今天，全球所有MBA、MPA关于“学习”达成了共识，即“学习是源于经验的行为改变”。定义虽然很简单，但是和传统的对学习的认识是完全不同的。过去，我们的学习主要指的是学习新知识、掌握新技能，更多注重的是“学”，就是把不懂的东西弄懂。新的定义的核心则在于“习”，习即是“做”，就是要把懂的东西通过行为变成现实。行为改变是21世纪“学习”的核心点。

当今世界，知识、信息浩如烟海，进入互联网时代，实体世界与虚拟世界相互交织、错杂纷呈。领导者要把握准未来发展方向，“在实践中探索，在实践中学习”。学习的效率不仅体现在“懂”的效率上，更重要体现在由“懂”到“做”的效率上，体现在迅速取得效果、迅速转化为价值上。这是学习力高低的重要衡量标准。

三、前瞻性行为

对于时代的变化要求领导者的行为不断调整和变化。

今天，对工业社会各级领导影响最深的仍然是“控制”。控制是领导的核心。工业社会的管理行为，以及领导要负责任，这就必须以控制为前提，如果失控了，工业社会的秩序将被打乱。工业社会，领导重用人的第一原则是下级是否听话。虽然我们都知道听话的未必能干成大事，调皮的往往能干成大事，但是我们还是无法克服工业社会以管理控制为主的制约。

面向未来，要以整合头脑创造价值为主，当然，所有人方向必须一致。如果方向不一致，头脑越活跃可能效率越低。

为了方向一致，工业社会用权力高度集中来保证规范手脚的组织体制，细化的制度，严格的奖惩机制。但是这种体制暴露出来的局限性已经越来越大，即它在达到整合手脚效果的同时，严重制约了人的思想的发挥、工作主动性的创造。

网络时代，要整合头脑，让大家用“心”工作，领导者要善于创造一种氛围，将一批80后、90后的聪明脑袋引导到一致的方向和价值观上，同时又让这些聪明脑袋有充分的发挥余地，展现自己的知识和才华，并发挥每一个生命的智慧价值，使领导工作由低级上升到高级，创造更大的价值。

这里的关键，就是我们要从前瞻性思维、前瞻性能力落到面向未来的领导前瞻性行为上。

过去，领导行为有效性更多依赖于组织赋予的权力，已有的制度规范和奖惩措施，对手脚的控制是高度有效的，但在网络时代，其局限性越来越大。

今天，任何一个成熟的领导，都清楚地知道直接的工作布置和常态的组织管理只需要花大约40％的时间，而其他60％的时间大都花在处理各种各样复杂的关系中，以及与人的沟通之上，普遍感觉活得累。其实，这给领导实践提出具有更高价值的新任务。提升领导活动的绩效关键在于要让人用心工作，善于整合方方面面的资源，特别是人的资源，为领导活动的成功创造充足的条件。

这样，面向未来领导行为的调整，以下三个重要的方面是值得我们高度注意的：

1.“共启愿景”

长期以来养成的行为经验，使得我们习惯认真贯彻执行上级指示，把上级的目标传达到下级，让下级执行，慢慢地问题的症结就显现出来，上级目标直接的推行遭遇很多困难。这是各级领导在日常工作中时常碰到的一个难题。

解决这个难题，毛泽东在20世纪30年代就遇到过，并提出了问题的解决方案。毛泽东在福建长汀发表的《反对本本主义》中指出：“对上级指示的照搬照套，是对上级指示的最大的消极怠工。”今天，在各领域各阶层的领导活动中，也存在这种消极怠工地对待领导布置的任务现象。问题的实质在于，没有根据上级指示和下级需求去努力寻找其中的结合点。

愿景，即是愿望的景色，这个新词的出现是时代的产物。它与我们过去常常使用的目标、规划乃至任务相比，有一个突出的特点，即要求把相对抽象的领导的指令化为生动形象的、人们向往并且愿意去做的愿望的景色。

领导的共启愿景行为，要求把三个方面的意向结合起来：（1）在吃透上级的指示和任务的基础上，明确其与本部门、本区域、本单位的相关性；（2）

认真研究自己领导范围内的人对这个任务执行和完成可以得到的价值点。(3)通过思考，形象的用被领导群体有感觉的语言去描述它。

关于“共启愿景”的诠释，列宁在1918的演说中堪称典范。当时，俄国共产党推翻了俄国资产阶级临时政府的统治，建立了苏维埃政权。面对问题成堆、问题成山的现状，怎样让全国人民团结在苏维埃政府的周围，克服困难为自己的利益而奋斗？列宁并不是直接把抽象的人民群众的长远目标作为自己演讲的核心词。而是形象生动地说“面包会有的，牛奶会有的”作为激励人民群众团结一心，并调动了人们参与到社会主义的建设和劳动创造财富的伟大事业中的积极性，使得人民与苏维埃政府紧密地联系在一起，共同去克服困难、实现美好愿景。

今天，中国面向未来的领导，要带领人民群众实现“两个一百年”的奋斗目标，一定要学习列宁“面包会有的，牛奶会有的”、毛泽东“打土豪，分田地”、“抗美援朝”保家卫国、邓小平“在本世纪末建成小康社会”等一系列经典的与群众共启愿景的模范行为。

2. 利益磋商

工业社会讲到利益时，一个固定的导向就是博弈——要赢，要通过战胜别人得到好处。信息社会现状流行的利益导向是共享、双赢，词汇的变化后面蕴含着新时代对获取利益方式的新变化。

面向未来，利益导向行为值得我们进行深刻的反思，我们会发现一个大的误区，即有这样的现象，将“人民群众根本利益、长远利益”简单地去替代“人民群众的眼前利益、切身利益”，造成了领导做了许多好事，吃力不讨好的现象。其实“一个群众的利益”也是群众的利益，现实生活中我们常看到，政府的一些部门打着“长远利益和根本利益”的幌子通过暴力去强行拆迁钉子户，侵犯个人利益，导致政府和群众对立、干部与群众冲突。有的领导甚至以人民群众长远利益和根本利益的代表者的身份与个别群众的眼前利益、切身利益博弈。你输我赢，我输你赢，非此即彼，这是不可取的。

今天，提高领导行为的绩效要对利益平衡进行深入研究。任何一个面向未来的、更有价值的目标，都要在利益的衡量上走出简单博弈的误区。要把人民群众的长远利益、根本利益与眼前利益、切身利益更好地结合起来，从共享双赢的角度去思考、去行动，要致力于找到人民群众眼前利益、切身利益和长远利益、根本利益的平衡点，达到共享双赢的目的。

3. 魅力导引

魅力是一个蕴意深厚的形容词，多指人的吸引力。领导魅力是吸引被领导群体自觉追随的能力。未来，我们不需要救世主，不需要专制君主，不需要精英权威，也不需要才华横溢的魅力领袖来代替我们决策，这是民主社会发展的必然趋势。这种趋势的到来，并不意味着面向未来的领导者，可以放松自我提升的要求，而是要更注重魅力的培养，让人民群众认同并自觉追随。

网络时代，信息爆炸，领导者并不是对信息掌控和发布越多，人民群众的认同度就越高。情况恰恰相反，大量信息蜂拥而至，人们往往从最实在的、人与人口口相传的“口碑”决定是否认同。所以，领导怎样获得认同，成为自身行为修炼的一个基本方面。认不认同一个人，情况很复杂，但我们如果以“姑娘的回头率”来分析，可以有利于我们对行为调整的理解。

姑娘的回头率是怎样产生的？没有一个姑娘会站在街上大喊大叫：“你们快来看看我，我很漂亮啊，我很美丽啊!”她们总是精心而又刻意地打扮自己，来吸引人的注意力。当然，这种精心而又刻意的打扮由于段位不同，方向也就不同。如，有的标新立异，把自己装扮得稀奇古怪。同样，某些领导无时无刻不炫耀自己的政绩，甚至大搞形象工程，或许这种怪异的行为可以赢得关注度，吸引别人的眼球，但不一定有美誉度。

美誉度是在群众心目中对真善美向往的基础上形成的。年轻的女孩应该展现青春朝气的一面，一个成熟女性应该展现自己大方端庄的一面。就像奥巴马一样，能在各种场合展现自己的公正和对群众的亲和力，在体现自己个人魅力的同时，也赢得了民众的掌声。

除了关注度、美誉度，还有购买度。士为知己者死，女为悦己者容。一个姑娘拥有婀娜多姿的身段、适合自己的打扮、合时宜的、恰当的行为，她的一颦一笑能牵动小伙子的思绪，使得小伙子想要娶她，并白头偕老。一个领导要通过恰当的行为，让群众愿意追随他，让群众愿意与他一起奋斗。此谓之购买度。

关注度、美誉度、购买度的获得是一个递进的过程，领导者要加强自我修炼，调整自己的行为，找到个体行为与群众需求的结合点。

领导的魅力没有一定之规，毛泽东才华横溢、气势磅礴，“可上九天揽月，可下九洋捉鳖”，他既是诗人、政治家、哲学家，也是书法家，固然杰出；邓小平朴实的风格，“柔中有刚，绵里藏针”，同样是领导魅力的典范。

总之，关于领导活动前瞻，我们既要立足现实，在中国和世界的互动过程中、在组织与个人互动过程中去深刻体验，又要面向未来，把握好变化的方向，使领导活动、人类活动更有序、更有效，在人和自然的和谐中，不断推进文明与进步，这也正是领导活动前沿问题研究的价值所在。

参 考 文 献

一、著作

1. 全国干部培训教材编审指导委员会编：《领导科学概论》，人民出版社、党建读物出版社 2006 年版。

2. 张志明、刘炳香：《中央党校案例教学教程》，中共中央党校出版社 2011 年版。

3. 朱立言：《行政领导学》，中国人民大学出版社 2004 年版。

4. 刘峰：《领导大趋势》，中国言实出版社 2003 年版。

5. 刘炳香：《领导干部案例教学与执政案例》，中共中央党校出版社 2008 年版。

6. 王芳：《危机管理与领导艺术》，中国时代经济出版社 2010 年版。

7. 景怀斌：《管理心理学》，科学出版社 2009 年版。

8. 孟继群：《领导心理学》，辽宁人民出版社 1988 年版。

9. 龙联芳等：《领导心理学》，中国劳动出版社 1988 年版。

10. 王春福、陈绍芳：《领导心理学》，黑龙江人民出版社 1987 年版。

11. 沈浩：《沈浩日记》，科学出版社 2010 年版。

12. 高位：《心理调适能力》，人民出版社 2005 年版。

13. 王大海：《国家公务员心理调适能力》，中国社会科学出版社 2005 年版。

14. 谢弗尔，方双虎等译：《压力管理心理学》，中国人民大学出版社 2009 年版。

15. 罗利、周景刚：《管理者的心理课》，机械工业出版社 2009 年版。

16. 张志新、甄小英：《面对二十一世纪的党性修养》，中共中央党校出版社 2001 年版。

17. 本书编写组：《党员干部党性修养读本》，中共中央党校出版社 2008 年版。

18. 陈福今、唐铁汉：《领导科学概论》，人民出版社、党建读物出版社 2006 年版。

19. 于立志：《党员干部修养镜鉴》，中国方正出版社 2011 年修订版。

20. 吴玉叶：《做人做官——实践篇（第一卷）》，人民日报出版社 2010 年版。

21. 陈丽凤：《中国共产党领导体制的历史考察（1921—2006）》，上海人民出版社 2008 年版。

22. 夏赞忠：《党内民主法规制度研究》，中国方正出版社 2009 年版。

23. 王贵秀：《论民主和民主集中制》，中国社会科学出版社 1995 年版。

24. 戴立兴：《政党与群众——中国共产党执政考量》，中央编译出版社 2009 年版。

25. 国家行政学院领导科学教研室：《毛泽东周恩来刘少奇朱德邓小平陈云江泽民论领导方法和领导艺术》，党建读物出版社 1997 年版。

26. 杨东广：《尊重党员主体地位的机制构建研究》，中央编译出版社 2010 年版。

27. 吕增奎：《执政的转型——海外学者论中国共产党的建设》，中央编译出版社 2011 年版。

28. 魏泽焕：《苏共兴衰透视》，广东人民出版社 1998 年版。

29. 崔存利等：《领导人际关系学》，人民出版社 2004 年版。

30. 谭昆智、杨力：《人际关系学》，首都经济贸易大学出版社 2010 年版。

31. 刘玉瑛：《领导影响力》，人民出版社 2004 年版。

32. 毛元生等：《领导十论》，天津教育出版社 2011 年版。

33. 冷洋：《职场人际关系学》，中国经济出版社 2010 年版。

34. 田由申：《办公室里的关系学》，中国商业出版社 2010 年版。

35. 李晓燕、姚钦英：《女性领导艺术：公关协调与人际沟通》，华中师范大学出版社 2010 年版。

36. 李洁：《游刃有余的领导者工作方法艺术》，红旗出版社 2012 年版。

37. 阮晓波、程旭辉：《领导情商》，国家行政学院出版社 2011 年版。

38. 陈振明：《公共政策分析》，中国人民大学出版社 2003 年版。

39. 金一南：《苦难辉煌》，华艺出版社 2009 年版。

40. 刘炳香：《党的执政能力建设与测评》，中共中央党校出版社 2004 年版。

41. 李文良：《中国政府职能转变问题研究报告》，中国发展出版社 2003 年版。

42. 卢小平：《如何有效授权》，北京大学出版社 2004 年出版。

43. 徐世雄：《有效授权》，中国商业出版社 2004 年版。

44. 胡泳：《张瑞敏谈管理》，浙江人民出版社 2007 年版。

45. 吴建民：《交流学》，浙江人民出版社 2004 年版。

46. 郑荣馨：《语言表现风格论》，安徽大学出版社 1999 年版。

47. 汪中求：《细节决定成败》，新华出版社 2009 年版。

48. 岳阳：《让员工跑起来：授权与激励的艺术》，清华大学出版社 2009 年版。

49. 吕叔春：《最有效的员工激励法：世界著名企业激励员工的 8 大手段》，中国经济出版社 2010 年版。

50. 黄新华：《激励员工的 18 个大原则和 180 个小手段》，当代世界出版社 2010 年版。

51. 李小宁：《组织激励》，北京大学出版社 2005 年版。

52. 谢耕耘：《中国社会舆情与危机管理报告（2012）》，社会科学文献出版社 2012 年版。

53. 喻国明：《中国社会舆情年度报告（2012）》，人民日报出版社 2012 年版。

54. 艾学蛟：《突发事件与应急管理》，新华出版社 2010 年版。

55. 金舒：《与官员谈如何应对突发事件》，国家行政学院出版社 2010 年版。

56. 江川：《突发事件应急管理案例与启示》，人民出版社 2010 年版。

57. 张振学：《领导者应对和处理突发事件的 9 种能力》，中国致公出版社 2009 年版。

58. 程美东：《透视当代中国重大突发事件》（上、下册），中共党史出版社 2008 年版。

59. 陈丽华等：《公共视角下的危机管理》，中国社会科学出版社 2008 年版。

60. 战俊红、张晓军：《中国公共安全管理概论》，当代中国出版社 2007 年版。

61. 胡百精：《中国危机管理报告》，南方日报出版社 2006 年版。

62. 薛澜、张强、钟开斌：《危机管理：转型期中国面临的挑战》，清华大学出版社 2005 年版。

63. 平川：《危机管理》，当代世界出版社 2005 年版。

64. 胡月星等：《领导胜任力》，电力工业出版社 2007 年版。

65. 胡月星：《领导人才测评》，国家发展出版社 2010 年版。

66. 滕玉成、俞宪忠：《公共部门人力资源管理》，中国人民大学出版社 2003 年版。

67. 萧鸣政：《现代人员素质测评》，北京语言学院出版社 1995 年版。

68. 王垒：《实用人事测评》，经济科学出版社 2002 年版。

69. 刘明辉、林修果：《体验领导——场景·问题·案例·观点》，红旗出版社 2007 年版。

70. 刘明辉：《超越权力——网络时代的领导行为》，国家行政学院出版社 2010 年版。

二、论文

1. 殷爽：《“农民被上楼”背后有隐忧》，《光明日报》2010 年 11 月 4 日。

2. 方可成等：《“官心病”，知多少》，《南方周末》2011 年 10 月 1 日。

3. 孙立樵：《官场流行语折射官员心态》，《商务时报》2008 年 8 月 16 日。

4. 张弓：《“官心病”不可小视》，《宁波日报》2011 年 10 月 17 日。

5. 李仁平：《幸福感是什么?》《中华工商时报》2011 年 6 月 3 日。

6. 康劲：《甘肃 3000 余监督员专盯机关“庸懒散慢”》，《工人日报》2012 年 9 月 6 日。

7. 侯桂红：《从众心理现象分析》，《内蒙古民族大学学报》2007 年第 1 期。

8. 王蒙：《新官上任“七不要”》，《领导科学》1999 年第 2 期。

9. 陈亚荣：《论新时期领导干部的压力及心理调适》，《中共铜仁地委党校学报》2011 年第 3 期。

10. 杜丹：《领导干部的心理健康与心理调适》，《中国外资》2011 年第 22 期。

11. 金胜利、孟庆新：《高校领导干部自我心理调适能力的培养》，《思想政治教育研究》2012 年第 4 期。

12. 林泉：《浅谈领导干部的心理健康与心理调适》，《思想政治工作研究》2006 年第 10 期。

13. 彭冬莉：《新时期提高领导干部心理调适力的几点思考》，《中共银川市委党校学报》2010 年第 5 期。

14. 亓玉花：《领导干部的心理素质与心理调适》，《世纪桥》2010 年第 1 期。

15. 唐松成：《领导干部心理调适要突出“六心”》，《领导科学》2006 年第 20 期。

16. 唐扬：《心理调适能力的提高》，《职业技术教育》1997 年第 10 期。

17. 王信琳：《社会转型期领导干部的心理调适》，《岭南学刊》1999 年第 6 期。

18. 杨通华：《新时期领导干部心理健康教育和心理干预的重要性与心理调适》，《成功(教育)》2009 年 11 期。

19. 杨泽谦、代祥芬：《关于基层领导干部心理调适能力的探讨》，《中共贵州省委党校学报》2011 年第 1 期。

20. 衣小品：《论领导干部压力的产生及其排解》，《行政与法》2010 年第 12 期。

21. 殷献茹：《领导干部心理健康与心理调适》，《辽宁行政学院学报》2011 年第 7 期。

22. 于㻮：《提高自我心理调适能力——摆脱社会对女性领导的偏见》，《艺术探索》

1998年第3期。

23. 张海波、徐君：《领导决策过程中的心理调适》，《哈尔滨师专学报》2000年第2期。

24. 张丽艳：《基层领导干部心理调适能力建设研究》，《辽宁行政学院学报》2008年第7期。

25. 张庆满：《领导干部心理调适初探》，《中国井冈山干部学院学报》2009年第3期。

26. 张天海：《初任乡镇领导要学会自我心理调适》，《领导科学》2012年第24期。

27. 郑卫国：《浅议震灾后领导干部心理调适》，《中共成都市委党校学报》2008年第3期。

28. 李菁、王鸿谅：《市委书记余小平自杀调查》，《三联生活周刊》2004年第30期。

29. 孙晓青：《超五成的心理负重者需要"解放"》，《小康》2010年第12期。

30. 新浪博客：http：//blog. sina. com. cn/s/blog _ 4c7a041e01009qdo. html.

31. 习近平：《深入学习中国特色社会主义理论体系、努力掌握马克思主义立场观点方法》，《中共中央党校报告选》，2010年第4期。

32. 习近平：《领导干部要树立正确的世界观权力观事业观》，《中共中央党校报告选》，2010年第10期。

33. 习近平：《领导干部要读点历史》，《中共中央党校报告选》2011年第9期。

34. 周济谱：《企业领导应具备哪些情商素质》，《企业管理》2010年第7期。

35. 牛兰英：《领导干部的情商在执政中的作用》，《领导科学》2011年8月中期。

36. 颜鲁珺：《浅谈领导干部的情商问题》，《时代报告（学术版）》2012年第5期（下）。

37. 李朝智：《情商对领导力的提升作用》，《党政论坛》2010年第2期。

38. 中国互联网络信息中心（CNNIC）：第30次《中国互联网络发展状况统计报告》，2012年6月。

39. 董晓宇：《公共管理的由来及其与公共行政的内在差异——由传统公共行政到公共管理研究之一》，《北京行政学院学报》2004年第1期。

40. 杨伟庆：《互联网光芒十年，展望未来风采》，2011年8月，艾瑞咨询集团网站：www. iresearch. com. cn.

41. 童之伟博客：http：//libertyzw. liamwell. fyfz. cn/.

三、译著

1.〔美〕克瑞尔著，张清芳译：《心理调适实用途径》，北京大学出版社2004年版。

2.〔美〕约翰·P·科特著，李亚等译：《权力与影响力》，机械工业出版社2008年版。

3.〔美〕沈大伟著，吕增奎、王新颖译：《中国共产党：收缩与调适》，中央编译出版社2012年版。

4.〔俄〕亚·舍维亚金著，李锦霞、孙斌、宋祖敏译：《苏联灭亡之谜》，东方出版社2011年版。

5.〔美〕米歇尔·海克曼著：王瑞华译：《领导学——沟通的视角》，上海人民出版社

2004 年版。

6.〔美〕罗宾斯著，孙健敏，李原译：《组织行为学》，中国人民大学出版社 1997 年版。

7.〔美〕罗伯特·希斯著，王成译：《危机管理》，中信出版社 2004 年版。

8.〔美〕亨利·明茨伯格等著，思铭译：《领导》，中国人民大学出版社 2001 年版。

9.〔美〕鲍勃·亚当斯等著，刘兰华译，《用人之道》，上海人民出版社 2004 年版。

10.〔美〕彼得·F·德鲁克著，李焰，江娅译：《公司绩效测评》，中国人民大学出版社 1999 年版。

11.〔美〕詹姆斯·库泽斯、巴里·库斯纳著，李丽林、张震、杨振东译：《领导力》，电子工业出版社 2009 年版。

12.〔美〕彼得·德鲁克著，朱雁斌译：《21 世纪的管理挑战》，机械工业出版社 2009 年版。

13.〔美〕理查德·哈格斯、罗伯特·吉纳特、戈登·柯菲著，朱舟译：《领导学》，清华大学出版社 2007 年版。

后　记

本书是2011年中央党校立项的学科建设重大项目“领导科学前沿问题研究”的最终成果。该项目由中央党校教授、博士生导师、中国领导科学研究会副秘书长兼学术部主任刘炳香博士主持，依托中国领导科学研究会学术部组成的研究团队合作完成。中国领导科学研究会众多致力于科学领导实践与领导科学/领导力研究的政界、学界、企业界会员，尤其是活跃在领导科学/领导力教学、科研一线的国内众多知名学者直接参与了本课题的研究工作。本书是团队通力合作的结晶，充分体现出当今时代提升领导力的最新理念，即依靠团队、依赖合作，追求团队整体力量大于每个团队成员个体力量之和，即1+1>2。

承担本书各章节写作的专家如下：

中共中央党校原副校长、中国领导科学研究会会长刘海藩教授（序一）、中国人事科学研究院院长、中国领导科学研究会副会长吴江教授（序二）、中共中央党校党建部刘炳香教授（前言、第六章、第七章、后记）、华润电力集团公司人力资源副总监许铭桂博士（第一章、第九章）、中共中央党校党建部吕品副教授（第一章初稿）、中共山东省委党校孙玉华博士、魏磊教授（第二章第一、二、三、四部分）、北京师范大学于海波教授（第二章第五部分）、中共中央党校教务部处长薛伟江博士（第三章）、中共山西省委党校刘树信教授（第四章、第十一章第五部分）、北京联合大学人文学院院长韩强教授（第五章）、国家行政学院胡冶岩教授（第六章）、中国青年政治学院吴庆教授（第七章）、中共天津市委党校张玉波副教授、毛元生教授（第八章）、中共中央党校党建部王懂棋博士（第九章初稿）、解放军装备指挥技术学院翟宁、宋泽滨教授（第十章）、中共中央党校党建部刘玉瑛教授（第十一章第一、二、三、四部分）、中共河北省委党校陈秀梅教授（第十二章）、中共中央党校文史部文化学教研室主任秦露副教授（第十三章）、中共辽宁省委党校公共管理教研部主任陈丽华教授（第十四章）、国家行政学院胡月星教授（第十五章）、中共福建省委党校刘明辉教授（结束语）。

在统稿及修改定稿的过程中，我一遍又一遍地阅读专家稿件。专家们对领导科学/领导力理解的精度、研究的深度、视野的宽度、站位的高度，让我赞叹、钦佩，他们不愧是中国领导科学/领导力教学科研领域的骨干与精英。由于他们中绝大多数担任过或正担任着县处级以上行政职务，长期工作在中国领导干部教育培训的教学科研一线，身体力行、耳濡目染科学领导与领导科学/领导力，因此在撰写本书各章节时，文思泉涌、精彩纷呈。他们提出了许多真知灼见，总结概括出许多名言佳句，通篇渗透着当代领导的大智慧与高超艺术，这也使本书名曰《领导力新观点》（即众多权威学者站在领导活动前沿对领导力的新观察、新见解），名副其实。

在本课题研究过程中，中共中央党校校委委员黄宪起教授、罗宗义教授、梁言顺教授、王东京教授、干部教育学院院长赵理文教授、研究生院院长韩庆祥教授、研究室主任冯秋婷教授、科研部副主任郝永平教授、郑权教授、教务部副主任王成志教授、冯鹏志教授、副巡视员徐跃老师、处长刘君栩博士、信息管理部副主任谭荣邦教授给予许多帮助与启发。

中共中央党校党建部主任王长江教授、副主任戴焰军教授、张志明教授给予了直接指导；党的领导与领导科学教研室主任（兼）张志明教授从课题的申请到课题研究都提出了明确要求，做了具体指导；调研员陈其光做了许多具体工作。

中国领导科学研究会的领导尤其是会长刘海藩教授、副会长白占群教授、吴江教授、刘峰教授给予了大力支持，中国领导网编辑部主任张颖智、《中国领导科学》编辑部副主任刘梦杰、闫鑫付出了辛勤劳动。

国家行政学院社会和文化教研部主任龚维斌教授、信息部主任丁文锋教授、公共管理部竹立家教授、副局级组织员高崇峰、张林芬教授、中组部干部学院张新刚主任、天津市委党校副校长赵晓呼教授、内蒙古赤峰学院院长李春林教授、黑龙江党校刘兰芬教授、李军教授、辽宁大学孙立樵教授、陕西省委党校李晓燕教授、《领导科学》杂志社姜明生总编（社长）、中国农业发展银行王明涛主任、中国建设银行高级研修学院王博之院长、证监会纪委夏立忠处长、内蒙古鄂尔多斯党校王湛清常务副校长、安徽省全椒县委党校罗玉亮常务副校长、长沙市委党校卢岳华教授、北京市委党校李娜博士、中国人事报刘序明博士、中共北京市东城区委党校社区建设教研室密珊副主任、青海省委党校韩宏亮博士、中共中央党校研究生院博士生丁伟、杨天乔等提出了建设性意见。

南开大学赵铁锁教授、王沁睿同学对本书的研究角度、研究方法提出了宝贵建议，我的先生王本忠提供了计算机技术支持。

中共中央党校出版社副巡视员李新生、室主任井琪积极策划、指导，付出了大量心血。

对几十年如一日无私支持、帮助我的所有本书中提到的、没有提到的领导、业内专家、亲朋好友谨致以最诚挚的问候和最衷心的感谢！我定当一如既往把对大家的感激、感谢化作对中国领导科学/领导力研究与教学的快乐热行动与理性冷思考，一并奉献给中国的干部教育与干部培训事业。

对于本书中论述、引用不严谨、不恰当甚至错误之处，欢迎广大读者批评指正！

刘炳香

2012年11月